당신은 부활했는가?

당신은 부활했는가?

당신은 부활했는가?

초판 1쇄 2011년 9월 22일

엮은이 | 알곡교회 **펴낸이** | 이태준 **기획편집** | 김진원, 문형숙, 심장원, 이동국, 이연희
마케팅 | 박상철 관리 | 김수연 **펴낸곳** | 북카라반
출판등록 | 제17-332호 2002년 10월 18일 주소 | (121-839) 서울시 마포구 서교동 392-4 삼양E&R빌딩 2층
전화 | 02-471-4439 **팩스** | 02-474-1413 **홈페이지** | www.inmul.co.kr **이메일** | cntbooks@gmail.com
ISBN 978-89-91945-35-7 03230
값 12,000원

당신은 부활했는가?

북 카라반
CARAVAN

들어가는 글

하나님은 스스로 존재하는 자라! 존재(存在)만 진리(眞理)를 말한다. 진리는 만(滿)이요, 만은 진공(眞空)이다. 진공은 묘유(妙有)라!

절대(切對)의 묘유이기에 비치는 그림자도 회전하는 그림자도 없다! 그러기에 하나님은 기독교를 알지 못한다. 석가도 현대 불교를 모르듯이…….

만약 하나님이 기독교를 알고 계신다면 그분은 참하나님이 아니요, 마귀 하나님이시다!

"유대인의 유월절이 가까운지라 예수께서 예루살렘으로 올라가셨더니

성전 안에서 소와 양과 비둘기* 파는 사람들과 돈 바꾸는 사람들의 앉은

것을 보시고 노끈으로 채찍을 만드사 양이나 소를 다 성전에서 내어 쫓으

시고 돈 바꾸는 사람들의 돈을 쏟으시며 상을 엎으시고 비둘기 파는 사람

들에게 이르시되 이것을 여기서 가져가라 내 아버지의 집으로 장사하는

집을 만들지 말라 하시니"(요2:13~16).

모든 종교들이 진리와는 너무나 멀리 떠나버려 종교가 오히려 깨달음의 길을 가로막고 있다.

---

* 소는 하나님, 양은 예수, 비둘기는 그리스도에 각각 비유된다.

세상의 종교들아!

더 이상 세상을 혼미케 하지 말고 종교의 본질로 돌아가자!

종교는 많으나 세상은 더욱 사악해지고 있다.

모든 종교인들이 반성하고 회개할 때이라!

과연 오늘날 많은 종교가 인류를 행복하게 해주는가?

오히려 종교가 멍에를 더 지우고 있지 않은가?

나의 본성(本性)인 하나님을 바르게 찾을 수 있는 길을 안내해주자!

참종교는 더 이상도, 더 이하도 없느니라!

아무리 큰 성전도 당신의 성전보다 크겠는가? 상대성(相)에 걸리지 말라.

정과 욕심을 당신의 십자가에 못 박으면 당신이 곧 독생자라! 당신이 곧 예수라! 당신이 곧 하나님이라!

2011년 9월 엮은이 일동

한 몸 안의 두 존재

우리가 나[1]라고 알고 있는 한 몸 안에는 두 존재가 거하고 있다. 성경은 이 두 존재를 **참나·거짓나**, **속사람**(속나)·**겉사람**(겉나), **새사람**(숨은사람)·**옛사람**이라고 한다. 불교에서는 참나를 '진아(眞我)'라고 한다. 어떻게 부르든지 우리 안에는 두 존재가 함께 살고 있기 때문에 갈등과 고통이 일어난다. 왜냐하면 이 두 존재는 원하고, 가고자 하는 방향이 항상 다르기 때문이다.

속나는 인간들 안에 있는 **선한 양심**이다. 이 '양심'이란 존재는 가만히 있다가 겉나가 바르게 행치 아니할 때 어디선가 불쑥 튀어나와서 나를 정죄한다.

"네가 꼭 그렇게 거짓말을 하면서 비굴하게 살아야 하니?"

"인생에 물질이 전부냐?"

"너, 그 알량한 물질 때문에 양심을 팔아먹는 거냐?"

---

1 · 성경은 사람을 '영·혼·몸(육)'(3분설, 살전5:23) 또는 '영·육'(2분설, 고후7:1)으로 분류한다. 3분설의 영($\pi\nu\varepsilon\tilde{\upsilon}\mu\alpha$·푸뉴마)은 영의 생각이며, 혼($\psi\upsilon\chi\acute{\eta}$·푸쉬케)은 육신의 생각이다. 몸($\sigma\tilde{\omega}\mu\alpha$·소마, $\sigma\acute{\alpha}\rho\varsigma$·사르크스)은 '체(질그릇, 보이는 형상)'를 말한다. 2분설은 영과 육(혼과 육)으로 나눈다. 부활체인 그리스도의 몸(영체)도 몸(소마)으로 표현한다. 그리스도인의 삶의 결과가 몸으로 나타나기 때문이다. 소마는 육의 몸($\sigma\tilde{\omega}\mu\alpha$ $\psi\upsilon\chi\iota\kappa\acute{o}\varsigma$)과 신령한 몸($\sigma\tilde{\omega}\mu\alpha$ $\pi\nu\varepsilon\upsilon\mu\alpha\tau\iota\kappa\acute{o}\varsigma$)으로 구분된다(고전15:44). '나'라고 알고 있는 육체는 실체가 아니므로 영원하지 않은데 우리는 몸짱, 얼짱, S라인, 식스팩을 만들기 위해 올인 한다. 속사람(엡3:16, 고후4:16), 새사람(엡3:24, 골2:15, 골3:10), 숨은 사람(벧전3:4), 옛사람(엡3:22, 골3:9), 겉사람(고후4:16)

"너, 그렇게 양심을 속여도 되는 거냐?"

이 세상에서 모든 것은 다 속일 수 있지만 자기 안에 있는 양심은 속일 수 없다. 바로 이 양심이란 존재가 바로 '속나' 이다. 이 속나는 겉나의 형편, 상황, 정황과는 전혀 관계가 없다. 항상 일관되게 한 방향만 가리킨다. 그렇기 때문에 영원히 변하지 않는 진리[2]와 같다. 성경은 이 선한 양심이 바로 '하나님의 말씀' 이며, '진리' 라고 한다. 예를 들어 나침반은 언제나, 어떤 환경과 상황 속에서도 변함없이 남북을 정확하게 가리킨다. 그렇기 때문에 생사를 걸고 방향을 헤매는 경우에도 나침반을 믿고 모든 일을 행할 수 있다. 그런 것처럼 속나는 이 세상에서 영원불변하는 유일한 존재이다.

그러나 나의 겉나는 어떠한 존재인지 생각해보자. 시시때때로 변하는 카멜레온처럼 환경과 상태에 따라 수시로 변한다. 높은 사람에게는 아부하다가, 나보다 낮은 사람 앞에서 거들먹거린다. 그리고 돈 많은 사람 앞에선 기가 죽다가도, 가난한 사람 앞에서는 잘난 척한다. 어떤 때는 아주 고상한 척하고 인정이 많은 척하느라 물질을 기부하기도 한다. 그래서 겉나 수만 수천 개가 내 안에 존재하고 있다고 해도 과언이 아니다. 세상에서는 이런 겉나가 많은 사람을 '훌륭하다, 처세술이 좋다, 대인관계가 원만하다, 권모술수가 능수능란하다' 는 말로 표현한다.

속나가 **원리론적인 사람**이라면 겉나는 **방법론적인 사람**이라고 말할 수 있다. 방법론적, 세상적인 사람을 "정과 욕심의 사람"(갈5:24) 또는 "육신의 생각 안에 있는 사람"(롬8:8)이라고 말한다. 이런 상태는 "하나님과 원수"(롬8:7)가 된 상태다. 다시 말하면 겉나와 내 안에 존재하는 또

<hr>

2 · "저희를 진리로 거룩하게 하옵소서. 아버지의 말씀은 진리니이다"(요17:17).

다른 존재인 속나의 관계는 원수 사이다. 원리와 방법론적 방향이 서로 다른, 원수 같은 두 존재가 내 안에 함께 존재하고 있기 때문에, 망상이 사라지지 않는다. 그러므로 바다의 파도처럼 언제나 출렁거리고, 그 출렁거림 속에 수많은 물거품이 생긴다.

성경의 "원수를 사랑하라"(마5:44)[3]는 나 아닌 다른 사람과의 관계성을 말하는 것이 아니다. 만약에 감정적으로 원수 같은 사람을 사랑했다면, 진정으로 사랑한 게 아니다. 즉, 그 사랑마저도 내가 나를 속이는 나의 의(義)적인, 사랑하는 척한 행위이다. 성경은 이런 감정적인 원수를 사랑하라는 것이 아니라, 내 안에 존재하고 있는 속나와 항상 반대방향으로 가고자 하는 겉나인 나를 사랑하라는 말이다.

"이 원수를 어떻게 사랑하는가?" "이 육적인 생각, 정과 욕심을 어떻게 사랑하는가?" 이것이 문제이다.

그런데 이 문제의 해결 방법을 성경은 제시하고 있다. 좀 어려운 이야기지만 이 육신의 생각조차 겉나인 내가 아니다. 겉나가 되어버린 내가 내 안에 거하고 있는 죄란 놈에게 속아서 종노릇하고 있다. 속나에 속해 있던 겉나 부분을 살짝 속여서 분리시킨 것이다. 분리시킨 그 겉나 부분을 죄란 놈이 붙잡고 종[4] 삼으며 살고 있다. 이 죄란 놈이 겉나를 종 삼는 가장 큰 무기는 "너! 그렇게 하면 죽는다"이다. 선악과를 "먹는 날에는 정녕 죽으리라"[5]고 하지만 '죽는다'는 것은 아무것도 아니다. 우리

---

3 • "나는 너희에게 이르노니 너희 원수를 사랑하며 너희를 핍박하는 자를 위하여 기도하라" (마5:44).

4 • "저희에게 자유를 준다 하여도 자기는 멸망의 종들이니 누구든지 진 자는 이긴 자의 종이 됨이니라"(벧후2:19).

5 • "선악을 알게 하는 나무의 실과는 먹지 말라, 네가 먹는 날에는 정녕 죽으리라 하시니라" (창2:17).

들은 언젠가 모두 죽는다. 죽지 않고 영원히 사는 자가 누가 있겠는가? 우리가 이렇게 아무것도 아닌 공갈에 속고, 쩔쩔매면서 살고 있다는 것을 성경은 말하고 있다. 그래서 성경의 말씀을 잘 듣고 깨달으면, 그 죄란 놈의 정체를 정확하게 알게 된다. 죄란 놈은 내가 성경의 말씀을 모르는 상태에서는 나를 종 삼지만, 내가 그 죄의 존재를 정확히 알면 그 죄는 나에게 더 이상 상전이 될 수 없다. 우리는 그때부터 죄에 종노릇하지 않는다.

이렇게 죄란 놈을 정확하게 아는 상태를 사도바울은 '죄에서 해방됐다' [6], '정과 욕심을 십자가에 못 박았다' (갈5:24), '속나와 겉나가 화합되었다' [7]라고 한다.

하지만 우리가 그리스도를 영접했다고 해서, 정과 욕심을 십자가에 못 박았다고 해서, 정과 욕심이 없어지는 것은 아니다. 성경에는 "육체의 더러운 것을 제하여 버림이 아니요" (벧전3:21)라고 말씀하셨기 때문이다. 그 정과 욕심이 없어지면, 그 사람은 식물인간이 된다. 우리가 성경을 너무 모르기 때문에 이 사실을 잘못 알고 있다.

그러면 "그리스도 예수의 사람들은 그 육체와 함께 정과 욕심을 십자가에 못 박았느니라" (갈5:24)는 말씀처럼 과연 어떻게 정과 욕심을 십자가에 못 박을 수 있겠는가? 답은 간단하다. 내가 예수 그리스도로 말미암아 죄란 놈의 정체를 정확히 깨닫는 것이다. 그래서 이제부터는 죄란 놈의 실체가 나에게 아무 문제가 되지 않고, 오히려 고맙게 생각되어지

---

6 • "이는 그리스도 예수 안에 있는 생명의 성령의 법이 죄와 사망의 법에서 너를 해방하였음이라" (롬8:2).

7 • "원수 된 것 곧 의문에 속한 계명의 율법을 자기 육체로 폐하셨으니 이는 이 둘로 자기의 안에서 한 새 사람을 지어 화평하게 하시고" (엡2:15).

는 상태를 말한다. 이런 상태를 속나와 겉나가 하나로 화합되어졌다고 한다. 무엇이든지 둘이 아니고 하나가 되면 그것이 곧 평안이다.

성경은 평안의 상태를 다음과 같이 말한다.

"그는 우리의 화평이신지라 둘로 하나를 만드사 중간에 막힌 담을 허시고 원수된 것 곧 의문에 속한 계명의 율법을 자기 육체로 폐하셨으니 이는 이 둘을 자기의 안에서 한 새사람을 지어 **화평**하게 하시고 또 십자가로 이 둘을 한 몸으로 하나님과 화목하게 하려 하심이라. 원수된 것을 십자가로 소멸하시고 또 오셔서 먼데 있는 너희에게 **평안**을 전하고 가까운데 있는 자들에게 평안을 전하셨으니 이는 저로 말미암아 우리 둘이 한 성령 안에서 아버지께 나아감을 얻게 하려 하심이라" (엡2:14~18).

"**하나님의 나라**는 먹는 것과 마시는 것이 아니요, 오직 **성령 안에서 의와 평강과 희락이라**" (롬14:17).

"또 여기 있다 저기 있다고도 못하리니 **하나님의 나라**는 '**너희 안**' 에 있느니라" (눅17:21).

속사람과 겉사람

"속사람"[8]은 "양심"[9]이다. 양심은 "겉사람"[10]인 내가 잘못된 일을 해도 그 자리를 그대로 지키고 있다. 그리고 내 안에서 겉사람에게 "너, 정말 그렇게 살아야 하니?" 또는 "꼭 그렇게 양심을 속이면서 살아야만 살 수 있니?"라고 참소한다. 이 세상 아무도 모르게 한 일도 당신 안에 있는 양심은 다 알고 있다. 이것이 바로 내 안에 있는 '참나'요, 진실한 '진리의 나'이다. 이 속사람은 겉사람의 형편과 감정의 상태에 상관없이 원리로 향하고 있다. 내가 바다를 잘못 항해하고 있더라도, 나침반은 나의 삶과 관계없이 일정한 방향을 지시한다. 이렇듯이 속사람은 겉사람이 권모술수를 동원하여 법에 위배되지 않고 살더라도, 그 법과 윤리·도덕 이전의 참사람으로 나를 참소하고 있다. 그리고 참나는 나의 겉사람인 육신의 생각과는 전혀 상관없이 존재하고 있다.

하늘에 수많은 구름이 끼어 있든지, 바람이 많이 불든지, 비가 많이 와서 수많은 사람들이 죽어가든지, 태양은 아무 상관없이 오늘도 어김없

---

8 • "그 영광의 풍성을 따라 그의 성령으로 말미암아 너희 속사람을 능력으로 강건하게 하옵시며" (엡3:16).

9 • "율법 없는 이방인이 본성으로 율법의 일을 행할 때는 이 사람은 율법이 없어도 자기가 자기에게 율법이 되나니 이런 이들은 그 양심이 증거가 되어 그 생각들이 서로 혹은 송사하며 혹은 변명하여 그 마음에 새긴 율법의 행위를 나타내느니라" (롬2:14~15); "저희가 이 말씀을 듣고 양심의 가책을 받아 어른으로 시작하여 젊은이까지 하나씩 하나씩 나가고 오직 예수와 그 가운데 섰는 여자만 남았더라" (요8:9).

10 • "그러므로 우리가 낙심하지 아니하노니 겉사람은 후패하나 우리의 속은 날로 새롭도다" (고후4:16).

이 떠오른다. 지금 내 눈에는 보이지 않지만, 늘 제시간에 떠오른다. 이 것을 내가 눈으로 보지는 않지만, 보는 듯이 믿어져지는 것이다. 왜냐하 면 이것이 바로 내 안의 '참나'이며 '진리'이기 때문이다. "아버지의 말 씀은 진리시니이다"(요17:17). 그래서 믿음은 "내가 당신을 믿습니다"의 나의 의지적 믿음이 아니다.

그런데 나의 의지적 믿음은 겉사람의 상식으로는 믿어지지 아니하 나, 겉사람의 정과 욕심으로 하나님을 믿으면 축복받고, 부자 되고, 만사 형통하니까 믿어보자는 그런 식의 믿음이다. 다시 말해서 기복주의 믿 음, 무당주의 믿음으로 자기를 도취시키고, 그 종교행위에 매료되어, 종 교적인 체험도 맛보게 된다. 이때부터 "내가 당신을 믿습니다"하는 강 력한 종교적인 힘이 발휘된다. 이것이 바로 겉사람의 엄청난 위력이다. 무속인들에게 신이 내리면 날이 시퍼런 작두 위를 걷고, 뛰고 하지 않는 가! 그런 행위가 교회 안에서 일어나면 하나님의 기적이요, 사찰 안에서 일어나면 도력이다.

몇 년 전에 유리겔라라는 마술사가 한국에 와서 TV를 통해 숟가락도 구부러뜨리고, 멈춘 시계도 작동시켰다. 심지어 씨 한 알을 손에 올려놓 고 살짝살짝 문지르니까, 거기서 싹이 나오는 기적을 일으켰다. 그 광경 을 보고 '만약 저 사람이 유명 교회에 소속된 목사였으면 큰일 날 뻔했 다'고 생각했다. 온 교회가 난리가 났을 테니까……. '그 행위 하나하나 할 때마다 "주의 이름으로"[11]만 붙이면 어찌 되었을까? 생각만 해도 아 찔했다.

---

11 • "그날에 많은 사람이 나더러 이르되 주여 주여 우리가 주의 이름으로 선지자 노릇하며 주 의 이름으로 귀신을 쫓아내며 주의 이름으로 많은 권능을 행치 아니하였나이까 하리니" (마7:22).

겉사람은 앞에서 말한 속사람과는 방향성이 전혀 반대이다. 겉사람의 기복주의, 종교주의 방향성을 성경은 다음과 같이 말한다.

"육신의 생각은 하나님과 원수가 된다(롬8:7)"의 '육신의 생각' 이요, "그리스도 예수의 사람들은 육체와 함께 정과 욕심을 십자가에 못 박았느니라"(갈5:24)에서의 '정과 욕심' 이기도 하다. 구약시대에는 '애굽에 살던 때' (출3:7)라고도 했으며, '너희가 세상에 속하였을 때(요8:23)' 의 '세상' 이라고도 한다. 그리고 "만일 가시와 엉겅퀴를 내면 버림을 당하고 저주함에 가까와 그 마지막은 불사름이 되리라" (히6:8)에서 '땅의 상태' 라고도 표현한다.

십자가

십자가[12]는 영화에서처럼 드라큐라를 제거하는 능력이 있는 것이 아니다. 또한 자동차에 매달아 놓고 무사 안전을 비는 부적이 아니며, 목걸이로 착용하여 화를 피하고 복을 비는 주술적인 능력이 있는 것도 아니다. 그것은 단지 악세사리일 뿐 아무런 능력이 없다. 그런데 우리가 십자가의 의미를 모르기 때문에, 주술적인 의미를 십자가에 부여하여 길흉화복을 건사해줄 능력이 발생하기를 기대한다. 이것은 욕심에서 출발한 기복종교의 모습이며, 성경에서 의미하는 십자가와는 아무런 상관이 없다.

십자가는 내 밖에서 나를 좌지우지 하는 것이 아니고, 내 안의 서로 다른 방향성과, 서로 다른 원함을 가지고 있는 겉나와 속나를 하나로 화합하는 것이다. 예수님이 십자가에서 돌아가셨듯이, 십자가의 의미는 **죽는 것**이다. 나를 정과 욕심으로 종 삼고 있는 **죄란** 존재를 바로 깨닫게 하는 것이다. 그런데 유대인들이 예수 그리스도를 매달아 죽인 십자가는 의미가 다르다. 유대인들이 원하는 메시아[13]가 아니었기 때문에 매달

---

12 • "그는 우리의 화평이신지라. 둘로 하나를 만드사 중간에 막힌 담을 허시고 원수 된 것 곧 의문에 속한 계명의 율법을 자기 육체로 폐하셨으니 이는 이 둘로 자기의 안에서 한 새사람을 지어 화평하게 하시고 또 십자가로 이 둘을 한 몸으로 화목하게 하심이라. 원수 된 것을 십자가로 소멸하시고" (엡2:14~16).
13 • 주관적인 하나님=정과 욕심의 하나님=세상 임금=기복의 하나님=인본주의 하나님.

아 죽인 것이다. 그 당시와 마찬가지로 예수님을 믿는다고 자부하는 우리도 나의 정과 욕심을 채워주고, 영육 간에 복을 주시는 세상임금으로서의 메시아가 아니면, 하나님이 보내신 아들일지라도 또는 유일하신 참하나님일지라도 거부한다. 그리고 내 안에 자리 잡고 있는 기복의 예수와 하나님을 영접하여 나의 바람이 이루어지기를 오늘 이 순간에도 학수고대하고 있다.

다시 말해서 십자가란 내 밖에서 내 육의 눈으로 보이는 나무 두 개를 가로, 세로로 묶는 것이 아니라, 예수 그리스도(생명의 말씀)로 말미암아 둘을 하나로 화합되게 하는 것이다. 둘이란 내 속에 있는 겉나와 속나를 말한다. 원래 이 두 존재는 기름과 물 같아서 하나가 되어지지 않는다. 다만 두 존재 중에 어느 존재가 우위를 점하느냐는 것뿐이다. 처음 출발은 겉사람이 속사람을 지배하였듯이, 나중은 속사람이 겉사람을 인도하는 그런 상태를 '두 존재가 화목되어졌다' 고 한다. 또는 '그리스도와 연합되었다, 거듭났다, 다시 태어났다, 부활의 그리스도 영을 영접했다' 고 한다. 또 다른 표현으로는 '죽었다가 다시 살아났다, 죄에서 해방됐다, 새 것이 되었다, 이전 것이 지나갔다' 고 한다. 이렇게 되어진 상태를 **십자가 사건**이라고 한다. 그러나 십자가 사건이 이루어졌다고 해도 육체를 벗기 전에는 두 존재가 하나가 되어지지 않는다. 즉, 새것이 되었다고 해서 완전히 새것이 된 것이 아니다. 다만, 내가 이전의 상태에서 변한 것이지, 이전 상태의 겉나가 없어진 것은 아니다. 그래서 옛사람(겉사람)에게 속해서 종교행위를 하고 살았을 때도 성경은, "너희의 허물과 죄로 죽었던"(엡2:1) 때라고 말했듯이, 새로운 피조물이 되었을 때도 겉나가 소멸된 것은 아니다. 다만 거듭나도 마찬가지로 '죄의 종' 에서 '의의 종' 으로 바뀐 것뿐이다.

죄의 종과 의의 종의 차원은 하늘과 땅같이 다르지만, 의의 종이라고

해서 완전한 차원은 아니다. 왜냐하면 두 존재가 화목되어 일체가 되어
지는 것은 육을 벗어버린 후 가능하기 때문이다. 육을 벗기 전에는 의의
종으로 속사람(그리스도 영)의 인도함을 받는 영의 사람은 훈련생일 뿐이
다. 훈련소는 훈련소일 뿐이지, 자신의 완전한 안식처는 아니다. 이런
것을 모르고 조금 차원을 달리한다는 자들, 즉 자칭 영적인 맛을 보았다
는 자들이 아주 단수가 높은 겉사람(마귀)에게 속아서 다 되어진 척, "빛
의 아들" (살전5:5)이 되어진 척, 거만을 떨고 다닌다.

종교와 신앙

어떤 종교이든지 길흉화복의 건사, 즉 기복에 뿌리를 두고 있다. 그 종교의 교주가 하나님, 석가모니, 무함마드가 되었든 간에, 부르는 이름과 종교의식을 치르는 장소와 형식과 모습이 다를 뿐이다. 종교 집단에 속해 있는 사람의 믿음은 다 정과 욕심에서 출발한다. 여기에서 좀 더 나아가 '죽어서 천국에 간다, 극락에 간다, 하나님께 간다' 등 사후세계에 의탁하는 종교의 실체도 욕심이다. 절에 가서 백일 불공드리며 소원 성취해달라는 심보나, 교회에서 나의 문제를 해결해달라고 기도하는 사람들 안에 있는 심보는 다 똑같다. 그래서 믿는다고 하는 자들의 입술 밖으로 나오는 그 교주의 이름은 각자의 종교나 취향에 따라서 바뀔 뿐이다.

그래서 성경은 "욕심이 잉태한 즉 죄를 낳고, 죄가 장성한 즉 사망을 낳느니라"(약1:15)고 한다. 이 말씀의 의미는 욕심에서 출발하는 것 자체가 이미 죄 아래 있으므로, 죽은 자의 상태에서 시작한다는 것이다. 그러므로 "하나님은 산 자의 하나님"[14]이시므로 우리가 욕심에서 출발하는 것은 잘못된 믿음임을 가르쳐주신다. 하나님은 결코 죄인을 만나주지도 않거니와 만약 죄인이 하나님을 만나면 그 죄인은 즉시 죽는다.[15] "하나

---

14 • "나는 아브라함의 하나님이요 이삭의 하나님이요 야곱의 하나님이로라 하신 것을 읽어 보지 못하였느냐 하나님은 죽은 자의 하나님이 아니요 산 자의 하나님이시니라 하시니" (마22:32).

15 • "이같이 하나님이 그 사람을 쫓아 내시고 에덴동산 동편에 그룹들과 두루 도는 화염검을 두어 생명나무의 길을 지키게 하시니라"(창3:24). 죄를 해결하고 생명나무를 먹게 하셔야 하나님을 영접할 수 있다.

님은 사랑"(요일4:8)이시기 때문에 이것을 막기 위해 그의 아들을 먼저 보내주셨다. 아들로 말미암아 죄 문제를 해결하고 아버지께 오라고 하신다. 그런데 거짓 선지자들은 '우리가 입으로 "믿습니다"만 하면 아들을 만나 죄의 문제가 다 해결되었다' 고 가르치고, 우리는 그 말에 속아서 **죄의 문제 해결이 간단하고 쉽다**고 말한다. 그런데 깨닫고 보니까 이 말은 아무리 사랑이신 하나님의 은혜라고 하지만 너무 심하다고 생각한다.

성경에서의 죄란 "정과 욕심"(갈5:24)이다. 로마서 8장 7절에서는 "육신의 생각" 이라고 했다. 이 "육신의 생각은 하나님과 원수가 된다"(롬8:7)고 했으며. 육신의 생각이 바로 종교주의자들이 그 종교를 믿는다고 붙잡는 목적들이다. 어떤 종교든지 인간의 이런 목적을 해결해주지 않는다면, 그 종교 집단의 조직은 하루아침에 무너질 것이다. 그래서 종교는 인간들의 욕심과, 너도 모르고 나도 모르는 사후세계를 적당히 섞어서 종교마다의 형식을 만들어 **조직화**한 것이다.

종교 지도자들이 죽어서 천국 간다고 했는데 만약 당신들이 죽어서 천국에 가지 못했다면 다시 살아나서 그 종교 집단에 가서 따지겠는가? 그래서 사후세계의 종교적 약속은 어떤 약속을 해도 죄가 안 된다. 그러니까 "무엇이든지 약속하라! 아무도 따질 수 없다"고 부추긴다면 거짓 목자라. 그래서 종교주의자들은 모르는 것을 예배하고 있다.[16] 하나님을 안다고 하지만 실제적으로는 모르는 그 자체를 열심히 몸과 마음과 정성을 다하여 예배한다. 종교 지도자들은 오히려 알고 예배하는 자들

---

16 • "너희는 알지 못하는 것을 예배하고 우리는 아는 것을 예배하노니 이는 구원이 유대인에게서 남이니라"(요4:22).

보다도 더 철저하고 엄격하게 규율을 따져가며, 경전(말씀)을 섬기고 예배를 드린다. 이것을 성경은 '바리새적 신앙(信仰)' 또는 '자기 의(自己義)적 신앙' 이라고도 한다.

그러나 신앙인(神仰人)은 이런 도의 초보에서 벗어난 상태, 즉 죄가 무엇인지 아는 사람이다. 그리고 죄가 누구인 줄 알고, 땅이 누구인지, 하늘이 누구인지 '아는 것을' 예배하는 자들이다. 이미 "하늘에 앉힌 자들"(엡2:6)을 말한다. 그리고 그들은 영생이 어떤 상태인 줄 이미 알고 있다.

영생이 사후에 우리가 상상하는 좋은 환경 속에서 영원히 사는 것인가? 성경은 그런 내용과는 전혀 상관없다. "**영생**이란 유일하신 참하나님과 그의 보내신 자 예수 그리스도를 **아는 것**" (요17:3)[17]이라고 말한다. 영생이란 '살고-살지 않고' 의 문제가 아니라, **아느냐-모르느냐**의 관계인 것이다. 이런 상태를 향하는 자를 신앙인(神仰人)이라 한다.

그런데 일반적으로 쓰이는 신앙인(信仰人)이라는 말이 있다. 이 신앙(信仰)의 상태는 위에서 말한 종교인과 같은 수준이다. 신앙인(信仰人)은 어디까지나 믿는 믿음의 주인은 항상 자신이다. 그러나 진정한 믿음이란 "한 주체가 다른 주체를 믿는다"고 말할 때 나의 모든 주관은 믿는 주체에게 완전히 이전된다. 그래서 이전된 주체의 의도대로 살게 되어진다.

"내가 진실로 진실로 네게 이르노니 젊어서는 네가 스스로 띠 띠고 원하는 곳으로 다녔거니와 늙어서는 네 팔을 벌리리니 남이 네게 띠 띠우고 원치 아니하는 곳으로 데려가리라" (요21:18).

---

17 • 간접경험에 의해 후천적으로 습득된 지식이 아니라, 그리스도로 말미암아 선경험이 된 확증된 깨달음이다. 선경험이란 태초요, 창세인 하나님, 즉 우리 안에 있는 양심(속사람)으로 말미암아 이미 깨닫게 되어진 앎을 말한다.

이는 예수가 베드로에게 한 말이다.

이 말씀에서 늙었다는 의미는 노쇠했다는 말이 아니라, 종교의 차원에서 신앙(神仰)의 차원으로, 영적 차원이 바뀌었다는 것이다. 베드로가 젊었을 때 "주여! 내가 주님을 따르겠나이다"의 주체는 '내가' 였다. 그러나 늙어서는 나의 생각과 의지와는 전혀 관계없는 '남(예수 그리스도)',[18] 즉 다른 주체의 의지대로 살게 된다. 그래서 '네가 원치 아니하는 곳으로' 향하는 삶을 살게 되어진다. 이런 상태를 '믿음' 이라고 한다. 이런 상태의 사람을 신자(神子) 또는 참교회라고 한다.

---

18 • 남은 내 바깥의 다른 사람을 말하는 것이 아니다. 여기서는 겉사람의 주체가 아닌 속사람의 주체이다. 남이라고 말할 때는 관점(방향성)에 따라 다르게 표현하는 것뿐이다. 즉, 속사람의 남은 겉사람이요, 겉사람의 남은 속사람이다.

천국은 죽어서 가는 곳인가?

기독교인들의 '꿈에도 소원'은 죽어서 천국 가는 것이다. 고통, 걱정도 없고. 시기와 다툼, 욕심도 없는 곳에서 영원히 살고 싶은 욕망 때문이다. 이런 소망을 가지고 열심히 종교를 믿는 사람들에게 "그런 곳은 없습니다"라고 한다면, 그렇게 말한 사람을 가만두지 않을 것이다. 그런데 그런 말을 하지 않는 것이 좋겠다. 어차피 그 사람들은 천국과는 관계가 없으므로, 목숨이 붙어 있는 동안이라도 나름대로 열심히 신앙생활을 할 수 있게 말이다. 그렇다고 하더라도 그 사람이 죽은 후 천국에 가지 못했다고, 아니 가보니까 그런 천국은 없더라고 살아 돌아와 손해배상을 청구하지는 못할 것이 아닌가! 참으로 가련하고 안타까운 일이다.

어느 스님이 "마음자리 바꾸니까 여기가 극락이구나!"라고 말했는데 성경에도 "바리새인들이 하나님의 나라가 어느 때에 임하나이까? 묻거늘 예수께서 대답하여 가라사대 하나님의 나라는 볼 수 있게 임하는 것이 아니요, 또 여기 있다 저기 있다고도 못하리니 하나님의 나라는 너희 안에 있느니라!"(눅17:20~21)고 말씀하신다. 아직까지 무엇인가가 해결되지 않아 문제해결을 구하는 수준의 교인[19]들은 바리새인들처럼 하나님의 나라가 어느 때 임하는지를 가장 궁금해한다. 그리고 볼 수 있게 임하는지, 볼 수 없게 임하는지 또한 너무나 알고 싶어 한다. 그래서 "볼지어

---

19 • 도의 초보에 있는 어린아이 상태의 종교주의, 즉 기복주의 종교인들.

다. 구름을 타고 오시리니 각인의 눈이 그를 보겠고, 그를 찌른 자들도 볼 터이요"(계1:7)라는 구절을 보고 "각인의 눈이 그를 본다고 했지 않느냐?"고 반문하면서 확인해보고 싶은 바리새인들의 심정이다.

그런데 계시록 1장 7절 '인자가 구름을 타고 오신다'에서 인자가 타고 오시는 구름은 우리가 육신의 눈으로 볼 수 있는 하늘의 구름이 아니다. 눈으로는 볼 수 없는 구름이다. 볼 수 없는 구름을 타고 오시는 인자를 어찌 육신의 눈으로 보려고 앙망하는가? 인자는 손오공처럼 구름을 타고 오시지 않는다. 천국도 이와 마찬가지다. 누가복음 17장 21절을 보면 천국은 "볼 수 있게 임하는 것이 아니요, 너희 안에 있느니라"고 했다. 우리가 오가는 장소가 아니요, 죽거나 살아서 가는 장소도 아니다. 천국은 내 안에 있는 것이기 때문이다. 장소를 의미하는 천국이 아니다. 나의 내적 상태를 의미하는 천국이다. 이렇게 말하면 종교주의자들은 "그렇다면 우리는 죽은 다음에 어떻게 되는가? 분명 천국에 간다고 성경에 말하지 않는가?"하고 따지리라. 그러나 성경은 '오직 내가 아버지의 아들 상태가 되어지면, 그 상태가 이미 천국'이라고 말한다. 종교주의자들은 "그 말이 무슨 말인가?"라고 다시 묻는다. 커피 맛을 본 자는 이미 그 커피 맛에 대한 설명이 필요 없다. 먹어봐야 그 맛을 알지 천국은 이런 상태라고 아무리 설명해도 모른다. 본인이 그 상태가 되어져야 아는 것이다. 우리는 그 상태가 되어지기 위해 이 구원의 여정에 있을 뿐이다.

땅은 대지인가?

당신은 성경 구절의 '땅의 지체'에 대해 궁금해한 적이 있는가?

"땅의 지체를 죽이라. 곧 음란과 부정과 사욕과 정욕과 탐심이니 탐심은 우상 숭배니라"(골3:5).

여기서 땅의 지체가 바로 정과 욕심의 상태인 선악과의 상태이며, 죄의 상태라고 말한다. "혼돈하고 공허하며 흑암이 깊음 위에 있는"(창1:2) 상태의 땅이 수면(물) 위에[20] 운행하고 계시는 하나님의 비[21]를 흡수하여 밭 가는[22] 자 쓰기에 합당한 채소[23]를 내면 하나님께 복을 받는다(히6:7). 그렇다. 이 말씀의 의미는 정과 욕심의 공허하고, 혼돈된 심령이 생혼의 동물이 되어서 하나님의 말씀을 먹고, 짐승의 상태에서 사람의 상태로 되어지면 하나님께 복을 받는다는 것이다. 다른 말로 표현하면 죽은 자에서 산 자가 되어지면 하나님께 복자(福者)라 칭함을 받는다. 그래서 하나님은 당신의 일을 맡기시기 위해 이런 땅을 찾으신다.

---

20 • 하나님은 물의 조화로 섭리하신다.

21 • "나의 교훈은 내리는 비요"(신32:2)와 "하나님의 신은 수면에 운행하시느니라"(창1:2)에서 보이듯이, 물의 조화가 진리이며, 운행이 곧 능력이고 생명이다.

22 • "너희는 하나님의 밭이요 하나님의 집이라"(고전3:9); "내 아버지는 그 농부라"(요15:1). 하나님은 하나님의 밭인 내 안에서 농사짓고 계시며 알곡(속사람)을 거두는 일을 하신다.

23 • "너의 먹을 것은 밭의 채소인즉"(창3:18), "무릇 산 동물은 너희의 식물이 될지라. 채소같이 내가 이것을 다 너희에게 주노라"(창9:3). 채소가 산 동물이다. 산 동물인 겉나를 깨닫게 하는 것이 곧 내가 먹을 양식이다.

하나님의 자녀는 하나님의 일을 하는데 "하나님의 보내신 자를 믿는 것"(요6:29)이 하나님의 일이라고 말씀하신다. 이것은 바로 "성령이 너희에게 임하시면 너희가 권능을 받고 예루살렘과 온 유대와 사마리아의 땅 끝까지[24] 이르러 내 증인"(행1:8)이 되라는 것이다.

그리고 성경에서의 하늘과 땅은 들을 귀 있는 '사람'을 말한다. "하늘이여 귀를 기울이라. 내가 말하리라. 땅은 내 입의 말을 들을지어다"(신32:1). 마태복음 13장 18~23절의 씨[25] 뿌리는 자의 비유에서 씨를 받는 땅이 곧 '나'라고 말씀하신다. 농부이신 하나님은[26] 내 심령 밭(땅)에 씨를 뿌리시고 땅을 일궈서 좋은 열매를 맺게 하시며, 알곡이 되어진 심령을 추수하는 일을 하신다.

"천국은 마치 밭에 감추인 보화와 같으니 사람이 이를 발견한 후 숨겨두고 기뻐하여 돌아가서 자기의 소유를 다 팔아 그 밭을 샀느니라"(마13:44)는 말씀에서 보듯이 내 심령 밭에 "보화"(고후4:7 보배, 그리스도, 생명과)가 있다는 것을 발견한 자는 그 보화로 말미암아 영안의 눈이 뜨인다. 그래서 자신의 믿음의 소유를 다 팔아 참보화가 있는 심령이 되어진다. 여기서 소유란 거짓 보화(선악과)로 믿은 '자의적 숭배의 믿음'[27]이며, '목숨과 맞바꿀 수도 있다'고 생각하는 나의 전 재산인 '종교적 삶'을 말한다.

---

24 • 성경의 '땅끝'이란 아마존 정글 속까지가 아니라, 죄의 상태에서 죄 사함의 역사까지를 말한다.

25 • "씨는 하나님의 말씀이요"(눅8:11).

26 • "내 아버지는 그 농부라"(요15:1).

27 • "이런 것들은 자의적 숭배와 겸손과 몸을 괴롭게 하는데 지혜 있는 모양이나 오직 육체(육신의 생각) 좇는 것을 금하는 데는 유익이 조금도 없느니라"(골2:23).

씨 뿌리는 자와 밭 가는 자

씨는 열매요, 열매는 또한 씨다. 씨는 시작이요, 열매는 결과이다.

결국 씨와 열매는 하나이다. 왜냐하면 "나는 알파요 오메가요, 처음과 나중이요, 시작과 끝"(계22:13)이기 때문이다.

그럼 씨는 무엇인가? "씨는 하나님의 말씀이요"(눅8:11)에서 인자는 '씨', 즉 '말씀'이다. 그러므로 "좋은 씨를 뿌리는 이는 인자"(마13:37)이지, 우리 '목사님'이 아니므로 이 인자를 어떻게 만날 수 있겠는가? 이 인자는 구름인 증인을 타고 오신다. 증인을 통해 오시는 인자를 만나야 좋은 씨를 자기 밭에 뿌릴 수 있다.

마태복음 13장 38절은 "밭은 세상이요, 좋은 씨는 천국의 아들들이요, 가라지는 악한 자의 아들들"이라고 말한다. 이렇게 인자가 주신 좋은 씨를 자기 밭에 뿌리운 자가 바로 천국의 아들들이다. 인자가 뿌린 좋은 씨를 가꾸고, 기르시는 분이 바로 농부이시다. "내가 참 포도나무요, 내 아버지는 그 농부라"(요15:1)는 말씀에서 포도나무는 인자요, 아버지는 그 포도나무의 주인 되시는 농부이시라. 농부는 밭을 가는 자요, 밭은 땅이요, 땅은 곧 세상이다. 즉, 내가 밭, 땅, 세상이다.

"뿌리는 자는 말씀을 뿌리는 것이라"(막4:14). "아무나 천국 말씀을 듣고 깨닫지 못할 때는 악한 자가 와서 그 마음에 뿌리운 것을 빼앗나니 이는 곧 길가에 뿌리운 자요"(마13:19). "자기의 육체를 위하여 심는 자는 육체로부터 썩어진 것을 거두고 성령을 위하여 심는 자는 성령으로부터 영생을 거두리라” (갈6:8).

위의 말씀에서 무엇을 먹을까 무엇을 마실까 무엇을 입을까 염려하여 말씀을 심는 자[28]는 육체를 위하여 선악과를 마음에 심으며, 씨를 길가에 뿌린다. 이런 자는 천국의 말씀을 들어도 깨닫지 못하고, 성경을 보아도 보지 못한다. 또한 성경의 모든 말씀을 글자 그대로 보는 자는 성경의 모든 말씀을 나의 지식과 정욕대로 본다는 말이다.

“너희가 내 이름 안에서 무엇을 구하든지 내가 시행하리니” (요14:13)라는 구절을 보면서, ‘구하라’ 는 단어는 보이지만 ‘내 이름 안에서’ 라는 단어는 보이지 않는다. ‘내 이름 안에서’ 가 어떤 영적인 상태를 말하는 것인 줄 모른다. 그저 교인이 되면 다 된 줄 알거나, 주의 이름 안에 있는 줄 안다. “예수님의 이름으로 기도합니다”라는 말만 붙이면 ‘내 이름 안에서’ 가 되어진 줄로 생각한다. 그런 교인들은 “무엇을 구하라”고 하신 말씀도 제멋대로 “무엇이든지 구하라”로 해석한다. 그래서 단수를 복수로 바꾼다.

내 형편에서 막히고 풀리지 않는 일이 생기거나, 내 힘으로는 도저히 불가능한 모든 것들이 기도의 제목이 되는 자칭 교인들이 바로 육체를 위하여 말씀을 심는 자들이다. 이런 자들을 기복주의 교인들, 또는 종교주의 교인들이라고 말한다. 또한 이런 자들의 열정이 하늘을 찌른다. 사도바울이 율법 아래에 있을 때, 예수님의 제자들을 죽이려고 다메섹까지 쫓아간 것처럼, 그런 열심이 하늘에 닿고도 남는다. 이런 자들은 다 육체로부터 썩어진 것을 거둔다.

---

28 · 자기 유익대로 주님을 믿는 자도 천국 가기 위해 주님을 믿는 자이다.

원수 마귀도 열심히 씨를 뿌린다. 이들이 뿌리는 것은 가라지뿐이다. 가라지들은 자기 안에 뿌리운 씨가 가라지인지, 인자가 뿌린 좋은 씨인지 알지 못하고, 추수 때가 되어서야 알게 된다. 그리하여 "친구여 어찌하여 예복을 입지 않고 여기 들어왔느냐 하니 저가 유구무언이거늘"(마 22:12)과 같은 사태에 이른다. 추수 때가 이르지 아니한 교인들은 자신들이 예복을 입지 않은, 벌거벗은 상태인 줄 모른다. 왜냐하면 모두들 그속에서는 예복을 입은[29] 자를 한 번도 만나보지 못했기 때문에 자기처럼 벗은 상태를 입은 상태[30]라고 알고 있다. 그래서 그리스도로 덧입은 줄, 구원을 얻은 줄 착각하고 있다

땅에 속한 사람들아! 이 세상들아! 구름을 타고 오시는 농부의 아들이신 인자의 말을 들을지어다! 증거를 가진 증인을 알지 못하는 소경 된 교인들아! 마태복음 3장 10절은 "이미 도끼가 나무뿌리에 놓였으니 좋은 열매 맺지 아니하는 나무마다 찍어 불에 던지우리라"고 확언하고 있다. 그런가하면 "좋은 나무마다 아름다운 열매를 맺는다"고 하는데 농부는 이런 아름다운 열매를 원하신다.

농부이신 아버지의 집 창고에 이런 열매를 들여 아버지 집에 양식이 넘치게 하라! 구름을 타고 오시는 인자의 좋은 씨를 밭에 뿌려서 좋은 열매를 거두어라! 아버지 집 창고에 들어가는 알곡이 아버지께서 원하시

---

29 • "하늘로부터 오는 우리 처소(그리스도, 생명의 말씀)로 덧입기를 간절히 사모하노니"(고후5:2); 빛나고 깨끗한 세마포를 입게 하셨은즉 이 세마포는 성도들의 옳은 행실이로다"(계19:8, 여기서 '옳은 행실'이란 외적인 행위가 아니라 '내적인 깨달음'을 뜻한다); 피뿌린 옷을 입었는데 그 이름은 하나님의 말씀이라 칭하더라"(계19:13). 성경에서 옷을 입는다는 것은 우리가 생각하는 의복을 몸에 걸치는 것이 아니라 말씀을 듣고 깨닫는 것이다.

30 • 율법의 말씀, 죄의 법, 도의 초보의 말씀을 행위로 지키는 상태이다.

는 온전한 십일조다. 아버지는 천국의 아들들인 '너희들' 을 양식으로 삼으신다. 즉, 하나님은 영이시기 때문에 천국이 되어진 그의 아들을 영의 양식으로 삼으신다. 그래서 세상의 물질(십일조)을 양식 삼지 아니하신다. 아직까지 소득의 10분의 1을 하나님께 바쳐야 한다고 하면서 소득의 10분의 1이 하나님의 십일조, 헌물이라고 가르치는 선지자나 목사가 있다면 그들이 바로 "하나님의 양들을 도적질하고도 우리가 어떻게 주의 것을 도적질하였나이까" [31]라고 말하는 자들이다. 그러나 성경은 하나님의 양과 주의 것이 무엇인지 정확하게 말씀하신다. "너희는 하나님의 밭이요, 하나님의 집이니라"(고전3:9). "너희는 그리스도의 것이요"(고전3:23). 즉, 하나님의 밭이요, 하나님의 집인 너희가 그리스도의 것이다.

"만군의 여호와가 이르노라 너희 온전한 십일조를 창고에 들여 나의 집에 양식이 있게 하고 그것으로 나를 시험하여 내가 하늘 문을 열고 너희에게 복을 쌓을 곳이 없도록 붓지 아니하나 보라"(말3:10). 이 말씀에서 하늘 문은 "나는 양의 문이라"(요10:7)고 하신 주님을 말한다. 이 주님이 바로 인자이시다. 이 인자가 구름을 타고 오신다. 이 인자가 증인을 통해 당신의 문을 두드릴 때 당신은 "마음을 강퍅케 하지 말라". [32] 그리고 심령의 문을 열어주어라! 지금 이 글을 읽는 순간이 바로 인자가 당신의 문 앞에서 두드리고 있는 때임을 깨닫는 자는 복자(福者)이다. 라오디게아 교회들에게 하신 "내가 문 밖에 서서 두드리노니 누구든지 내 음성을

---

31 • "사람이 어찌 하나님의 것을 도적질하겠느냐 그러나 너희는 나의 것을 도적질하고도 말하기를 우리가 어떻게 주의 것을 도적질하였나이까 하도다 이는 곧 십일조와 헌물이라"(말3:8).

32 • "오랜 후에 다윗의 글에 다시 어느 날을 정하여 오늘날이라고 미리 이같이 일렀으되 오늘날 너희가 그의 음성을 듣거든 너희 마음을 강퍅케 말라 하였나니"(히4:7).

들고 문을 열면 내가 그에게로 들어가 그와 더불어 먹고 나는 그로 더불어 먹으리라"(계3:20)는 말씀에서 그분의 음성을 듣고 문을 열어주는 교회는 주님의 양식이 되는 교인이요, 참된 십일조들이다.

그런데 주님께서 언제 나에게 "나는 양의 문이라"(요10:7)는 그 문을 내게 주셨는가? 그 문이 있어야 문을 잠그든지, 열든지 할 것이 아닌가! 아직 그 문이 당신에게 없으면 당신은 그분의 양이 아니다. "너희는 내 양이 아니므로 믿지 아니하는도다. 내 양은 내 음성을 들으며 나는 저희를 알며 저희는 나를 따르느니라"(요10:26~27).

당신들이 모두 교회들이라면 당신들의 교주이신 주님을 언제, 어디서, 만났는가? 내가 처음 출석한 교회에서 영접했는가? 아니면 기도원에서 기도 중에 만났는가? 당신의 교주에게 물어본다. "주님! 주님께서 나에게 주신 당신의 문은 어디에 있습니까?"

주의 날과 일요일

구약의 '안식일'이 신약에 와서는 '주일'의 개념으로 바뀌었다. 그러나 안식일이나 주일이나 의미는 똑같이 'day'의 개념인 날짜 개념이다. 즉, 시간 개념의 일주일 중에 어느 한 날인 '그날을 의미하는 주일' 즉 '일요일' 날의 개념이다. 구약시대, "안식일을 기억하여 거룩히 지키라"(출20:8)의 의미와 오늘날, "주일을 성수하라"는 의미는 무엇이 다른가?

오늘날, 교인들이 일요일에 모든 생업을 중단하고, 교회에 나가서 교회 생활을 하는 것이 주일을 지키는 것인가? 그렇게 일요일을 지키면 평안한가? 또는 지키지 않으면 불안한가? 성경은 안식일(주의 날)이란 "사람을 위하여 있는 것이요, 사람이 안식일을 위하여 있는 것이 아니니"(막2:27)라고 말한다. 그런데 사람이 안식일을 지키지 못해 불안해한다면, 그 사람은 이미 안식일과는 관계가 없는 교인이다. 병원은 몸이 아픈 병자를 위하여 있는 곳이지, 그 병원을 위하여 환자가 존재하지 않는다. 이처럼 일주일 중에 어느 하루를 안식날(주일)로 알고 있는 종교인들은 그 안식날이 '일요일'인 교인들이다.

주일은 내가 지키는 것이 아니라, 내가 주일이 되어지는 것이다. 이렇게 주의 날들이 되어진 자들이라야 창세기의 첫째 날, 둘째 날, 셋째 날과 같은 '그날'들이 보이게 된다. 이렇게 하나님에 의해서 영안이 열리시기를! 성경은 모두가 성령의 감화 감동으로 쓰인 영의 말[33]이기 때문

---

33 • "성령의 감동하심을 입은 사람들이 하나님께 받아 말한 것임이라"(벧후1:21).

에 영안이 열려지기 전 육의 눈으로는 하늘의 비밀이 제대로 보이지 않는다. 주의 날, 그날이 되어지지 아니한 육의 눈으로 성경을 보니까 모든 말씀이 육신의 축복의 말씀으로만 보인다. 또한 선과 악으로 구별되어져 보인다. 이렇게 선악과의 말씀을 먹으면 **선악과의 날들**이요, 생명과를 먹으면 **생명과의 날들**이라!

성경에서의 날은 어떤 시간적 개념이 아니라, 어떤 영적 차원을 말한다. 영안이 열려지지 않아 생명과를 선악과로 먹는 상태는 "선악을 알게 하는 나무의 실과는 먹지 말라. 네가 먹는 날에는 정녕 죽으리라"(창2:17)의 선악과 날이 되어진 상태이다. 다른 말로 표현하면 '정녕 죽으리라'의 수준이며, 에덴동산에서 추방된, 하나님과의 관계성이 끊어져버린 상태이다. 이런 선악과의 상태에서도 열심히 기도하고, 예배도 드리고 "주여! 주여!"를 부르면서 "주의 이름으로 귀신을 쫓아내며 주의 이름으로 많은 권능을 행치 아니하였나이까"(마7:22) 하고 있다. 외적으로 보면 이런 자들의 열정이 오히려 하늘을 찌른다.

그러나 주님은 "나더러 주여 주여 하는 자마다 천국에 다 들어갈 것이 아니"라고 분명히 말씀하신다. '너희들이 주의 이름으로 많은 권능을 행했을지라도, 나는 너희를 도무지 알지 못한다'고 하시며, 오히려 "불법을 행한 자들아 내게서 떠나가라"[34]고 하신다. 이런 자들이 바로 주의 날과 주일을 모르고 주일을 일요예배로 가르치며, 일요일 날을 주

---

34 • "나더러 주여 주여 하는 자마다 천국에 다 들어갈 것이 아니요 다만 하늘에 계신 내 아버지의 뜻대로 행하는 자라야 들어가리라 그날에 많은 사람이 나더러 이르되 주여 주여 우리가 주의 이름으로 선지자 노릇 하며 주의 이름으로 귀신을 쫓아내며 주의 이름으로 많은 권능을 행치 아니하였나이까 하리니 그 때에 내가 저희에게 밝히 말하되 내가 너희를 도무지 알지 못하니 불법을 행하는 자들아 내게서 떠나가라 하리라"(마7:21~23).

의 날이라고 가르치는 거짓 목자들이다. 그리고 소경 교인들은 '안식일을 거룩히 지키라' 는 그 율법을 행위로 지키기 위해 일요일에는 만사를 제치고 교회에 간다. 감정이 충만한 예배를 드리고, 영적으로 변화되었다고 착각하여 속는다. 그리고 주일 성수해서 마음이 편안하다고 생각한다.

그런데 '인자는 안식날의 주인' (마12:8, 막2:28, 눅6:5)이라고 하셨듯이, 인자는 증인을 통해 오시는 '인자의 오심', '그날'[35]의 주인 되시는 분이며 창조주이시며, 거룩하신 분이시다. 그리고 "내가 아버지 안에, 너희가 내 안에, 내가 너희 안에" (요14:20)있는 '그날' 이 되어진 날들의 주인이시다. 즉, 인자는 '인자의 날', '주의 날', '안식날' 이 되어진 날들의 주인이시다. 안식날의 주인은 '그날들 안에서' 하나님의 일을 하신다.

결론적으로, 성경이 말하는 안식날, 주의 날은 시간적 개념의 일요일이 아니라, 어떤 상태를 말한다. 주의 날이 되어진 '그날' 이 바로 주일(안식날)이다. 이렇게 주의 날이 되어져서 그리스도 예수 안에서 사는 자는 일년 365일, 아니 평생이 주의 날이다. 주일을 일요일 날짜로 지키는 교인이 되지 말고, 주의 날들이 되어져서 영원히 주일이 되어져라! 또한 당신이 안식날의 주인이 되어져라!

---

35 · "그때에 인자가 구름을 타고 큰 권능과 영광으로 오는 것을 사람들이 보리라" (막13:26).

굶식과 금식

음식을 먹지 않고, 굶는 것은 금식인가? 아니면 굶식인가? 우리가 아는 상식적인 '금식'은 종교행위를 하든지, 안 하든지 관계없이 음식을 먹지 않는 것이다. 그런데 어떤 종교적인 행위 안에서 음식을 먹지 아니하면 금식이고, 종교적 행위 밖에서 음식을 먹지 않으면 굶식인가?

사실 오늘날 수많은 교인들이 하는 금식은 성경에서 말하는 금식과는 거리가 먼 굶식이다. 사람의 입으로 들어가서 뒤로 나오는 것은 사람을 더럽게, 또는 깨끗하게 할 수 없다. 그래서 성경은 다음과 같이 말씀하신다.

"입으로 들어가는 모든 것은 배로 들어가서 뒤로 내어 버려지는 줄을 알지 못하느냐"(마15:17). "(사람의)입에서 나오는 것이 사람을 더럽게 한다"(마15:11). "마음에서 나오는 것은 악한 생각들이 …… 나를 더럽게 한다"(마15:19~20) "씻지 않은 손으로 먹는 것은 사람을 더럽게 하지 못하느니라"(마15:20).

성경에서 말하는 금식은 예수 신랑을 빼앗길 때, 나의 의지와는 관계없이 저절로 금식하게 되는 영적인 차원을 말한다.

"신랑과 함께 있을 동안에 슬퍼할 수 있느뇨. 그러나 신랑을 빼앗길 날이 이르리니 그때에는 금식할 것"(마9:15)이니라!

그렇다. 성경적 금식은 음식을 먹거나 먹지 아니하는 것과 관계있는 것이 아니라, **신랑을 잃어버릴 '때'**와 관계있다. 성경적 금식은 종교적 행위 안에서, 자칭 성령의 인도하심으로 음식을 끊고, 하나님께 원하는 바를 기도로 간구하는 것이 아니므로, 음식과는 아무런 관계가 없다.

마태복음 9장 15절에서 우리 교인들이 '예수 신랑을 만난다는 말은 많이 들었어도, 그렇게 만나기를 꿈에 그리던 예수 신랑을 빼앗길 날이 온다니 이게 무슨 말인가?' 하고 생각할 것이다. 예수 신랑을 만나는 것조차 어떤 상태인지 모르는데, 그 예수 신랑을 또 빼앗긴다니! 그 예수 신랑을 빼앗기면, 어떤 상태가 되어지는 것인지 상상도 못하고 있는 교인들에게, 예수 신랑을 빼앗길 때가 금식할 때라고 성경은 말하고 있다. 위에서 말한 입으로 음식을 먹지 아니하는 굶식은 어디까지나 육적인 목숨 차원이다.

그런데 우리는 음식을 굶으면 육신을 억제함으로 정신이 맑아져 하나님과 교통할 수 있는 영적인 채널이 이루어지는 줄 착각하고 있다. 성경은 "살리는 것은 영이니 육[36]은 무익하니라"(요6:63)고 말씀하시며 또한 "육으로 난 것은 육이요, 성령으로 난 것은 영"(요3:6) 이라고 하신다.

영과 육은 기름과 물과 같다. 아무리 흔들어서 섞어도 기름은 기름이요, 물은 물이다. 짐승과 사람도 마찬가지다. 짐승이 아무리 인간과 가까운 짐승이라도 어디까지나 사람은 사람이요, 짐승은 짐승이다.

이와 같이 영과 육은 차원이 다르다. 굶식을 했더니, 혼적인 상태가 몽롱해지고, 환청을 들었다 해도 그것이 영의 소리인 줄 착각하면 안 된다. 하나님의 역사가 정신이 혼미한 상태에서 비몽사몽 간에 이루어지는 줄 아는 교인들이 많다. 예수 신랑을 만나지 못한 도의 초보적인 교인들에게 예수 신랑을 빼앗길 때를 말한다는 것은 "이 말씀은 어렵도다.

---

36 • 성경에서 말하는 육은 고깃덩어리가 아니라 정신적, 혼적, 감정적 차원을 말한다.

누가 들을 수 있느냐"(요6:60)[37]가 되는 것이다. 굶식을 영적인 상태로 착각하고 있는 사람들에게 성경의 금식장[38]을 이야기할 수 있겠는가! 굶식은 어디까지나 굶식이다. 오직 성경적 금식만이 정말 고귀한 하나님의 일이다. "나의 양식은 나를 보내신 이의 뜻을 행하며 그의 일을 온전히 이루는 이것이니라"(요4:34)고 했듯이 이 일을 행하여 다 이루는 것이 금식이다. 이 말이 무슨 말인가? "저희가 보아도 보지 못하며 들어도 듣지 못하며 깨닫지 못함이니라"(마13:13).

성경에서 말하는 신랑을 **빼앗기는 때**, 그날은 정말로 즐거운 날이요, 내가 **여자에서 남자의 상태로 승화되는 차원**이다. 또한 **신부에서 아들의 차원으로 업그레이드되어지는 것**이다. 신부, 여자의 차원은 아버지의 하늘나라를 아버지로부터 상속받을 수가 없다. 남자, 즉 아들이 되어져야만 아버지의 나라를 유업으로 받을 수가 있다. 하나님의 아들은 신부인 여자(교회들)를 영접하시지만, 하나님 아버지는 꼭 아들만 영접하신다. 교회가 아들이 되려면 먼저 처음 만났던 예수 신랑과 사별하고, 금식, 즉 살리는 아버지의 일을 하여 내가 받은 은혜의 빚을 갚아야 한다. 그러면 아버지께서 나를 영접해 주신다.

---

37 • '어렵도다' 의 뜻은 '단단하다, 강퍅하다' 이다. 장성한 자의 말씀이라서 너무 단단하며 말씀을 받는 내가 강퍅하고 땅의 차원의 말이 아닌 하늘 차원의 말씀이라서 듣지를 못한다. 단단하다(히5:14, "단단한 식물은 장성한 자의 것이니 저희는 지각을 사용하므로 연단을 받아 성령과 악령을 분변하는 자들이니라"). 강퍅하다(히4:7, "오늘날 너희가 그의 음성을 듣거든 너희 마음을 강퍅케 말라 하였나니").

38 • "나의 기뻐하는 금식은 흉악의 결박을 풀어 주며 멍에의 줄을 끌러 주며 압제당하는 자를 자유케 하며 모든 멍에를 꺾는 것이 아니겠느냐 또 주린 자에게 네 식물을 나눠 주며 유리하는 빈민을 네 집에 들이며 벗은 자를 보면 입히며 또 네 골육을 피하여 스스로 숨지 아니하는 것이 아니겠느냐"(사58:6~7).

결론적으로 성경적 금식은 바울 사도의 **"나는 은혜에 빚진 자"**[39]라는 고백과 같은 것이다. 이 고백은 "이 은혜의 빚을 어찌 다 갚으리오!"의 절규이며, "너희는 이렇게 기도하라"는 주기도문의 기도이다. "우리가 우리에게 빚진 자를 사하여 준 것같이 우리 빚도 사하여 주옵시고"(마 6:12).

---

39 • "헬라인이나 야만인이나 지혜 있는 자나 어리석은 자에게 다 내가 빚진 자라"(롬1:14); "일하는 자에게는 그 삯을 은혜로 여기지 아니하고 빚으로 여기거니와"(롬4:4).

독생자 성령과 진리의 성령

"하나님이 세상을 사랑하사 독생자를 주셨으니 이는 저를 믿는 자마다 멸망치 않고 영생을 얻게 하려 하심이라"(요3:16).

"저는 진리의 영이라. 세상은 능히 저를 받지 못하나니 이는 저를 보지도 못하고 알지도 못함이라. 그러나 너희는 저를 아나니 저는 너희와 함께 거(居)하심이요 또 너희 속에 계시겠음이라"(요14:17).

위에서 말하는 바와 같이 하나님께서 세상을 사랑하사 세상에 **독생자 성령**을 주셨다. 그런데 '**진리의 성령**은 예수님이 아버지께 구하여 주신 성령인데 어찌하여 이 성령은 세상이 능히 저를 받지 못하는가?' 하고 반문하게 될 것이다.

그러면 독생자 성령과 진리의 성령은 다른 분이신가? 또한 아들 성령과 아버지 성령은 다른 분인가? 만약 다르다고 생각한다면 어떻게 다른가?

독생자는 마리아를 통해 성령으로 잉태하신 분이므로 성령[40]이시며, "독생하신 하나님"[41]이시다. 아들인 독생자 성령은 율법 아래 있는 자[42]

---

[40] • 성령은 거룩한 영이며 더러운 영(귀신의 영)과 구별된다.

[41] • "본래 하나님을 본 사람이 없으되 아버지 품속에 있는 독생하신 하나님이 나타내셨느니라"(요1:18).

[42] • 애굽 차원인 자(죄의 종)로 기복으로 예수님을 믿는 자이다.

들을 만나시고 저희를 죄에서 구원[43]하시기 위해 십자가에 돌아가신 분이다. 성령으로 잉태하신 독생자가 육체로 현현하신 이유는 다음 구절에서 설명하고 있다.

"때가 차매 하나님이 그 아들을 여자에게서 나게 하시고 율법아래 나게 하신 것은 율법아래 있는 자들을 속량하시고 우리로 아들의 명분을 얻게 하려 하심이라"(갈4:4~5).

"죄를 인하여 자기 아들을 죄 있는 육신의 모양으로 보내어 육신의 죄를 정하사"(롬8:3).

부활의 영이신 그리스도 예수는 세상의 상태에서 죄 사함 받은 자들을 만나시고 거듭나게 하신다. 부활의 그리스도 영은 다시 아버지께 가셨다가 오시는 **다른 보혜사**(진리의 영)[44]이시다.

"보혜사 곧 아버지께서 내 이름으로 보내실 성령 그가 너희에게 모든 것을 가르치고[45] 내가 너희에게 말한 모든 것을 생각나게 하시리라"(요14:26)

이처럼 진리의 영은 그리스도 예수께서 아버지께 구하여 우리들에게 오시는 **아버지의 영**이시다. 그래서 성령의 여정에서 보면 육체의 예수와 부활의 그리스도 예수와 보혜사 성령은 같은 분이시지만 **직임**은 다 다르다. 이 비밀을 어찌 알겠는가? 성경은 열린 비밀의 책이다.

위에서 말한 바와 같이 독생자 성령을 받는 세상과 진리의 성령을 받는 세상이 다르다. 어떻게 다른가?

---

43 • "예수란 자기 백성을 저희 죄에서 구원할 자이심이라"(마1:21). 여기서 저희는 백성, 즉 죄에서 구원해야 하는 수많은 겉사람(육신의 생각)을 말한다.

44 • 다른 보혜사(진리의 영)를 받으면 하나님의 아들로서 하나님의 일을 한다(요14:16~17).

45 • "기름 부음이 모든 것을 너희에게 가르치며"(요일2:27)에서 알 수 있듯, 기름 부음이 곧 다른 보혜사이다.

　　진리의 영을 받을 수 있는 **세상들**은 독생자이신 그분이 사랑하는 세상을 정확하게 알고 있다. 여기서 세상은 세계가 아니라, 죄 사함을 받아야 할 죄인인 **우리들**을 말한다. 즉, 독생자 성령은 죄 사함 받아야 할 세상과 관계하신다. 그리고 이 진리의 영을 영접할 수 있는 '너희' 에 속한 자들은 이미 독생자가 사랑하신 그 세상에서 업그레이드 된 자들이다. 죄인은 하나님을 만나면 소멸하기 때문에 하나님은 '독생자 성령' 을 통하여 깨끗해진 자들만 만나신다. 그래서 죄인인 세상은 능히 진리의 영을 받지 못한다. 그러나 제자들에 속한 너희는 "저를 아나니 저는 너희와 함께 거하심이요, 또 너희 속에 계시기"(요14:17) 때문에 진리의 영을 받을 수 있다.

　　물을 마셔보지 못한 자들은 그 물맛을 말로 표현해도 알 수가 없다. 그래서 먹어봐야 그 맛을 알 수 있다.

성경의 세상은 세계(World)가 아니다!

당신은 이 구절에 대해 묵상해 본 적이 있는가?

"하나님의 떡은 하늘에서 내려 세상에게 생명을 주는 것이니라"(요 6:33). "나는 하늘로서 내려온 산 떡이니 사람이 이 떡을 먹으면 영생하리라. 나의 줄 떡은 곧 세상의 생명을 위한 내 살이로다 하시니라"(요6:51).

이 떡은 우리가 입으로 먹는 떡이 아니라 주님 자신을 뜻한다. 그리고 하늘도 저 푸른 창공(heaven)이 아니라 "회개하라 천국이 가까이 왔다"(마3:2)에서의 하늘인 천국 또는 예수님을 말한다. 예수님도 "내가 곧 길이요, 진리요, 생명이니"(요14:6)라고 말씀하신다. 그러므로 떡도 당신이요, 하늘도, 생명도 당신이다. 오직 **세상**이란 단어만 빼고는 모두 주님 자신을 말한다. 이런 주님 자신을 세상에 주시려고 오셨다.

그러니까 그분을 받아야 하는 **세상**은 죄와 관계를 맺고 있는 오직 우리 **인간들**이다. 그래서 하나님이 죄와 관계성을 가지고 있는 이 세상을 사랑하사 그분을 우리들의 생명의 떡으로 하늘에서 내려주신 것이다. 그래서 세상은 세계(world)가 아니다. 에덴동산에서 뱀의 유혹으로 선악과를 먹고 에덴에서 쫓겨난 정녕 죽은 자들인 '우리들' 자신을 말한다. 목숨은 있으나 생명(예수 그리스도)을 깨닫지 못한 죽은 자들을 짐승들이라고 한다. 이렇게 생명을 알지 못하는 짐승들에게 생명을 주시기 위하여 짐승들의 먹이통인 구유에 생명의 떡으로 오신 것이다. 그분이 낮고 비천한 모습으로 오시기 위해서 말구유에 탄생하신 것이 아니다.

우리들은 영이 죽은 상태이므로 목숨만 가지고 있는 그런 짐승들의 차원으로 전락해버려 매일 눈만 뜨면 무엇을 먹을까 염려한다. 그래서 하늘은 한 번도 쳐다보지 아니하고, 온종일 땅만 내려다보고, 먹을 것만 구하는 짐승의 상태이다. 그런 우리를 "이처럼 사랑하사 독생자"(요3:16)를 주셨으므로 세상은 먼저 독생자이신 예수 그리스도를 만나서 죄 사함 받아야 한다. 창세기에서 선악과를 먹고 영이 정녕 죽은 자들은 하나님을 만날 수가 없었다. 왜냐하면 하나님은 산 자의 하나님이시요, 영이 죽은 자의 하나님이 아니시기 때문이다. 영이 죽은 자들은 하나님을 만나면 소멸된다.[46] 그래서 "하나님은 사랑"(요일4:8)이시기 때문에 먼저 자기 아들을 죄의 상태에 있는 세상에게 보내주신 것이다. 그러므로 죽은 자들은 먼저 **부활의 그리스도 예수**를 영접해야 산 자가 된다. 짐승의 상태에서 사람의 상태가 되어져야만 아버지께서 주시는 진리의 영을 영접할 수가 있다. 다른 보혜사 성령인 진리의 영을 "(죄의 상태인) 세상은 능히 저를 받지 못하나니 이는 저를 보지도 못하고 알지도 못함이라"(요14:17)고 말씀하신다.

성경적 세상을 정리해보면 다음과 같다. '애굽의 상태',[47] 즉 선악과, 짐승, 이방인, 도의 초보 상태이다. 또한 율법 아래의 상태, 주의 잔과 귀신의 잔을 겸하여 마시고 있는 상태라고 표현할 수 있다. 십일조 헌금은 율법 아래에 있을 때처럼 소득(물질)의 10분의 1을 바치고, 예배는 양 잡고 소 잡는 제사가 아닌 영적 예배를 드리는 상태이다. 그리고 "땅이 혼

---

46 • 소멸된 자들은 양심에 화인(딤전4:2) 맞음으로 하나님을 깨닫지 못한다.
47 • "저희 시체가 큰 성 길에 있으리니 그 성은 영적으로 하면 소돔이라고도 하고 애굽이라고도 하니 곧 저희 주께서 십자가에 못 박히신 곳이니라"(계11:8). 우리는 예수님이 역사적으로 골고다에서 돌아가셨다고 알고 있는데 골고다는 장소가 아닌 애굽의 상태이다. 애굽은 해골(골고다), 즉 하나님과의 관계성이 끊어진 죽은 자의 상태이므로 이 상태에서그리스도 예수와 함께 십자가에 죽어야만 산 자가 된다.

돈하고 공허하며, 흑암이 깊음 위에 있는”(창1:2) 상태를 말한다.

 “세상”에 속한 자들이여! 광야와 같은 너희 마음 안에서 “회개하라. 천국이 가까왔느니라”(마3:2)고 외치는 세례요한의 음성을 들어야 한다. 아직 빈들도 모른다면 당신은 애굽에 속한 ‘세상’이다. 그러면 먼저 선지자 모세를 만나서 애굽부터 떠나라. 그리고 광야에 서 외치는 세례요한의 소리를 듣고, 그 나라와 그 의를 먼저 구하라. 당신이 구해야 할 것은 오직 생명뿐이다. 먼저 죽은 자에서 산 자가 되어야 한다.

빛이 있으라 하시매 빛이 있었고

"하나님이 가라사대 빛이 있으라! 하시매 빛이 있었고"(창1:3).

이 빛은 무슨 빛인가? 은하계의 빛도 아니요, 우주의 빛도 아니요, 자외선의 빛도 아니요, 우리 인간들의 눈으로 볼 수 있는 빛도 아니요, 과학적으로 증명할 수 없는 빛도 아니다.

"그 안에 생명이 있으니 이 생명은 그 사람들의 빛이라"(요1:4). "참빛 곧 세상에 와서 각 사람에게 비취는 빛이 있었나니"(요1:9). "하나님이 가라사대 빛이 있으라 하시매 빛이 있었고"(창1:3). "빛을 낮이라 칭하시고 어두움을 밤이라 칭하시니라"(창1:5). "빛이 어두움에 비취되 어두움이 깨닫지 못하더라"(요1:5).

성경에서 말하는 빛은 "그 안에 생명이 있으니 그 생명은 그 사람들 안의 빛이라. 빛이 어두움 안에서 비취되 어두움이 깨닫지 못하는"(요1:4~5) 빛을 말한다. 즉, 성경적 **빛**은 그 **사람들 안에서** 비취고 있는 빛, 즉 "생명"[48]이다. 이 생명은 곧 내 안에 계시는 **그리스도**를 말한다. 우리가 일반적으로 말하는 밝고, 어두운 명암의 빛이 아니다. 어두움도 깨닫거나, 깨닫지 못하는 어떤 존재를 말하고 있다. 그래서 생명이신 빛을 어두운 상태 안에서 비취도 '깨닫지 못하는 자' 들을 '어두움' 이라 하고,

---

48 • "내가 곧 길이요, 진리요, 생명이니"(요14:6).

'깨달은 자' 들을 "빛"[49]이라고 한다.

　어두움의 상태를 쉽게 말하면, 우리가 한글을 모르는 사람들을 통칭하여 '눈 뜬 장님', '까막눈' 이라고 표현한다. 그리고 음흉한 생각을 하거나 욕심이 넘치는 사람을 보고 '마음이 시커멓다' 라고 말한다. 또한 "땅이 혼돈하고 공허하며 깊은 흑암의 상태"(창1:2)라고 말한다. 이런 땅의 상태인 존재 안에서 빛이 빛나고 있다는 말이다. 이렇듯, 이 빛은 어떤 상태의 인간들 안에서 비춰고 있으므로, 영의 눈이 아니면 볼 수도, 알 수도 없다. 그래서 '안다' 라는 능력이 없이는 깨달을 수 없는, 지정의 차원을 넘어선 하늘 차원의 빛이다. 이 빛이 바로 '목숨' 이 아닌 '생명' 이라고 말한다.

　성경에서 말하는 **생명**이란 우리들이 흔히 말하는 목숨 차원의 육적인 차원을 말하는 것이 아니다. "주시옵소서" 의 차원은 말해도 알지 못하고, 느낌마저도 전혀 오지 않는 영적인 차원을 말한다. 이 빛을 제대로 아는 자라야 "내가 곧 길이요, 진리요, 생명이니"(요14:6)의 **내가** 를 바로 알게 된다. 여기서 '내가' 라고 하는 분은 바로 기독교인들의 교주이신 주님이시다. 그 주님은 이미 무지한 내 안에 빛과 생명으로 와 계신다는 사실이다.

　누가복음 17장 21절에서 말씀하시는 바와 같이 "또 여기 있다 저기 있다고도 못하리니 하나님의 나라(천국)는 너희 안에" 있다. 아직까지 천국이 저 하늘 어딘가에 있고, 우리 주님은 어딘지 모르지만 그 하늘 보좌 우편에서 나를 기다리고 계신다고 믿고 있는 서글픈 육적인 교인들아!

---

49 • "너희는 다 빛의 아들이요, 낮의 아들이라 우리가 밤이나 어두움에 속하지 아니하나니"
　　(살전5:5).

당신의 주님은 빛과 생명으로 당신이 깨닫기 전인, 창세전에 이미 내 안에 와 계셨다. 지금 이 순간까지 "졸지도 아니하고 주무시지도"(시121:4) 아니하시고 "그날"(요14:20)이 되어지기를 기다리신다.

밤이나 어두움에 속하지 아니한[50] '주의 날' 이 되어진 형제들에게는 "때와 시기"(살전5:1), "그날"[51]에 대해서 쓸 것이 없다. "그날" 이 되어진 자는 "빛 된 자"(살전5:5)라고 한다. 그 빛 된 자를 '주의 날이 임한 자' 라고 말한다. 이렇게 주의 날은 온 천지가 밝고, 훤하게 우리들에게 임한다. 하지만 아직 어두움에 있는 육적인 차원인, 자칭 영적 지도자나 교인들에게는 주의 날이 밤에 도적같이 임한다. 그렇기 때문에 그 주님이 언제 오실지 학수고대하고 먼 하늘만 쳐다보며, 오늘도 애꿎은 마룻바닥만 무릎으로 닦고 있다.

성경에서 말하는 **빛**은 바로 내 안에 태초에 말씀으로 계신 **하나님**이시다. 하나님의 말씀을 받은 '말씀들' 이 바로 그날이 되어진 '그날들' 이요, 그날들이 '태초들' 이다. 그 태초들은 '말씀들' 이요, 형제들 안에서 비치는 '빛들' 이다. 그래서 "너희는 세상의 빛"(마5:14)이라고 한다. 여기서 세상은 코스모스, 우주 세계가 아닌 아버지께서 되찾아야 하는 "잃어버린 양"(마10:6)들이다. 이 세상에서 업그레이드된 자들은 이미 내 안에 계신 생명이신 주님을 깨달은 빛들이다. 그러나 염소들은 진리의 영인 빛을 받지 못한다.

"저는 진리의 영이라 세상은 능히 저를 받지 못하나니 이는 저를 보

---

50 • "형제들아 너희는 어둠에 있지 아니하매 그날이 도적같이 너희에게 임하지 못하리니 너희는 다 빛의 아들이요 낮의 아들이라 우리가 밤이나 어두움에 속하지 아니하니"(살전 5:4~5).

51 • "그날에는 내가 아버지 안에 너희가 내 안에 내가 너희 안에 있는 것을 너희가 알리라"(요14:20).

지도 못하고 알지도 못함이라"(요14:17).

아직 성경에서 말하는 빛이 자연 과학적인 차원의 빛으로 알고 있다면, 당신은 분명 '세상'에 속한 자이다.

결론적으로 성경에서의 '빛'은 내 안에 계시는 그리스도를 영접하는 사건이요, 이 사건이 바로 내가 나를 깨닫는 사건이요, 거듭남의 사건이다. 또한 부활의 사건이요, 말씀의 사건이요, 진리의 사건이다. 다르게 표현하면 거룩의 사건이요, 만물을 분별하는 능력의 사건이다.

예수님은 신부를, 하나님은 아들을 찾으신다

예수님은 우리의 죄를 담당하시고 하나님은 우리에게 복을 주신다. 예수님은 우리에게 생명을 주시고 하나님은 우리에게 영생을 주신다. 예수님은 우리에게 은혜로 오시지만 하나님은 우리가 일하지 않으면 영생을 주지 아니하신다. 예수님의 은혜를 확실하게 깨달은 자는 그 은혜를 빚으로 여긴다. 이 "은혜의 빚"[52]을 한 호리라도 갚지 아니하면[53] 결단코 천국에 들어가지 못한다고 말하신다. 예수 신랑으로부터 생명을 은혜로 받은 자는 하나님의 일을 한다. 하나님의 자녀는 하나님의 일을 하나니 (요5:17). 그런데 하나님의 일을 하지 아니하면 하나님께서 영생을 주지 않으신다. 즉, 아버지께서 그를 영접해주시지 않으신다. 왜냐하면 예수 신랑을 만난 신부는 아버지의 일을 하지 못하여 은혜의 빚을 갚지 못했기 때문에, 아버지께서 아들로 영접해주지 않으신다.

하나님의 아들이신 예수 신랑은 "내가 곧 길이요"(요14:6), "나로 말미암지 않고는 아버지께로 올 자가 없느니라"(요14:6)고 말씀하시면서 우리를 아버지 하나님께로 인도하신다. 우리들은 그 아들 예수를 통하여 아

---

52 • "일하는 자에게는 그 삯을 은혜로 여기지 아니하고 빚으로 여기거니와"(롬4:4).

53 • "진실로 네게 이르노니 네가 호리라도 남김이 없이 다 갚기 전에는 결단코 거기서(옥) 나오지 못하리라"(마5:26). 바꿔 말하면 다 갚아야 천국의 상태가 된다. 즉 천국이신 그리스도를 안다는 것이다. "옥"은 "모른다"이다. "모른다"를 "안다"로 바꾸는 것이 천국이 임한 자이다.

버지 하나님께 갈 수 있다. 예수 그리스도를 만난 것이 구원의 전부가 아니다. 구원의 시작일 뿐이다. 아들이신 예수 그리스도는 신부를 찾지만 우리 하나님 아버지는 며느리를 찾는 것이 아니라, 자신의 아들들을 찾으신다. 우리는 뒤를 돌아보지 아니하고 푯대만 향하여 달려가야 한다. 아버지 집에 도착할 때까지, 아버지께서 달려 나오셔서 나를 영접해주실 때까지……. 그래서 사도바울은 "내가 이미 얻었다 함도 아니요, 온전히 이루었다 함도 아니라 …… 좇아가노라"(빌3:12~14)고 고백한다.

그런데 오늘날 한국 교계가 예수를 잘 안다고 하면서도 아직까지 예수 그리스도의 차원과, 그리스도 예수의 차원과, 아버지 하나님의 차원을 전혀 모르고 있다. 그 결과, 우리들이 예수 그리스도를 영접하기만 하면 구원이 다 이루어진 줄 착각하고 있다. 이 땅에서 열심히 신앙생활을 하면 천국에 가서 상급을 많이 받고, 열심히 일하지 아니하면 상급이 없는 부끄러운 구원을 받는다고 알고 있다. 이렇게 알고 있는 그 자체가 예수 그리스도를 영접하지 못한 차원이다. 그래서 너희들이 "본다(안다)고 하니 너희 죄가 그저 있느니라"(요9:41)고 말씀하신다. 우리가 참예수 그리스도라도 영접했다면 그분은 내 안에서 거짓되게 가르쳐주시지 아니했을 것이다. 부끄러운 구원도 구원이라고 가르쳐주셨다면 그 예수 그리스도는 거짓 아비의 아들이다.

만약 당신이 참예수 그리스도를 영접하셨다면 그 아들 예수 그리스도께서는 분명 아버지 하나님에 대해서만 말씀해주신다. 빌립이 "주여! 아버지를 우리에게 보여주소서"라고 말할 때 주님께서는 "빌립아! 내가 이렇게 오래 너희와 함께 있으되 네가 나를 알지 못하느냐, 나를 본 자는 아버지를 보았거늘 어찌하여 아버지를 보이라 하느냐"(요14:9)라고 말씀하신다. 이 말은 "빌립아! 네가 나와 오랫동안 함께 있었으니까 나(아들)는 잘 알고 있고 아버지를 모른다고 하는데, 그것은 네가 잘못 알고 있다. 아들은 잘 알고 아버지를 모르는 것이 아니라 네가 **나**(예수)**를 잘 모르고 있다**"는 말이다. 예수를 잘 알았으면 아버지를 자동적으로 알 수 있을 텐데……. 결국 빌립은 그렇게 오랜 시간 예수와 함께 동고동락하면서도 예수님을 잘 모르고 있었다는 말이다. 이처럼 우리도 모르면서 '삼위일체니 한 분이시다' 고 두루 뭉술하게 넘어가버린다.

여기서도 중요한 사실은 설령 예수 그리스도를 영접했다고 할지라도 그 성경의 초보에서 벗어나지 못하면 "성령으로 시작했다가 이제는 육체로 마치겠느냐"(갈3:3) 또는 "한번 비췸을 얻고 하늘의 은사를 맛보고 성령에 참여한 바 되고, 하나님의 선한 말씀과 내세의 능력을 맛보고, 타락한 자들은 다시 새롭게 하여 회개케 할 수 없나니 이는 자기가 하나님의 아들은 다시 십자가에 못 박아 현저히 욕을 보임이라"(히6:4~6)와 같이 되므로 예수 그리스도와 그리스도 예수의 영접했으면 그것을 놓지 말고 푯대를 향하여 아버지께로 나아가야 한다.

그 하나님 아버지는 우리를 '끝까지 사랑하시는 것' 이 아니라 '끝 사랑' 을 하신다. 그래서 아버지께서 기다리시는 그 끝을 향해 달려가야 한다. 아버지께서는 그 '끝' 의 상태에서 오늘도 나를 기다리고 계신다. 끝은 시간적인 끝이 아닌 상태적이며, 존재적인 끝을 말한다. 즉, "나는 알파와 오메가요, 처음과 나중이요, 시작과 끝이라"(계22:13)의 **나**를 말하는 것이다. 매 순간 자고하지 말고 교만하지 말라. 그런 교회는 라오디게아 교회처럼 토하여 내쳐버리신다.[54] "운동장에서 달음질하는 자들이 다 달음질할지라도 오직 상 얻는 자는 하나"(고전9:24) 라는 말씀처럼 오늘날

---

54 • "네가 이같이 미지근하여 더웁지도 아니하고 차지도 아니하니 내 입에서 너를 토하여 내치리라"(계3:16).

모든 교인들이 성경을 바르게 알고 그 말씀을 끝까지 견고히 붙잡아 하나님을 만나서 아버지의 영접을 받을 '그날' 까지 교만하지 않기를!

구름은 비를 내린다?

성경이 말하는 구름이란 어떤 구름을 말하는 것일까? 푸른 창공에 두 둥실 떠 있는 아름다운 뭉게구름인가? 새털구름인가? 아니다. 성경이 말하는 구름은 뭉게구름도 아니요, 새털구름도 아니요, 하나님의 증거를 가진 증인들을 말한다. 요한일서를 보면 "하나님의 증거는 이것이니 그의 아들에 관하여 증거하신 것이라"(요일5:9)고 말씀하신다. 이 증인은 하나님의 아들을 가진 자, 즉 생명을 가진 자[55]이다.

이 증인이 바로 "우리에게 구름같이 둘러싼 허다한 증인들"(히12:1)[56]이다. 또 이 증인들은 바울 사도가 로마교회들에 쓴 "보내심을 받지 아니하였으면 어찌 전파하리요"(롬10:15)에서 '보내심을 받은 자' 이다. 앞에서 말한 "그날에 많은 사람들이 나더러 이르되 주여 주여 우리가 주의 이름으로 선지자 노릇하며 주의 이름으로 귀신을 쫓아내며 주의 이름으로 많은 권능을 행한"(마7:22) 오늘날 자칭 보내심을 받은 자라고 말하는 거짓 선지자나 거짓 목사가 아니라,[57] 참으로 그분께서 보내신 자를 말한다.

---

55 • "아들이 있는 자에게는 생명이 있고"(요5:12).

56 • "내리는 비는 하나님의 교훈이요"(신32:2).

57 • "자기 몸만 기르는 목자요, 바람에 불려 가는 물 없는 구름이요 죽고 또 죽어 뿌리까지 뽑힌 열매 없는 가을 나무요"(유1:12).

우리 주님은 이런 증인, 즉 하늘 차원의 구름[58]을 타고 땅에 속한 우리들에게 인자로 오신다. 그래서 인자는 이런 구름을 타고 오시기 때문에 인자의 임함은 하나님 나라와 같이 볼 수 있게 임하는 것이 아니다.

"인자의 날 하루를 보고자 하되 보지 못하리라"(눅17:22) 와 "번개가 하늘 아래 이편에서, 번뜻하여 하늘 아래 저편까지 비췸같이 인자도 자기 날에 그러하리라"(눅17:24)와 같이 인자의 오심은 어두움에 있는 자들에게는 밤에 도적같이 오신다. 이렇게 임하시는 인자가 바로 "구름을 타고 능력과 큰 영광으로 오는 것을 보리라"(눅21:27)는 분이요, 구름과 같은 허다한 증인들이다.

우리 주님이 먼 하늘 구름 타고 오시는 줄 믿고 오늘날까지도 학수고대하고 있다면 그 주님은 평생을 기다려도 만나기는커녕 볼 수도 없다. 우리 주님은 먼 하늘에 있는 그런 구름을 타고 오시지 않는다. 하나님이 찾으시는 자녀들에게는 번개가 하늘 이편에서 저편까지 비췸같이 이미 오셨다.

"볼지어다. 구름을 타고 오시리라 각인의 눈이 그를 보겠고 그를 찌른 자들도 볼 터이오. 땅에 있는 모든 족속이 그를 인하여 애곡하리니"(계1:7)에 나오는 구름이 누구인지 아는 자라야 그 신비스러운 눈으로 그분을 볼 수 있다. 그 영적인 눈이어야만 2,000년 전에 인자를 찌른 자도 볼 것이다.

인자의 임함이 이러하기에 땅에 속한 자들인 하나님을 잘 믿는다고 하는 자들, "네가 살았다 하는 이름은 가졌으나 죽은 자로다"(계3:1)에 속

57

한 일명 사데 교회 교인들은 "그러므로 네가 어떻게 받았으며 어떻게 들었는지 생각하고 지키어 회개하라. 만일 일깨지 아니하면 내가 도적같이 이르리니 어느 시에 네게 임할는지 네가 알지 못하리라"(계3:3)가 되어진다. "귀 있는 자는 성령이 교회들[59]에게 하시는 말씀을 들을찌어다"(계3:6) 귀가 없는 교회들도 있는가?

---

[59] "고린도에 있는 하나님의 교회 곧 그리스도 예수 안에서 거룩하여지고 성도라 부르심을 입은 자들과 또 각처에서 우리의 주 곧 저희와 우리의 주되신 예수 그리스도의 이름을 부르는 모든 자들에게"(고전1:2); "너희가 하나님의 성전인 것과 하나님의 성령이 너희 안에 거하시는 것을 알지 못하느뇨"(고전3:16); "너희 몸은 너희가 하나님께로부터 받은바 너희 가운데 계신 성령의 전인 줄을 알지 못하느냐 너희는 너희의 것이 아니라"(고전6:19); "우리는 살아 계신 하나님의 성전이라"(고후6:16); "그의 안에서 건물마다 서로 연결하여 주 안에서 성전이 되어 가고 너희도 성령 안에서 하나님의 거하실 처소가 되기 위하여 예수 안에서 함께 지어져 가느니라"(엡2:21~22); "그러나 예수는 성전된 자기 육체를 가리켜 말씀하신 것이라"(요2:21).

내가 살아난 후에 너희보다 먼저 갈릴리로 가리라. 거기서 나를 보리라!

우리나라에서도 옛날부터 복을 비는 많은 종류의 토속신앙들이 있었다. 그래서 다른 나라에서 들여온 많은 신들조차 우리 민족에게 별 거부감 없이 수용되었다. 옛날에 집집마다 할머니들이 장독대 위에 정화수한 그릇 떠놓고 무언가를 중얼중얼 비는 그런 광경을 본 사람들이 많을 것이다. 이렇게 우리나라에도 길흉화복을 비는 신들이 많이 있는데, 왜 하필 외국의 신까지 수입해서, 그것도 저 멀리 이스라엘의 신까지 수입해서 길흉화복을 기원하는가? 이스라엘이 어디 있는지, 우리나라와는 무슨 관계가 있는지도 모르면서 이스라엘 청년을 하나님의 아들이라고 믿고 또 그 이스라엘 청년을 믿는다고 빌고 있는가?

옛날부터 우리들이 믿고 섬기던 우리 신들은 구체적인 효험의 사례가 부족하고, 그 이스라엘 청년은 효험이 특별하여 수입해서 믿고 있는 것인가? 그 효험은 많은 사람들에게 증명되었는가? 혹시 그 청년을 믿으면 병이 고쳐지고, 사업이 잘되고, 돈을 많이 벌고, 죽어서도 천당 간다는 사후보장 때문인가? 우리 할머니가 섬기던 신들도 우리들이 모르고 섬기던 '모른다' 의 신이었듯이 수입해온 이스라엘 신인 예수도 역시 '모른다' 의 신이다.

토속신앙도 열심히 믿으면 예수 그리스도를 믿을 때 나타나는, 자칭 성령 체험(혼적인 체험) 현상이 나타난다. 전자의 신은 잘못된 믿음이고, 후자의 신은 참신의 믿음인가? 전자의 신에게 복을 비는 심보나 후자의 신에게 복을 빌며 믿는다고 하는 자의 심보는 같은 심보이다. 똑같은 욕심이다. 전자는 모르고 믿었고, 후자는 잘 알고 믿었다고 하건 말건 그 믿음들의 출발은 속일 수 없는 내 속의 욕심에서 출발한 것이다. 출발은 그렇게 했지만 나중에는 회개하고, "정과 욕심을 십자가에 못 박았다"(갈5:24)고 말할지라도, 정과 욕심을 십자가에 어떻게 못 박았는지 모르면 자신의 감정적 생각이며, 종교적인 '자기의(自己義)' 일 뿐이다. 그 의(義)적 믿음조차도 육체적인 욕심에서 출발한 것이다.

야고보 사도는 "욕심이 잉태한즉 죄를 낳고 죄가 장성한즉 사망을"(약1:15) 낳는다고 하면서, 이런 욕심에서의 모든 출발을 죄를 낳는다고 말하고 있다. 이런 육체적인 기복주의[60]가 바로 '모른다' 의 애굽과 소돔·고모라인 죄의 상태요, 죄의 상태가 바로 어둠의 상태이다. 이런 어둠의 상태가 바로 사망의 상태이다. 사데 교회 교인들에게 말씀하신 것처럼 "네가 살았다 하는 이름은 가졌으나 죽은 자"(계3:1)로다.

왜 이런 결과가 나타나는가? "내가 살아난 후에 너희보다 먼저 갈릴리로 가리라. 거기서 나를 보리라"(마26:32) 하셨는데 우리는 갈릴리에 가 본 적도 없고, 그분이 살아나신 후의 그리스도 예수를 만나본 적이 없기 때문이다. 죽은 자 안에서 살아나신 부활의 그리스도 예수를 만나 보지 않았다면 당신은 누구를 만나서 부활했는가? 장독대 위에 정화수 떠놓고 복을 빌던 우리 할머니나, 효험이 있다고 수입해서 믿고 복을 비는 교인이나, 자신들 안에 있는 갈릴리를 알지 못하면서 자신들은 잘 안다고 하는 사람이나 모두 다 사데 교회 교인들이다.

---

60 · 이 땅에서 잘 먹고 잘 살고, 죽어서도 천국 가는 것이다.

영의 말씀이란?

성경은 하나님의 말씀이다. "하나님은 영이시니"(요4:24)의 **영의 말씀**이다. 이런 영의 말씀을 육의 말씀으로 받아들이는 것을 선악과 차원으로 말씀을 받아들인다고 말한다. 이런 선악과 차원의 말씀을 땅의 차원이라고 말하며, 짐승의 차원 혹은 세상 차원이라고 한다. 또 다른 말로 표현하면 도의 초보의 차원, "의문에 속한 계명의 율법"(엡2:15)아래 있으면서 모르는 것을 예배하고 있는 차원이라고 한다.

모든 성경은 "하나님의 감동으로 된 것"(딤후3:16)이므로 땅의 말이 아니고, 육신의 말이 아니다. 우리들의 육신의 귀로 들려 지정의 차원으로 읽는 수준의 말씀이 아닌 그야말로 **말 아닌 말**로 쓰여 있다. 사도바울 선생이 "내가 십사 년 전에 삼천 층에 가서 말 아닌 말을 들었다"(고후12:4)고 하신 것처럼, 성경의 말씀은 하나님의 말씀이요, 영의 말씀이기에 하늘의 차원의 말씀이요, 생명과적인 차원의 말씀이다. 이런 차원은 우리들의 육신적인 겉사람의 귀로 듣는 것이 아니라, 마음으로 듣는 것이다. 바로 내 안에 있는 '속사람' 의 마음으로 들어온다. 이 마음은 하나님이신 진리를 항상 향하고 있다.

신약성경에서 예수님은 제자들과 무리들에게 비유를 많이 인용하신다. 제자들에게는 **하늘의 말씀**으로 하시고 땅의 차원[61]인 무리들에게는 비유로만 말씀하신다. 땅의 차원에 있는 무리들에게 비유[62]로 말씀을 해

---

61 • 육신적인 차원인 기복주의 차원이다.
62 • "이르시되 하나님 나라의 비밀을 너희에게는 주었으나 외인에게는 모든 것을 비유로 하나니"(막4:11).

도 받아들이지 못하는데, 어찌 하늘의 말씀을 할 수 있겠느냐는 것이다. 즉, 선악과 차원의 의미도 알지 못하여 그 말씀을 지키려고 애쓰는 수준의 무리들에게 어찌 의의 말씀인 생명과를 줄 수 있겠는가?

성경을 볼 때, 하늘이 나오면 저 먼 창공을 생각하고, 땅이라는 말이 나오면 우리들이 밟고 있는 땅을 생각하고, "사람의 원수가 자기 집안 식구리라"(마10:36)는 구절을 보면 내가 예수를 믿는데 그 일을 방해하는 육적인 가족(family)을 보고 원수라고 하는 줄 안다.

또는 "구하라 그러면 너희에게 주실 것이요, 찾으라 그러면 찾을 것이요, 문을 두드리라 그러면 너희에게 열릴 것이니 구하는 이마다 얻을 것이요, 찾는 이가 찾을 것이요, 두드리는 이에게 열릴 것이니라"(마 7:7~8)는 구절과 "너희가 내 안에 거하고 내 말이 너희 안에 거하면 무엇이든지 원하는 대로 구하라. 그리하면 이루리라"(요15:7)는 말씀을 보고 내가 필요하고 원하는 무엇이든지를 구하면 해결되는 줄로 안다. 그리고 "기도가 만사를 해결한다"는 장로의 유전을 듣고 무릎에 관절염이 오기까지 기도하는, 쉽게 말해서 성경의 말을 그야말로 문자 그대로 받아들여 해석하고, 이해하려는 무리에 속한 자들이 많다.

예수님은 제자들에게 "눈을 들어 밭을 보라, 밭이 희어졌도다"(요 4:35)라고 말씀하신다. 여기서 밭은 **동네 사람들**이다. 수가성 여인이 예수를 만나서 그가 메시아인 줄 알고 동네에 들어가 내가 메시아를 만났다고 외쳤다. 그러니까 많은 동네 사람들이 예수님을 보러왔을 때에 '동네 사람들'을 보며 제자들에게 '밭'을 보라고 말씀하고 계신다. '눈을 들어'라는 말은 눈을 위쪽으로 방향을 올려 보라는 말이 아니라 '수준을 달리해서 보라', 즉 육적인 수준(땅의 수준)으로 보지 말고 하늘의 수준(영적인 수준)으로 보라는 말이다. 그래야만 메시아를 기다리는 수많은 '동네 사람들'이 추수할 빛나는 '좋은 밭들'로 보이는 것이다. 이렇게 메시아를 기다리는 좋은 밭들이 나중에는 "밭 가는 자들의 쓰기에 합당한 채소를 내"(히6:7)는 자들이며, 복자(福者)들이다. 그러나 이때까지만 해도 제자들이 좋은 밭을 볼 영적인 수준에 이르지 않아서 정말 밭을 보고 '추수할 때가 넉 달이 되어야 한다'고 엉뚱한 대답을 한다.

이와 같이 성경은 영의 말씀이기 때문에 영의 차원으로 듣지 아니하면 무슨 말인지 읽어도 깨닫지 못한다. 불가(佛家)에서 말하는 선문선답(禪問禪答)과 같다. 그래서 성경에서도 말 아닌 말로 "내가 곧 길이요, 진리이요, 생명"(요14:6)이고 '나는 하늘들의 나라(천국)'라고 하신다. "나는 양들의 문이요"(요10:7)의 문이신 예수 그리스도를 통하여 들어오지 아니하면 절도요, 강도라고 말씀하신다. 고로 예수 그리스도 자신이 "양들의 문이다"(요10:7)라고 선답하신다. 그래서 그 문을 어떻게 통과할 것인가? 일반적인 문은 행위로 들어가면 되는데 "양들의 문"이신 예수 그리스도를 어떻게 열고 들어가느냐가 문제이다. 교회에 출석만 하면 되는가? 교회에 출석만 하면 양의 문에 들어갔다고 착각하는 이런 생각이 문제이다. '내(인자)가 안식일(날)의 주인이다.' '내가 하늘나라다.' '내가 날(日)이다'라는 말씀들을 깨닫지 못하면 성경을 수천 번 다독해도 성경의 뜻을 알지 못한다. 그저 수박 겉 핥기 식밖에 되지 않는다.

양은 양이요, 염소는 염소이다. 무우가 밭에 오래 심어져 있다고 해서 인삼이 되는 것이 아니다. 그래서 제자들이 주님께 "당신의 양은 어떻게 알 수 있습니까?"라고 질문할 때에, 예수님께서 "내 양은 어떻게, 어떻게 구별한다"는 방법을 말씀하시지 않고 "내 양은 내 음성을 들으며 나는 저희를 알며 저희는 나를 따르느니라"(요10:27)고만 하신다. 이 말씀을 듣고 이 말이 무슨 말인지 깨달은 양은 주님의 양이다. 영의 말씀은 하늘의 말씀이므로 땅의 귀로는 들을 능력과 방법이 없다.

하나님은 역사를 창조하는 분인가,
역사를 증명해가는 분인가?

　결론적으로, 하나님은 역사를 만들어가시는 분이지 증명해가시는 분이 아니다. 그렇기 때문에 이스라엘 민족을 들어 이스라엘의 역사를 우리들의 성경의 여정과 동일하게 만들어내신 것이다. 하나님은 우리들이 애굽이라는 죄의 종살이하던 그 시점에서부터 젖과 꿀이 흐르는 가나안 땅으로 나아가는 성령의 여정을 이스라엘 역사를 통해서 비유하셨다. 이스라엘의 역사는 내 안에서 내 '속사람'이 내 안에 계시는 '하나님 아버지'를 찾아가는 여정의 그림자요, 예표인 것이다. 이렇게 하나님은 예표로 사용하기 위해 이스라엘 민족을 택하고 이스라엘의 역사를 지금까지 만들어가고 계신다.

　예수께서 베드로에게 "오늘밤 닭 울기 전에 네가 나를 세 번 부인하리라"(마26:34)라고 말씀하셨다. 우리들은 이 사건을 어느 시각으로 볼 것인가? 첫째, 예수께서는 베드로가 닭이 울기 전에 세 번 예수님 자신을 부인할 것을 미리 아시고 베드로에게 말씀하고 계신 것인가? 둘째, 예수께서 베드로에게 닭 울기 전에 세 번 부인하리라고 말씀하셨기 때문에 베드로가 어쩔 수 없이 세 번 부인할 수밖에 없었는가?

　여기서 성경을 첫째 관점과 둘째 관점으로 보는 자의 차이점은 바로 하늘과 땅의 차이이다. 어두움과 빛의 차이이며, 지옥과 천국의 차이이다. 또한 무리들과 제자들의 차이요, 종교인(宗敎人)과 신앙인(神仰人)의 차이이다. 여기서 성경의 말씀을 선악과로 먹느냐 생명과로 먹느냐, 죽은 자냐 산 자냐 하는 갈림길이 나타난다.

그래서 둘째 시각이 바로 생명과적인 관점이다. 왜냐하면 하나님은 "빛이 있으라 하시매 빛이 있었고"(창1:3)처럼, "닭 울기 전에 네가 나를 세 번 부인하리라"(마26:75)고 말씀하셨기 때문에 부인하는 것이다. 그래야만 하나님은 말씀이시며, 그 말씀은 능력 자체라는 것이 성립되기 때문이다. 만약 내 마음대로 해석하여 나의 유익으로 살짝 바꾸거나, 내게 유익한 말씀만 취하고 내게 불리하거나 비수처럼 심령을 찌르는 말씀은 버리는 등 말씀에 권위를 두지 않으면, 그 자체가 하나님의 진노를 산다.

"선악을 알게 하는 나무의 실과는 먹지 마라. 네가 먹는 날에는 정녕 죽으리라"(창2:17)고 하셨기 때문에 선악과를 먹은 모든 사람들의 영이 죽은 것이다. 그러므로 하나님은 지금도 매 순간 순간 내 안에서 말씀으로 나를 재창조해나가신다.

맹종·맹신하는 자들

　2,000년 전 유대 청년 예수가 지금의 나를 어떻게 알 것인가? 이것은 불가사의한 일이다. 내 존재 자체도 알 길이 없을 텐데 내 안에 있는 나의 죄까지 알고 있다는 말인가? 2,000년 전에 그 예수가 모든 인류의 죄를 대속해주셨다고 성경에 기록되어 있기 때문에 그 기록에 의지하여 지금 나도 그 기록을 "믿습니다"라고만 하면 그 안에 포함되어 나의 죄가 도말되어지는가? 동정녀 마리아에게서 잉태하신 예수가 도무지 믿어지지 아니한데 "내가 믿습니다"라고 고백하면 믿어지게 되는가? 이렇듯 성경의 모든 말씀들이 "내가 믿습니다"라는 말 한마디로 믿어진다고 생각된다면, 그 시작부터가 맹종이고 맹신이다.

　2,000년 전 유대 청년 예수가 지금 나와는 무슨 관계가 있는가? 그가 하나님의 아들인지 내가 어떻게 아는가? 아니, 하나님도 내가 제대로 알지 못하는데 그의 아들을 어떻게 알 수 있는가? 도대체 인정되지 아니하는 것을 그냥 믿는 척하면서 자기 최면에 빠져야 하는가? 마치 결혼한 여자가 임신하지도 않았으면서 '내 배속에 태아가 살아 움직일 것이다'라고 생각만 하면 임신한 줄 착각하는 것처럼……. 상식적으로 생각해보자! 그렇게 될 일인가?

　이런 믿음을 가진 사람들의 집합체가 바로 한국 기독교다. 그러니까 일반 사람들이 교인들을 비상식적인 사람들로 보는 것이다. 올바른 종교는 적어도 세상의 일반적 상식 수준에서 시작되어야 한다. 이렇게 상식 수준 이하에서 출발하는 종교를 '사이비 종교'라고 한다.

역사적인 이스라엘의 사건들을 무조건 믿으라고 한다면, 그것은 믿음이 아니라 지정의로 아는 성경 지식일 뿐이다. 세상에서 종교 생활하는데 필요한 지식으로 갖고 있어야 한다면 알아야 하지만, 군이 종교 생활을 안 하거나, 타 종교를 믿는다거나, 이스라엘 역사를 아는 척하며 살고 싶지 않다면, 이 성경 지식은 세상을 살아가는 데도 전혀 필요 없다.

사실, 현재 북한의 핵 개발이라든지, 미국의 9·11테러 사건도 내가 내 안에 의미를 두지 않는다면, 지금 이 한반도 또는 지구촌 어딘가에서 일어났든 나와는 아무런 상관이 없다. 그런데 내가 태어나지도 않았고, 보지도 못한 2,000년 전 역사를 기록으로 남긴 성경을 보고 믿으라고 하면 믿어지는가? 만약 이 모든 사건들이 무조건 믿어진다면 그것은 맹종과 맹신이며, 내가 나를 속이는 우매한 짓이다. 우리는 이 우매한 사람들을 보고 믿음이 좋다고 한다.

마리아에게 여자여!

예수님은 왜 자기 어머니 마리아에게 '여자여'라고 했는가? 그리고 그 아버지 요셉에게는 한 번도 아버지라고 부른 적이 없다. 마리아의 영적인 아들이 예수이기 때문에 예수님은 마리아에게 영적으로 "여자여"라고 말하고 있다. 성경은 영적인 상태를 말하고 있으며, 여자들의 이야기이다.

"여자가 해산하게 되면 그 때가 이르렀으므로 근심하나 아이를 낳으면 세상에 사람 난 기쁨으로 인하여 그 고통을 다시 기억하지 아니하느니라"(요16:21).

"그러나 여자들이 만일 정절로써 믿음과 사랑과 거룩함에 거하면 그 해산함으로 구원을 얻으리라"(딤전2:15).

"나의 자녀들아 너희 그리스도의 형상이 이루어지기까지 다시 너희를 위하여 해산하는 수고를 하노니"(갈4:19).

"내가 너희를 경건한 처녀로 한 남편인 그리스도께 드리려고 중매함이로다"(고후11:2).

성경에서의 여자는 남성의 상대 개념인 여성을 뜻하는 것이 아니다. 예수 그리스도라는 신랑을 만나야 할 모든 교인들을 통칭하여 말한다. 모든 교인들은 '애굽'에서 선지자 모세의 음성을 듣고 광야로 부르심을 얻고 빼내심을 얻은 사람들이다. 자신이 교인이라고 하면서 죄의 종살이하던 애굽 시절을 알지 못하고, 선지자 모세의 음성도 듣지 못하고, 홍해를 육지 건너듯 건너지도 못해보고, 지금 광야에 있는 '광야 교회' 시절에 몸담고 있는 교인이 있다면, 그 사람은 다시 애굽 본토 친척 아비집으로 돌아가서 죄의 종살이를 다시 시작하라! 거기서 당신의 주인인 '죄' 란 존재가 어떤 존재인지를 정확하게 알고, 선지자 모세의 뒤를 쫓아 당신의 성경의 여정을 시작하라!

죄가 누구인지 모르면서 어떻게 성경의 여정에 들어올 수 있는가! 아직까지 죄가 '원죄' 니, '자범죄' 니 하는 사람들은 죄가 누구인지 알지 못한다. 그래서 "누가 죄인입니까?" 라고 질문하면 "내가 죄인입니다" 라고 대답한다. 이런 상태는 아직 자신이 죄의 종인 줄 알지 못하는 사람이다. 아직까지 '애굽' 을 제대로 알지 못하는 자칭 교인들이다. 이런 교회들이 어찌 성경의 '여자' 를 알겠는가?

성경에서의 **여자**[63]를 자세히 살펴보면 **율법의 전 남편**을 잘 섬기며, 모시고 살면서 그 율법을 다 지킨 여자가 아니라, 그 율법을 이루어 완성한 여인으로서 다른 남편인 내 안에 창세부터 계시던 **그리스도 남편**을 만나서 해산하여 아들을 낳은 자이다. 이 참여자가 낳은 아들이 바로 **참사람**이다. 그러나 그 여인이 처음 아들을 낳으면 그때는 이 아들을 **자녀**라고 부른다. 그 자녀인 아들이 장성하여 하나님의 자녀로서 죽은 자를 살리는 일을 하면 이 자녀는 **아들**이 되는 것이다. 아들이 되어 아들을 낳은 자가 바로 **인자**, 즉 '사람의 아들' 이 되는 것이다. 여섯째 날 사람의 일의 결과

---

63 • 성경에는 두 여자가 있다. 구약에서는 사라와 하갈이 대표적인 여자이다. 사라는 영적인 계보인 이삭을 낳은 자요, 하갈은 육적인 계보인 이스마엘을 낳은 여자이다. 신약에서의 두 여자는 '율법의 전 남편' 을 섬기는 자와 '그리스도 남편' 을 섬기는 자이다. 그리고 이 두 법을 섬기는 자를 '간음한 여자' 라고 한다.

가 '아들'이다. 바울이 낳은 디모데[64]도 바울의 동역자로서 일을 하는데 이 살리는 일이 바로 인자이다. 그래서 인자의 임함은 번개가 동쪽에서 나서 서쪽까지 번쩍임과 같다고 말씀하셨다(마태24:27). 즉, 여섯째 날의 사람이 살리는 일(아들)을 하면 인자의 임함이 이루어져 우리가 깨닫게 되는 것이다. 이것이 성경에서 말하는 여자가 아들이 되어지는 성령의 여정이다. 그래서 마리아도 예수를 낳고 그 예수가 자라기까지 예수의 행동에 대해서 잘 모르고 있는 부분이 성경(눅2:41~50)에 나타나 있다. 마치 예수의 제자들이 예수를 잘 안다고 하면서도 예수를 모르듯이…….

예수는 우리가 일반적으로 우리들의 이름처럼 부르는 그런 호격 명사가 아니라, 영적인 차원의 '여자'인 마리아가 성령으로 잉태하여 영적으로 낳은 아들이다. 그 이름 예수의 뜻은 "자기 백성을 저희 죄에서 구원할 자"(마1:21)이심이라. 그렇다. 여자가 성령으로 잉태하여 해산한 그 아들은 그 여자 안에 있는 '속사람'인 예수이다. 이 속사람은 그때부터 그 여자[65]의 수많은 거짓나이며, 겉사람인 수많은 백성을 죄에서 구원할 구원주이다. 다시 말해서 겉사람이 예수 그리스도를 만나 거듭나면, 겉사람은 속사람인 '나'로 말미암아 다시 태어나게 된다. 이것을 사도바울은 로마서에서 "죄에서 해방되었다"라고 말한다.

예수는 이스라엘 청년의 역사적인 인물이면서, 우리들의 영적인 여정을 알게 하기 위한 하나님의 역사적인 그림자요, 예표인 것이다. 하나님께서 이스라엘 백성을 선택하여 오늘날 우리들이 하나님께로 나아가는 성령의 여정에 일치하도록 이스라엘의 역사를 그렇게 만드심과 같

---

64 • "믿음 안에서 참아들 된 디모데에게 편지하노라"(딤전1:2); "아들 디모데야"(딤전1:8).
65 • 여자의 뜻은 '죽어 마땅한 자'이다. 죄의 상태인 여자가 예수 그리스도로 말미암아 죽고 남자로 거듭나야 한다.

이, 예수도 역사적인 실체 인물이면서도 예수의 실체적, 영적 의미는 오늘날 모든 교인인 '여자' 들이 영적으로 해산해야 할 온 교인들의 아들인 것이다.

이렇게 아들을 해산한 여인을 우리는 영적으로 '거듭 났다', '새것이 되었다' 라고 말한다. 이 여인은 아들을 해산하므로 구원을 얻은 것이요, 이 교회가 하나님의 참교회요, 살아 있는 교회라! 죽은 건물 교회가 아닌 산 심령 교회라! 이렇게 산 교회들은 물질과 외형과 조직에 좌지우지되지 않고, 우리들에게 보여주신, 성녀 마리아께서 낳으신 그 아들 예수의 일을 오늘도 하고 있다. 성령으로 잉태하신 그 여자의 아들 예수는 오늘도, 자칭 '선지자요, 그 예수의 제자들' 이라고 하는 저희들[66]처럼 일하지 않는다.

예수님은 오늘날 저희들처럼 그렇게 하나님의 일을 하는 자들에게 "너희는 마귀 아비에게서 났으니 너희 아비의 욕심을 너희도 행하고자 하느니라. 저는 처음부터 살인한자요, 진리가 그 속에 없으므로 진리에 서지 못하고, 거짓을 말할 때마다 제 것으로 하나니 이는 저가 거짓말쟁이요, 거짓의 아비가 되었음이니라! 내가 진리를 말하므로 너희가 나를 믿지 아니하는도다. 너희 중에 누가 나를 죄로 책잡겠느냐. 내가 진리를 말하매 어찌하여 나를 믿지 아니하느냐. 하나님께 속한 자는 하나님의 말씀을 듣나니 너희가 듣지 아니함은 하나님께 속하지 아니하였음이로다" (요8:44~47)라고 말씀하신다.

---

66 • "나더러 주여 주여 하는 자마다 천국에 다 들어갈 것이 아니요 다만 하늘에 계신 내 아버지의 뜻대로 행하는 자라야 들어가리라. 그날에 많은 사람이 나더러 이르되 주여 주여 우리가 주의 이름으로 선지자 노릇 하며 주의 이름으로 귀신을 쫓아내며 주의 이름으로 많은 권능을 행치 아니 하였나이까 하리니 그 때에 내가 저희에게 밝히 말하되 내가 너희를 도무지 알지 못하니 불법을 행하는 자들아 내게서 떠나가라 하리라" (마7:21~23).

마리아의 구원의 방주는 예수이다

마리아의 남편 요셉은 마리아의 육적인 남편이므로, 영의 사람 예수
와는 관계가 없다. 왜냐하면 영의 사람 예수는 마리아의 영적인 상태, 즉
여자가 "성령으로 잉태"(마1:20)[67]하여 낳은 아들이기 때문이다. 이렇게
여자의 상태인 교인이 아들을 낳으면 그 아들은 그리스도 영의 인도함
을 받는 영의 새 사람이 되는 것이다. 이렇게 여자가 아이(예수)를 해산
하면 '거듭 났다, 새사람이 되었다, 새것이 되었다, 재창조되었다, 구원
을 얻었다' 라고 표현한다.

성경에서 "여자들이 만일 정절로써 믿음과 사랑과 거룩함에 거하면
해산함으로 구원을 얻으리라"(딤전2:15)고 한바, 마리아는 정절한 여인으
로서, 예수를 낳아서 구원을 얻은 신앙인이다.

세상의 모든 교인들이여! 그리스도 신랑을 맞이해야 할 정결한 여인
들이여! 당신들도 속히 잉태하여 아들을 낳아 그 아들 예수로 말미암아
구원을 얻으시오! 당신이 낳은 아들 예수는 임마누엘 하시는 분이시다.

"보라 처녀가 잉태하여 아들을 낳을 것이요 그 이름을 임마누엘이라
하리라. 이를 번역한 즉 하나님이 우리와 함께 계시다 함이요"(마1:23)의
말씀에서 처녀가 잉태하여 아들을 낳으면 그 여자는 영원히 하나님과

---

[67] • "성령은 진리이다"(요일5:7), " 아버지의 말씀은 진리니이다"(요17:17). 그러므로 성령은
말씀이며 진리이다.

함께하는 영생을 얻은 자요, 천국에 들어간 자요, 하늘과 새 예루살렘성에 입성한 자(계21:2)이다.

이 세상의 수많은 여자들(교인)이여! 2,000년 전에 마리아가 낳은 그 예수에게 구원해달라, 죄사함 받게 해달라 매달리지 말라! 그 2,000년 전 예수는 마리아인 그 여자를 구원한 것이지 오늘날, 이 시점에 있는 당신과는 아무런 상관이 없다. 당신도 마리아처럼 정결한 여자가 되어 성령으로 예수를 잉태하여 아들을 낳아라. 당신이 낳은 그 아들이 당신을 구원해줄 것이다. 다른 사람이 낳은 아들이 당신을 구원해 줄 까닭이 없다. 당신이 직접 정결한 여자가 되어서 성령으로 잉태하여 그 성령의 아들을 해산하고, 그 해산의 기쁨을 맛보라. 그래야 "처녀가 잉태하여 아들을 낳으리니"(마1:23)라는 성경의 말씀을 깨달을 수가 있다. 이런 경험을 해보지 못하는 자들이 성경의 말씀을 자기 수준대로 아무렇게나 해석을 한다. 그래서 해방신학이니 신비주의니 하는 신학들이 나온 것이다.

아직까지 노아의 구원의 방주 조각을 찾아 돌아다니는 어리석은 자들이 있다. 그 노아의 방주 조각은 당신 자신이 당신의 방주를 지어 타고 돌아다녀야 찾을 수 있는 것이다. 그렇지 않고서는 찾았다 하나 모두가 거짓 것들이다. 헛수고하지 말고, 당신을 구원해줄 말씀의 방주를 지금부터 차근차근히 지으시오! 당신이 할 수 있는 만큼 다 지어지면, 물의 넘침의 때가 온다. 그때는 그분의 넘침으로 말미암아 당신은 당신의 방주 짓는 수고를 마치고, 당신이 직접 지은 당신의 방주를 타게 된다. 다른 사람이 지은 방주에는 내가 탈 수도 없고, 타게 되도 그 방주는 나의 방주가 아니다. 마리아(여자)의 구원의 방주는 '예수 그리스도' 이다.

이와 같이 마리아의 아들이 내 아들이 아니며, 마리아의 구원주가 나의 구원주가 아니다. 당신도 직접 그 아들을 낳아야 한다. 여자의 상태인 내가 성령(말씀)으로 낳은 그 예수(속사람, 참나)가 바로 내 구원의 방주이다. 그리고 만일 당신이 성령으로 잉태하여 아들을 낳으면, 그 아들도 성경에 기록된 예수와 똑같은 여정을 걷게 된다는 사실을 오늘날 성경은 우리들에게 말하고 있다.

예수 그리스도의 탄생

기독교의 교주이신 예수는 우리가 그동안 성경 지식으로 알고 있었던 것처럼 가난하고, 천한 자들의 이웃으로 오시기 위해 낮고 낮은 모습으로 짐승의 말구유에서 탄생하셨는가? 성경에서 가난하다는 말은 "심령이 가난한 자는 복이 있나니 천국이 저희 것임이요"(마5:3)라는 구절처럼 쓰인다. 즉, 물질이 가난하다는 말이 아니다. 또한 성경에서의 부자도 물질이 부요한 자를 말하고 있지 않다. 성경에서 부자는 "이 모든 것을 내가 지키었사오니 아직도 무엇이 부족하니이까?"(마19:20)라고 묻는 자이며 "내가 무슨 선한 일을 해야 영생을 얻으리이까?"(마19:16)라고 **선한 일**을 묻는 자이다. 그러나 예수님께서는 청년에게 **선한 이**에 대해서 말하고 계신다.

선한 일과 선한 이는 하늘과 땅의 말이다. 선한 일은 행위를 말하고, 선한 이는 어떤 '존재'를 말하고 있다. 이렇게 선한 일과 선한 이를 구별하지 못하고 있기 때문에 예수님께서 "네가 생명에 들어가려면 계명들을 지키라"(마19:17)고 말씀하신다. 부자 청년은 예수님의 말씀을 듣고 당연히 의문이 생겨서 이렇게 생각할 것이다. '내가 이미 생명에 들어와 있는데, 아니 또 다시 생명에 들어가라고? 이 생명은 무엇이고, 또 다시 들어가야 하는 생명은 무엇인가?

"계명들을 다 지켰느냐?"고 예수님께서 물으실 때마다 그 부자 청년은 자신 있게 "이 모든 것을 내가 지키었사오니 아직도 무엇이 부족하니이까"(마19:20)라고 당당하게 반문하고 있다. 여기서 과연 오늘날 수많은 종교인들이나 성직자들에게 "당신은 네 이웃을 내 몸과 같이 사랑합니까?"라고 물으면 이 부자 청년처럼 당당하게 대답할 사람이 과연 몇이나 될까? 이 정도의 청년이라면 오늘날 우리 사회에서는 뭇사람들의 입에서 입으로 회자되어 '성자'라고 칭송 들을 것이다. 이렇게 계명을 다 지켰다고 당당히 말하는 완전한 삶을 사는 사람이 한 사람이라도 있는가! 있으면 나와보라. 그래서 성경은 이런 사람을 '부자'라고 말하고 있다.

우리 주님이 왜 '말구유에서 태어나셨는가?' 하면, 아직까지 이런 부자 청년들과 같은 사람의 차원이 아닌 짐승의 차원에 있는 자들에게 먹이가 되시기 위해 말구유에 탄생하신 것이다. 그래서 성경은 짐승의 차원을 다음과 같이 표현하고 있다. 도의 초보에 있는 자들, 아직까지 선한 일과 선한 이를 알지 못하는 자들, 그래서 아직까지 죽으면 천국에 가는 줄 알고 있는 자들, 영생을 아직까지 깨닫지 못하는 자들, 아직까지 성경의 말씀이 선악과 차원인 육의 말씀으로 보이는 자들[68]이다.

이런 짐승들의 수준으로 주님의 탄생을 보니까 '낮디 낮고, 천하디 천하신 모습으로 오신 것'이라고 생각한다. 이렇게 생각을 하는 우리들에게 예수님은 말씀하신다. "이 짐승 차원에 있는 자들아! 나의 탄생의 의미를 바로 알고, 나를 두 번 다시 십자가에 매달지 마라! 너희들이 나의 탄생을 그렇게 비하하면서도 나를 공경한다고 말하는 자들이냐! 내가 너희들을 도무지 알지 못하니 불법을 행하는 자들아 내 앞에서 떠나가라"

"내가 하늘에서 내려온 산 떡(요6:51)이니 이 떡을 먹어라! 이 떡이 말

---

68 • 부자와 가난한 자를 물질과의 관계성으로 보고, 고통 받고 핍박 받는 것도 육적인 물질의 고통과 육적인 핍박으로 보는 자들이다.

구유에 놓였으니 이 떡을 먹으면 살리라! 이 생명의 떡은 부자들에게 구하지 말고 너희들이 볼 때 가난한 자들에게 구하라! 자칭 의롭다고 하는 너희들을 보고 잘못되었다고 하는 '가난한 자들'에게 가서 생명과를 구하라! 지금 너희들이 가지고 있는 그 모든 성경의 지식을 다 버려라"고 말씀하신다.

지금 너희들이 안다고 하는 성경 지식을 다 버리라고 하니까 너희도 부자 청년처럼 '근심' 하게 될 것이다. "지금 이 성경 지식으로 이렇게 많은 성도들을 모으고, 지금 내가 이렇게 많은 사람들로부터 추앙받는데, 이 소유를 다 팔아버리라고? 말도 안 되지. 네가 예수냐? 네가 예수라면 그 예수는 잘못된 예수다. 나도 지금 여기까지 오는 데는 우리 하나님의 도우심으로 왔지, 어찌 내 힘으로 여기까지 왔겠는가? 나를 지금까지 인도해주신 그 하나님을 믿는 고로 너 예수는 물러가라"고 하면서 참예수를 떠나버린다. 이런 짐승 같은 자들이 주님의 탄생의 의미를 바로 알지 못하고 짐승들의 차원으로 비하해 성경을 마음대로 해석하고 있다.

주님의 탄생이 어찌 "하늘에는 영광, 땅에는 평화로다" 인가? 아니다. 성경은 분명히 "지극히 높은 곳에서는 하나님께 영광이요, 땅에서는 기뻐하심을 입은 사람들 안에 평화로다"(눅2:14)라고 말한다. 여기서 가장 중요한 부분은 땅에서는 **기뻐하심을 입은 사람들 안에**라는 말이다. 그리고 여기서 말하는 땅은 우리가 발을 밟고 있는 육지가 아닌 성경에서 말하는 '차원' 이다. 즉, 아직까지 성경의 말씀을 깨닫지 못하여, 육신의 차원에서 글자를 그대로 보고 물질이 많은 자가 부자이고, 물질이 적은 자가 가난하다고 보는 선악과적인 해석 차원을 말한다. 이 수준이 도의 초보요, 짐승 수준이다.

이런 땅의 수준에서 '기뻐하심을 입은' 의 말 그대로 '거듭난' 부자가 예수님의 말을 듣고 자신의 소유를 팔아 가난한 자가 되어진 자이다.

다시 말해서 짐승(부자)이 말구유에 탄생하신, 하늘에서 내려온 산 떡이신 주님(말씀)을 먹은 상태를 성경은 '기뻐하심을 입은 자' 라고 하신다. 그러므로 주님의 탄생은 '기뻐하심을 입은 자들 안에 평화' 라는 말씀이지, 이 땅에 살고 있는 어느 누구에게나 평화가 아니다.

그렇다. 기독교의 가장 중요한 부분인 '거듭남' 의 차원을 너무나 모르고 남발하고 있다. 자칭 말씀 수호자들이라고 하는 짐승 차원에 있는 자들은 '기뻐하심을 입은' 사건이 이루어지지 않아서 오히려 그들에게는 주님의 탄생이 바로 심판으로 되어져버린다. '저들은 이미 저주를 받았느니라!' 이다. 이 엄청나고 무서운 사건을 모르기 때문에 말씀을 마음대로 해석해서 사용하고 있다. 참으로 용감하다!

부자 청년의 소유

성경에서는 어떠한 자가 부자인가? 성경에서의 부자는 물질이 부요한 자를 말하고 있지 않다. 왜냐하면 성경은 영의 말씀이지, 육의 말씀이 아니기 때문이다. 성경에서 부자는 "이 모든 것을 내가 지키었사오니 아직도 무엇이 부족하니이까?"(마19:20)라고 예수님께 되묻고 있는 자를 말한다. 이 부자 청년은 예수님께 와서 "내가 무슨 선한 일을 해야 영생을 얻으리이까?"(마19:16)라고 질문하는데 예수님께서는 "어찌하여 선한 일을 네게 묻느냐 선한 이는 한 분이시니라"(마19:17)라고 동문서답을 하고 계신다. '선한 일'을 많이 해야 영생을 얻는 줄 알고 있는 부자 청년에게 '선한 이'를 답하고 계신다. 혹시 예수님이 부자 청년의 물음을 잘못 이해하신 것일까?

성경에서는 구제와 봉사에 대해 여러 부분에서 말씀하고 계셔서 온 기독교인들이 서로 앞을 다투어 선한 일을 하고 있다. 세상에서의 선한 일은 이 세상 사람이라면 누구든지 다 알고 있으며, 말로 할 수 없을 정도로 수없이 많다. 윤리·도덕적인 기준의 선한 일은 이 사회에 함께 사는 구성원이라면 누구든지 힘닿는 데까지 함께해야 한다. 함께 더불어 사는 곳이 사회이니까. 개인주의의 팽배와 욕심주의의 잘못된 가르침으로 말미암아 함께 더불어 사는 인간의 기본적인 삶이 무너져버린 지금, 그런 삶을 사는 사람을 보면 온 사회가 칭찬한다. 하지만 세상에서의 윤리·도덕적인 선한 일은 죽어라고 해도 늘 부족하여 후회만 있을 뿐이다. 그러면 성경에서 말하고 있는 선한 일인 '행함'은 무엇일까 의문이

생길 만도 하다.

위에서 말한 부자 청년도 자칭 선한 일을 많이 하는 자인 것 같다. 그렇기 때문에 "내가 무슨 선한 일을 해야 영생을 얻으리이까?" (마19:16)라고 예수님께 당당히 묻는다. 그리고 살인하지 말라, 간음하지 말라, 도적질하지 마라, 거짓증거 하지 말라. 네 부모를 공경하라, 네 이웃을 네 몸과 같이 사랑하라는 계명들을 다 지켰느냐고 예수님께서 물으실 때마다 자신 있게 "이 모든 것을 내가 지키었사오니 아직도 무엇이 부족하니이까" (마19:20)라고 당당하게 대답한다. 왜냐하면 계명을 지키는 일에 대해서는 어떤 자들에게도 뒤지지 아니할 만큼 철저히 지키는 삶을 살고 있기 때문이다.

그러나 선한 일과 선한 이를 구별하지 못하고 있기 때문에 예수님은 그 청년에게 "온전하지 아니하다"고 말씀하시면서 "네가 온전하고자 할찐대 가서 네 소유를 팔아 가난한 자들을 주라" (마19:21)고 말씀하신다. 아니, 그렇게 계명을 다 지켰다고 당당히 말하는 '성자'와 같은 청년인데……. 오늘날 이렇게 완전한 삶을 사는 사람이 한 사람이라도 있는가! 성경은 이런 사람들을 '부자'라고 말하고 있다. 또 '부자'를 다른 말로 표현하면 자칭 나는 성경의 말씀대로 산다고 하는 자들, 자칭 예수님의 뒤를 쫓아간다고 하는 자들 그리고 자칭 이미 구원받았다는 자들, 자칭 이미 천국 백성이 되었다는 자들……. 이미 이렇게 부요한 자가 되어져 버린 자들이다. 이런 부자는 참하나님 나라에 들어가기가 낙타가 바늘귀로 들어가는 것보다도 어렵다[69]고 예수님은 말씀하신다.

---

[69] • "약대가 바늘귀로 들어가는 것이 부자가 하나님의 나라에 들어가는 것보다 쉬우니라" (마 19:24).

이런 부자 청년이 하나님의 나라(천국)에 들어가려면 어떻게 해야 하는가? 그가 가진 "다 지켰다고 하는 믿음의 소유"를 가난한 자에게 다 팔아버려야 한다. 그가 가진 소유가 바로 지금 자신은 자칭 의로운 자라는, 자칭 말씀대로 삶을 산다는, 자칭 선을 행하며 산다는 것들이다. 이런 부자들의 소유는 아무에게나 팔수도 없으며, 아무나 살 수도 없다. 그것은 자신들이 이미 되어졌다고 하는 '자신들의 의' 이니까……

그러면 이런 부자들의 믿음의 소유는 누가 사줄 수가 있는가? 먼저 "심령이 가난한 자는 복이 있나니 천국이 저희 것임이요"(마5:3)라는 말씀처럼 영이 가난하여 이미 천국을 소유한 복자(福者)들에게만 팔수가 있다. 성경에서의 복은 '복의 근원' 이신 '하나님' 을 가르킨다. 세상의 물질, 건강, 명예 등 겉사람이 원하는 복을 말하는 것이 아니다. 이렇게 심령이 가난한 자들만이 그 부자 청년의 소유를 사서 그를 가난하게 만들 수가 있다. 성경은 이런 부자를 가난하게 만들어서 천국을 소유하게 만든다는 말이다. 그래서 성경에서의 부자나 가난한 자는 물질과는 전혀 관계없는 영적인 상태이다.

자칭 그리스도를 모신 성전이라고 하는 사데 교회인 자들은 "나는 부자라 부요하여 부족한 것이 없다"(계3:17)고 말하는 자들이다. 예수님은 이런 사데 교인들에게 "네 곤고한 것과 가련한 것과 가난한 것과 눈먼 것과 벌거벗은 것을 알지 못하는 자"(계3:17)라고 책망하신다. 즉, 자칭 부자라 부요하여 부족한 것이 없다고 하나 실상은 곤고하고 가련하며 가난하고 눈멀고 벌거벗은 자라고 말씀하신다. 부자들은 "그날에 많은 사람들이 나더러 주여 주여 하면서 우리가 주의 이름으로 선지자 노릇하며 주의 이름으로 귀신을 쫓아내며 주의 이름으로 많은 권능을 행치 아니하였나이까"(마7:22)라고 항의하는 자들이다. 그런데 예수님은 그때 저희들에게 밝히 말하되 "내가 너희를 도무지 알지 못하니 불법을 행하는 자들아 내게서 떠나가라"(마7:23)고 말씀하신다.

무엇이 잘못된 일인가? 어디서부터 다시 시작해야 하는지 각자에게
물어보자.

반성과 회개 I

회개란 다시 태어남, 거듭남, 부활 등의 말로 표현되고 있다. 이 중에서 '다시 태어남'이란 말이 좋은 것 같다. 땅의 차원에서 하늘의 차원으로 다시 태어났다는 것이다. 땅의 차원인 육신의 정과 욕심의 차원, 즉 방법론의 차원에서 하늘의 차원인 속사람, 참나의 차원, 원리와 진리의 차원으로 다시 태어남을 말한다. 진리의 차원이란 우리 인간의 원함과는 관계없이 진리 자신의 원리대로 행하는 것이다. 내가 이런 하늘의 차원이 되어졌다는 것은 이 진리를 내가 깨닫고 그 진리에 따라 살게 되어지니 기쁨과 환희가 넘치는 삶이 이루어졌다는 말이다. 그렇다고 해서 육의 차원, 땅의 차원을 인정하지 않는 것이 아니다. 더욱더 땅의 차원을 사랑하게 된다. 그 땅의 차원도 결국은 속사람에 속해 있는 겉사람이요, 겉사람이 아니면 속사람도 있을 수 없기 때문이다. 다만 이전의 겉사람은 속사람의 하늘의 차원을 모르고 겉사람의 차원[70]이 나의 전부인 줄 알고 열심히 살아가면서 그 세상의 노예가 되어 살아가는 삶을 말한다.

내가 물질문명의 노예로 살아가거나 거기에 끌려가지 아니하면 낙오자가 되어버리는 그런 내가 이젠 속사람인 나를 발견해보니까 그런 겉사람인 세상의 차원들이 결국은 나를 속이고 있다는 것을 깨닫게 된다. 왜냐하면 세상의 차원에 끌려가면서 살지 않으면 "너는 그 사회에서 낙

---

70 • 정과 욕심, 물질 만능주의, 지식주의 등의 차원을 말한다.

오자가 된다. 즉, 네가 원하는 질 높은 문화를 누리지 못한다"고 하는 말은 겉사람이 나에게 주는 협박·공갈에 지나지 않는다. 그 질 높은 문화적 삶은 어떤 삶인가? 그 삶도 역시 세상의 수준이니까 나는 행복하다는 '상대주의 심리'에 속고 있는 것이지, 진정 평안한 것은 아니더라! 그처럼 수준 높은 문명을 누리려면, 수많은 겉사람이 가지고 있는 방법론을 동원해야 하니까 엄청난 스트레스가 쌓인다. 호화스럽고 찬란하게 물질문명을 누리며 아무리 큰소리치고 살아봐야 그 물질문명의 노예일 뿐이다. 감옥의 시설이 아무리 잘되어 있어도 어디까지나 감옥은 감옥이다.

당신이 아무리 행복해봤자 진시황이나 솔로몬보다 물질을 더 누리고 있는가! 그러나 진시황도 솔로몬도 육신의 때가 와 어쩔 수 없이 흙으로 돌아갔다. 그런데 당신만이 영원히 천년만년 살 것 같은가? 이 땅의 모든 것은 끝이 있으니 거짓을 미리 깨닫고 육신의 때가 끝나기 전에 당신 속에 존재하고 있는 영원불변한 속사람을 찾아 지금껏 느껴보지 못한 무한의 세계를 가져보면 땅의 차원[71]이 너무나 다르게 보인다. 이전에 보지 못하고 알지 못한 그런 세계로 보인다는 것은 분명 당신 속에 '다른 차원의 세상'이 열려졌다는 사실이다. 즉, 하늘의 차원이 열려진 것이다.

이처럼 회개는 반성처럼 수평적 발전이 아니라, 수직적 변화, 아니 변화라기보다는 전혀 다른 **수직적 차원의 다름**이라고나 할까? 그래서 성경은 회개를 거듭남, 다시 태어남으로 말하는지 모르겠다. 그렇기 때문에 거듭난 자는 거듭남 그 이전의 삶을 다스리고 누리고 즐기지, 그 이전의 삶의 노예로 돌아가지 않는다. 왜냐하면 거듭남 이전의 나의 삶을 보면 너무나 유치하고, 너무나 어리석게 보이지만, 아직 내가 땅에 속해 있

---

71 · 세상의 차원, 유한의 차원을 말한다.

기 때문에 어쩔 수 없이 거짓을 함께할 뿐이지, 그 땅의 차원의 노예가 다시 되어지지는 않는다. 회개란 이전의 나의 상태에서 전혀 다른 나의 상태로 변화된 것을 말한다. 그 전에 전혀 다른 나 역시 내 안에 늘 함께하고 있었던 나였다. 겉나를 너무나 잘 알고 있었던 속나였다.

그러나 반성은 위에서 말한 것처럼 **수평적 자기 발전**을 의미한다. 차원이 달라진 것이 아니라, 어디까지 땅의 차원인 겉사람의 차원, 즉 '행위적 차원이 변화' 한 것이다. 평소에는 술을 많이 먹고, 술주정을 자주 부리던 사람이 교회에 나가면서 전혀 그런 행동을 하지 않는다든지, 입에 욕을 달고 다니던 사람이 욕을 하지 않는다든지, 아내나 아이들이나 타인에게 폭력을 자주 행사하던 사람이 그런 행동이 없어졌다든지, 교회에 나가면서 이전의 나쁜 행동이 전혀 나타나지 아니하면 많은 교인들이 저 사람은 교회에 나오면서 새사람이 되었다, 거듭났다고 평가한다. 이런 반성 차원을 회개의 차원으로 잘못 보면 사회에 큰 물의를 일으킨다.

몇 년 전에 대도 C모 씨의 사건이 바로 그런 경우이다. "C모 씨가 예수를 믿고 회개하여 새사람 되었다"고 온 교계가 앞장서서 출소시키고, 출소 후에 많은 교회들을 다니면서 간증집회를 했다. 그런데 얼마 안 되어서 C모 씨가 일본까지 가서 절도행각을 하다가 일본 경찰에 붙잡혔다는 신문기사를 보고 다시 한 번 놀랐다. 한심한 것은 오늘날 우리 교계에 회개와 반성을 제대로 볼 수 있는 영적인 지도자가 없다는 것이다. 대부분의 목사들은 성경에서 나무가 무엇을 말하며 열매가 무엇을 말하는지조차 모르고 대충 세상풍조와 교리로 이어져 내려오는 전례대로, 교훈적으로 해석해서 설교한다. 이런 결과가 나타난 것은 나무를 보고 열매를 판단하기 때문이다.

그래서 성경은 "너희는 열매를 보고 그 나무를 판단하라"(마7:20)라고 분명히 가르친다. 성경에서는 사람을 나무로 비유하고 있으며, 이 나무는 두 가지 열매를 낸다. 하나는 나쁜 열매를, 하나는 좋은 열매를 낸다. 그래서 성경은 사람, 즉 나무를 보고 열매를 판단치 말고, 그 열매, 즉 내적인 삶을 보고 나무를 판단하라고 한다. 그러나 수많은 교인들이 나무는 대충 보이니까 판단할 수 있지만 열매라고 해버리면 눈에 보이는 것이 아니니까 판단할 수가 없다. 그래서 그 나무의 행위, 즉 '외적인 삶'을 열매로 판단한다. 이 외적인 삶, 즉 종교적 행위까지도 나무이지 열매가 아니라는 것을 모른다.

수많은 교인들이 자칭 영적인 지도자의 이력서에 관심이 있고, 더 나아가서 그 사람의 현재 종교적인 삶에 관심이 많다. 이것이 교인들의 평가 기준이다. 교인들은 자칭 영적인 지도자라고 하는 자들의 이력서나 그들의 종교 외적인 삶에 관심을 두지 말고, 그들의 입에서 나오는 열매, 즉 하나님의 말씀을 분별해야 한다. 그래서 그 말이 그냥 말씀인가, 아니면 "내가 너희에게 이른 말이 영이요, 생명이라"(요6:63)의 말씀인가를 구별해야 하고, 그 지도자의 입에서 나오는 말이 '생명과인가, 선악과인가'를 분별해야 한다. 그 열매를 보고 그 나무가 좋은 나무인가 나쁜 나무인가를 판단하라는 말씀이다. 나무는 좋은데 열매가 나쁘면 다시 말해서 이력서도 좋고, 지금 현재의 종교적인 삶도 타의 추종을 불허하는 헌신적인 삶을 살고 있지만, 그의 입에서 나오는 말씀이 선악과의 말씀이라면, 그는 분명 나쁜 나무라는 말이다.

"내가 내게 있는 모든 것으로 구제하고 또 내 몸을 불사르게 내어줄지라도 사랑이 없으면 내게 아무 유익이 없느니라"(고전13:3) 여기서 사랑이 없이 어찌 내 모든 것으로 구제하고, 내 몸을 불사르게 내어줄 수 있겠는가! 그러나 성경은 사랑이 없이도, 즉 하나님이 없이도[72] "주여, 주여" 하면서 얼마든지 저런 종교적인 삶을 살 수 있다고 말한다. 이런 사랑을 하나님의 사랑과 분별하지 못하는 차원의 말씀이 바로 나쁜 나무의 열매, 즉 선악과의 설교이며, 이런 설교를 들으면 영이 혼미해져서 소경이 되어져버린다.

하나님의 말씀에 선악과를 먹으면 "정녕 죽으리라"(창2:17)고 하셨는데 그 죽는 증상이 어떻게 나타나는가 하면 "눈이 밝아진다"(창3:5)라고 했다. "선악을 아는 일에 우리 중 하나같이 되었으니 그가 그 손을 들어 생명나무 과실도 따먹고 영생할까 하노라"(창3:22)의 상태가 된다. 이 상태를 좀 더 자세히 들여다보자.

첫째 눈이 밝아져서 자기 자신의 의적인 수준으로 '나는 잘 본다. 나는 잘 안다' 라는 차원의 소경이 된다. 그래서 열매는 소경이라서 모르고 나무는 잘 본다고 자부하면서 나무를 이리 보고, 저리 보고 자기 수준에서 그 나무를 판단한다. 즉, 자기 수준으로 영적 지도자를 판단한다.

둘째로 '정녕 죽으리라' 의 소경 차원에서 '나는 하나님을 잘 안다' 라고 생각한다. 바리새인들과 똑같이 "우리들처럼 여호와 하나님을 잘 섬기는 자들은 나와보라!"고 할 정도로 하나님을 잘 섬긴다. 오늘날 교인들은 아무리 하나님을 잘 섬기는 종교인이라도 바리새인들처럼 안식일을 철저히 지키고, 철저히 기도생활하고, 금식하고, 남을 구제하며 헌신적인 삶을 사는 자가 있는가? 이들처럼 이미 자신들은 구원받은 자들이라고 자부하는 자들이 되어져버린, 이미 생명과를 따먹어 영생을 이루어버린 자가 바로 소경들[73]이다. 선악과를 먹으면 이런 상태의 "정녕 죽으리라!"가 되어져버린다. 이런 상태의 소경들에게는 회개란 있을 수가 없다. 다만 그들은 반성만 할 뿐이다.

---

72 • "하나님은 사랑이시라" (요일4:8).
73 • '교만하다' 의 헬라어 어원은 '소경' 이다.

　　그래서 그들은 반성 차원을 회개의 차원으로 착각할 수밖에 없다. 회개의 차원을 전혀 모르니까 이런 반성 차원으로 참고 누르고 '자기의(自己義)'로 감정을 다스리고 있다. 예를 들면 음식물을 먹고 난 후 설거지를 한 구정물을 가만히 오랜 시간을 두면, 찌꺼기는 가라앉아서 윗물은 아주 맑고 깨끗하게 보인다. 그런 상태가 바로 선악과적인 혼적 상태의 반성 차원이다. 그런데 외부에서 그 물에 어떤 충격을 주면 그만 그 밑에 가라앉아 있던 수많은 찌꺼기들이 요동을 치면서 올라와서 내가 언제 맑았던 물이냐고 본색을 드러낸다. 이런 차원이 반성의 차원이다. 그러므로 하나님은 "마음의 중심을 보신다"고 했다. 맑은 물인 척하나, 속에는 수많은 찌꺼기를 숨기고 있고, 때가 이르면 언제든지 육의 본성으로 돌아가버리고 마는 그런 반성의 차원을 회개의 차원으로 오해하고 있는 것이 오늘날 기독교의 수준이다.

　　진정한 회개는 어떤 외부의 상황이 변하더라도 그것과는 상관이 없어진 다른 세계의 차원이 되어져버린 상태를 말한다. 다시 말해서 이 세상의 어떤 조건이 변해도, 오늘 해가 떠오른 것처럼 내일도 해가 떠오른다. 설령 구름이 끼어 보이지 않더라도, 저 하늘 속에는 태양이 떠 있다. 이것이 진리요, 이것이 변함없는, 변질되지 아니하는 영원한 회개인 것이다. 그래서 반성은 수없이 많이 할수록 좋지만, 회개는 종교인에서 신앙인으로 넘어가는 단 한 번의 회개인 것이다. 다메섹에서 그리스도를 만나 하늘의 차원으로 내적인 상태가 변해져버린 사도바울과 같은 단 한 번의 회개를 당신도 맛보시기를 기원한다.

나는 아직 이방인인가?

교인들은 일반적으로 교회에 출석하는 자, 즉 교회에 적을 둔 사람은 이미 하나님의 자녀가 되었다고 한다. 그리고 교인이 아닌, 교회에 적을 두지 아니한 사람들을 통칭 이방인들이라고 한다. 그러나 성경에서의 이방인의 정의는 그렇지 않다. 성경에서 이방인은 교회 생활 열심히 잘하고 있는 교인들에게 "무엇을 먹을까, 무엇을 마실까, 무엇을 입을까 염려하지 말라. 이는 다 이방인들이 구하는 것이라 너희 천부께서는 이 모든 것이 너희에게 있어야 할 줄을 아시느니라"(마6:31~32)고 말씀하신다. 신실한 교인이며, 하나님의 자녀가 되었다고 하면서도, 천부께서 너희들에게 이 모든 것이 다 있어야 될 줄을 알고 계신다고 그렇게 말씀하셨는데도, 입만 벌리면 "무엇을 먹을까? 무엇을 마실까? 무엇을 입을까?" 하는 내용의 기도만 계속하고 있는 자들을 이방인들이라고 한다. 그러므로 교회에 나가지 아니하는 세상 사람들을 이방인들이라고 하지 않는다.

아직 교회에 적을 두지 아니한 사람들은 하나님의 긍휼하심을 기다릴 기회가 있다. 그러나 성경에서 말하는 이방인이 자기인데도 자신이 이방인인 줄 전혀 모르는 우맹이요, 소경인 자들은, 아니 도리어 자신들은 하나님을 잘 알고 하나님을 잘 섬기고 있다고 자고하는 자들이기 때문에 "사람의 모든 죄와 훼방은 사하심을 얻되, 성령을 훼방하는 것은 사하심을 얻지 못한다"(마12:31)는 말씀처럼 하나님을 거스리는 성령 모독죄를 범하고 있다. 이스라엘 백성들이 하나님께서 많은 민족들 중에서 자기 백성들만 택하셨다고 자긍하다가 원가지에서 잘려버렸다. 자긍하는 것이 교만한 것이요, 이 교만이 바로 모르면서도 안다고 하는 것이다. 이렇게 교만한 자들이 바로 소경들이다.

오늘날 우리 교인들처럼 하나님을 잘 안다고 자부하는 자가 바로 바리새인이 아닌가! 바로 저 유대인이 아닌가! 오늘날 이 시대의 바리새인은 과연 누구인가? 오늘날 이 시대의 이방인은 과연 누구인가? 무엇을 먹을까? 무엇을 마실까? 무엇을 입을까? 이런 염려 속에서 계속 "주시옵소서"만 외치고 있다면 당신들이 바로 오늘날 이방인들이다. 이런 이방인들도 열심히 기도하고, 열심히 예배드리고, 열심히 종교 행위를 하고 있다. 그러나 이런 이방인들은 "알지 못하는 것"(요4:22)을 예배하고, 아직 예배할 때가 오지 아니한 자들이다. 예배할 때는 나의 의지와 관계없이 '그때'가 와서 드려지는 것이지, 내가 예배드리고 싶다고 해서 예배드리는 것이 아니다. 이런 예배는 하나님께서 받아주시지 않는다. 이 사실을 모르는 자가 바로 이방인들이다.

성경은 예배에 대해서 다음과 같이 말하고 있다. "너희는 알지 못하는 것을 예배하고 우리는 아는 것을 예배하노니"(요4:22), "아버지께 참으로 예배하는 자들은 성령과 진리 안에서 예배할 때가 오나니 곧 이때라. 아버지께서는 이렇게 자기에게 예배하는 자들을 찾으시느니라"(요4:23). 또한 "대저 이방인의 제사[74]하는 것은 귀신[75]에게 하는 것이요. 하나님

---

74 • 바리새적 믿음을 가진 자들의 관점에서 볼 때, 전통적인 유교 제례법은 명절이나 기일에 죽은 영혼에게 제사 드리는 것을 귀신에게 절하는 것이라고 생각한다. 이것의 참뜻은 돌아가신 조부모나 부모님을 생각하며 동기 간의 우애와 친척의 친목을 도모하는 것이다. 그런데 혹 조상을 잘 모시면 복을 받는다는 속마음에서 제사를 드리기도 하는데 이것은 결국 자신들을 위한 것이다. 그래서 성경적 이방인의 제사는 어느 종교든지 관계없이 하나님(조상)에게 드린다고 하나 결국은 나에게 드리는 것이다.

75 • 귀신이란 모르는 것이며 모르는 것이 탐심이다. "탐심은 우상 숭배니라"(골3:5).

께 제사하는 것이 아니니 나는 너희가 귀신과 교제하는 자가 되기를 원치 아니하노라. 너희가(이방인들) 주의 잔과 귀신의 잔을 겸하여 마시지 못하고 주의 상과 귀신의 상에 겸하여 참예하지 못하리라"(고전10:20~21)

그러나 이방인들은 주의 잔(생명의 말씀)[76]과 귀신의 잔(선악의 말씀=기복주의 말씀)을 겸하여 마셔도 된다고 한다. 사랑의 하나님이시기 때문에 우리 사정을 너무나 잘 아시므로, 우리가 어린아이들처럼 철없이 구하여도 하나님께서 어여삐 봐주신다고 한다. 또한 거짓 목자들이 그렇게 가르치고 있다. 이런 생태가 바로 이방인들의 특징이다.

---

76 • "이 잔은 내 피로 세우는 새 언약(약속의 말씀)이니 곧 너희를 위하여 (그리스도 영=말씀을) 붓는 것이라"(눅22:20).

우상은 누구인가?

무당을 믿는 사람들은 동구 밖에 있는 큰 느티나무에 오색 천을 걸고, 그 나무 밑에 재물의 상을 차려놓고, 수없이 절을 한다. 병을 고쳐달라든지, 재수가 좋게 해달라든지, 하여튼 무엇을 어떻게 해달라는 기도를 나도 모르고 당신도 모르는 어떤 신에게 빈다. 그 모르는 신이 바로 나의 우상이 된다. 또 절에 다니는 신자들은 산에 오르다가 큰 바윗돌에 새겨 놓은 부처 상을 보고 거기서 절을 한다. 또 가톨릭 교인들은 정문에 들어가자마자 조각으로 만들어놓은 성모 마리아 상에 가서 먼저 기도를 한다. 또 개신교 교인들은 교회 건물 안에 들어가자마자 예수 그리스도에게 기도를 한다.

동구 밖에 있는 느티나무는 우리 인간들에게 "나에게 와서 소원을 빌면 그 소원을 들어주겠다"고 말한 적이 한 번도 없다. 그런데도 괜히 인간들이 난리를 치고 있다. 절에 있는 부처 상도, 성당에 있는 성모 마리아 상도, 개신교의 교회 건물이나 십자가도 모두 인간들이 만들어놓은 내 속에 있는 탐심 보따리들이다. 내 속에 있는 탐심, 욕심, 희망 사항의 보따리들이 밖으로 표출되어 나타난 허상들이다.

그 느티나무, 바윗돌, 성모 마리아, 예수 그리스도의 조각상은 우리 인간들이 난리법석을 떠는 줄을 전혀 모르고 있다. 그런데도 무지한 우리 인간들이 그런 것들에게 신격을 불어넣어 거기에 묶이고 싶어 한다. 이렇게라도 하지 아니하면 뭔가가 불안하기 때문이다. 불안은 결국 '모른다' 때문에 생긴다. 불안을 물리치려면 '안다', '깨닫다'로 가야 된다.

이렇게 **내가 나를 모르는 것을 우상**이라고 한다. 즉, 모르는 것을 아는 것처럼 믿고 숭배하는 것이다.

그러므로 우상은 내 밖에 있는 것이 아니라, 내 안에 있는 것이다. 내 밖에 있는 것들은 우상도 아니요, 사람들이 만든 것들이 아니면 그냥 자연 그대로다. 그런 것들은 나를 좌지우지할 수가 없다. 그래서 내 밖에 있는 우상이 문제가 아니라 '내 안에 존재' 하고 있는 우상이 문제이다. 그러면 이 우상은 어디에서 만들어지는가? 바로 내 속에 있는 **탐심**에서 만들어진다. 골로세서에서 말하고 있듯이 "땅에 있는 지체를 죽이라 곧 음란과 부정과 사욕과 악한 정욕과 탐심이니 탐심은 우상숭배" (골3:5)라고 한다. 땅에 있는 지체가 바로 '육신의 생각' 이요, '정과 욕심' 이다. 그래서 "육신의 생각은 하나님과 원수가 된다" (롬8:7)라고 했고, 예수 그리스도의 사람은 정과 욕심을 십자가에 못 박은 자라고 했다.

결국, 이 우상은 인간들 안에 자리 잡고 있는 욕심이 만들어낸 겉사람의 허상들이다. 모든 종교는 이런 불안한 땅의 지체에 속한 자들이 만들어낸 소산이다. 우리는 이런 땅의 소산들을 먼저 알고, 또 어떤 수준이 종교적 차원인지 깨달아야 한다. 그래서 도의 초보적인 차원에서 '안다', '앎', '깨달음' 인 신앙(神仰) 차원으로 생각을 달리해야 한다. 우상은 별 게 아니다. 내가 내 안에 있는 모르는 것이 바로 나에게 우상으로 자리 잡고 있다. 이방인들처럼 모르는 것을 예배하며, "주여! 주여!" 하는 "주여!"가 내가 잘 안다고 하나, 모르는 그 '우상의 하나님' 이다. 그 모르는 존재를 내가 깨닫는 순간 우상의 존재는 사라진다. 그래서 이 세상에도 "아는 것이 힘이다" 는 말이 있지 않은가?

먼저 갈릴리로 가자!

나는 성지 순례를 가 본 적이 없다. 사실 가볼 형편도 되지 않는다. 예수의 제자 되기를 원하면서도 갈릴리에 갈 수가 없으니 어찌 주님을 만날 수 있겠는가? 주님께서는 제자들에게 "내가 살아난 후에 너희보다 먼저 갈릴리로 가리라"(마26:32)와 "거기서 너희가 뵈오리라 하라"(마28:7)는 말씀을 하셨다.

이와 같이 주님께서 살아나신 후에 부활의 그리스도 영으로 먼저 갈릴리로 가서서 거기서 제자들을 기다리고 계신다고 했는데…… 내가 제자가 되려면 주님께서 먼저 살아서 가 계신다는 갈릴리로 달려가야 하지 않겠는가? 그런데 만약에, 갈릴리에 갈 수 있더라도 만나기가 어려울 것 같다. 어딘 줄 몰라서…… 주님은 그냥 갈릴리에만 가 있겠다고 하셨지 갈릴리 중에서도 어느 곳인지, 어디가 입구 쪽인지 구체적으로 말씀을 하지 않으셨다. 주님은 왜 이렇게 대충 말씀해놓으셨는가?

"이방의 갈릴리여"(마4:15). 그렇다! 성경적 갈릴리는 이스라엘의 어떤 지명의 갈릴리를 말씀하시는 것이 아니라 **나의 이방인의 상태**를 말씀하신다. 내가 이방인의 상태를 깨닫지 못하면 나는 영원히 주님께서 기다리는 갈릴리를 만나지 못한다. 우리 주님은 먼저 살아나서서 갈릴리에서 제자들을 기다리신다.

예수의 제자 되기를 원하는 기독교인들이여! 당신의 주님은 먼저 살아나셔서 부활의 그리스도로 당신들을 영접하기 위해 오늘도 갈릴리에서 애타게 기다리고 계신다. 이런 주님을 뵈옵지 못한 그리스도인은 모두가 거짓 교인들이요, 거짓 제자들이다.

오늘날 수많은 교인들이여! 당신은 오늘도 갈릴리에서 우리를 목마르게 기다리고 계시는 주님에게 물 한 그릇을 공양한 적이 있는가? "그분이 갈릴리에서 나그네 되었을 때"(마25:35)에 내가 영접한 일이 있는가? 당신이 주님의 양이라면 그런 사실을 안다. 하지만 당신이 이방인이요, 염소라면 그런 사실을 절대 알 수 없으며 이 말이 무슨 말인지 결코 이해가 되지 않는다(요6:60).

교인들이여! 교회 안에 계신다는 주님을 만나기 전에 나의 내적인 갈릴리 해변에서 나를 애타게 기다리고 계시는 주님을 먼저 만나라. 이것이 신앙의 순서이다.

예배할 때란 어떤 상태인가?

내가 우연히 교회에 가고 싶어지는 때가 예배할 때인가? 내가 어느 날 갑자기 교회란 곳에 가고 싶어질 때는 나의 감정이 그렇게 움직인 것인데 이런 감정의 움직임을 교회에서는 성령님께서 인도하셨다고 한다. 교회란 하나님이 계시는 특별한 곳이기 때문에 하나님께서 인도하시지 아니하면 함부로 오지 못한다는 것이다. 이렇게 생각하는 시작부터가 하나님을 무당 하나님, 무격 하나님으로 만든다. 어찌 성령님의 역사가 무당들의 신 내림굿 하는 그런 역사와 같은 것인가? 그렇게 생각하기 때문에 오늘날 기독교가 하나님과 예수를 무당 하나님과 무당 예수님으로 전락시켜버렸다.

오늘날, 기독교가 말만 기독교지 그 안에 형태는 무당들이 하는 모습과 무엇이 다른가? 귀신을 쫓아낸다는 목사가 없는가! 병을 고친다는 목사가 없는가! 기도만 하면 만사가 해결된다고 가르치는 교회가 없는가! 이 모든 것들은 무당들이 하는 모습이 아닌가? 우리 하나님과 주님이 언제 무당이 되셨는가? 혹시 "아니, 성경에서도 우리 주님께서 그렇게 행하시지 아니했는가?"라고 반문할지도 모르겠다.

어리석은 목자와 교인들이여! 언제 우리 주님께서 육신의 병을 고치셨는가? 육신의 병은 많은 의사들을 만들어주셨으니 병원에서 치료하고, 영의 병은 나에게 오라는 말씀이시다. "하나님은 영"(요4:24)이시므로……

성경에 "육신의 생각은 사망이요"(롬8:6), "육신의 생각은 하나님과 원수가 되나니"(롬8:7)라고 하지 않으셨는가? 그리고 많은 목사들이 "주의 이름으로 귀신을 쫓아내며 많은 능력을 행치 아니했습니까"(마7:22)고 했을 때 그때 우리 주님께서 무어라 하셨는가? "불법을 행하는 자들아 내게서 떠나가라"(마7:23)고 하셨다. 당신들이 아직까지 성경에서 말하고 있는 병이 육신의 병으로 알고 있으며, "무엇이든지 구하라" 하는 말은 내가 살아가는 동안에 불편한 것들을 말하는 것인 줄 알면 당신은 아직도 육신의 목사요, 육적인 교인이라.

당신처럼 그런 사람의 생각으로 주님을 부른다면, 주님은 당신에게 "사단아! 내 뒤로 물러가라!"(마16:23)고 말씀하신다. 그리고 "너는 나를 넘어지게 하는 자로다. 네가 하나님의 일을 생각지 아니하고 도리어 사람의 일을 생각하는 도다"(마16:23)라고 할 때, 너희들은 "배와 부친과 그물을 다 버리고 유대교회에서 출회당하면서 주님을 쫓았건만 내가 사단이라니요?"라고 대들 수 있겠지만, 주님은 사람의 생각, 즉 인정적으로 말하는 분이 아니다. 그분은 성령으로 잉태되신 성령님이시다. 우리들이 성령에 대해서 너무 모르기 때문에 성령의 역사를 무당들의 신 내림 비슷하게 생각하고 있다. 그렇기 때문에 내 감정의 변화가 교회 안에서 일어나거나, 혹은 교인들 사이에서 일어난다고 해서 성령의 역사로 안다면 그것은 큰 착각이며 속고 있는 것이다. 감정의 변화는 어디까지나 감정의 변화이다. 성령의 역사는 그렇게 감정에 호소하고 감정적으로 오는 것이 아니다. 그렇게 감정적으로 나타나는 것으로 잘못 알고 있기 때문에 한국 교회의 성령 체험 현상은 천태만상으로 나타난다.

그러나 유일하신 참하나님의 성령 체험은 그렇지 않다. 그 성령의 나타나신 증거가 바로 제자들의 모습이 아닌가! 제자들이 성령을 체험한 모습은 모두가 동일하다. 오늘날 기독교인들이 **성령의 감화 감동**과 **감정의 감화 감동**을 분별할 줄을 모른다. 성령 체험을 간단하게 분별할 수 있는 것은 성령 체험 이후의 외적인 삶이 아니라, 내 안의 내적인 삶이 달라진다는 것이다. 이전의 모든 가치관이 변해져버린다. 그래서 이전에 나를 지배하고 있던 모든 가치관과 성령 체험 후에 나타나는 나의 가치관은 전혀 다르다는 것을 깨닫게 된다. 그러나 감정의 감화 감동은 그야말로 감정적 차원이기 때문에 내 안의 가치관의 변화는 전혀 없다. 다만 반성적 차원은 일어날 수도 있다. 그렇기 때문에 감정적 감화 감동은 쉽게 지워져버리며, 감동받은 영화 한편을 본 기억처럼 그렇게만 나에게 남아 있다.

그러나 성령 체험은 나의 모든 가치관의 변화가 일어났기 때문에 그 이전 삶으로는 돌아가지 않는다. 그래서 변화되어진 나의 삶으로 살아져 가기 시작한다. 성경 속의 제자들처럼. 성경 속에서 말하는 성령은 우리가 생각하는 환상적인 꿈속과 같은 그런 몽상적인 사건이 아니다. "성령은 진리니이다"(요일5:7)의 구절과 "아버지의 말씀은 진리니이다"(요17:17)에서처럼 아버지의 말씀이 성령이다. 성경을 육신적인 차원의 눈으로 보는 선악과적인 말씀이 아니며, 기복주의로 보는 말씀이 아니다. "무엇이든지 구하라 그러면 주실 것이요"라는 차원의 말씀이 아니라 "내가 너희에게 이른 말이 영이요, 생명이라"(요6:63)고 하신 참말씀이시다. 그런 차원의 말씀이 진리이시며 그 진리의 말씀이 성령이시다.

그러므로 성령 체험이란 영이요, 생명이신 말씀 체험을 말한다. 일반적인 교회에서 말하는 귀신 씻나락 까먹는 식의 성령 체험은 귀신 체험이며, 감정 체험이다. 그런 식의 성령 체험을 했기 때문에 성령 체험을 했어도 성경의 말씀과는 전혀 관계가 없고, 즉 하나님의 말씀에는 깨달음이 전혀 없는 것이다. 그래서 이전에 보았던 말씀과 성령 체험 후에 보는 말씀이 동일하다. 성령 체험 전에도 성경이 육신의 기복 차원[77]으로 보였고, 성령 체험 후에도 우리 주님은 여전히 신적인 '주시옵소서' 의 주님으로 알고 있다.

성령 체험, 즉 말씀 체험은 내가 이전에 말씀을 볼 때는 선악과의 말씀으로 보였지만, 눈을 뜨고 보니까 다 생명과의 말씀으로 보인다. 이런 성령 체험을 한 후가 바로 예배할 때가 되어진 차원이다. 예배할 때가 오기 전에는 내 마음대로 내가 원하는 것을 예배하는 이방인의 예배[78]요, 예배할 때가 온 후에는 아는 것을 예배하는 것이다. 성령을 아는 자가 바로 성령과 진리 안에서 예배하는 자[79]이다.

이방인들은 이방인의 때에서 빨리 생명의 말씀을 아는 상태로 성령 체험을 해야 한다. 그런데 생명의 말씀을 알려고 하지 않고, 모르는 것을 안다고 하는 것이 문제이다. 이런 자들이 성경적 의미의 병자들이다. 우리 주님은 이처럼 모르는 것을 예배하고 있는 이방인들을 깨닫게 해주시고, 모르는 것을 알려주시기 위해서 생명과로 우리에게 오셨다. 이렇게 모르는 것을 예배하고 있는 이방인의 상태를 '죽은 자'의 상태라고 한다. 하나님은 산 자의 하나님이시기에 이방인들의 제사를, 예배를 받지 않으신다. 이런 이방인들의 예배가 바로 오늘날 가인의 예배인 것이다.

당신도 예배할 때가 언제인지 알지 못하고 그저 교회 나가는 날이 예배에 참석하는 날로만 알고 있다면, 당신도 역시 가인의 예배를 하나님께 드리고 있는 자이다.

---

77 • 복 주시는 하나님, 죽으면 천국에서 나를 맞이해줄 하나님, 해결사 주님으로 아는 차원이다.

78 • 장소적 개념("이 산과 예루살렘에서 예배하는 것"(요4:21))으로 예배하는 자이며, "모르는 것을 예배"(요4:22)하는 것이다.

79 • "아버지께 참으로 예배하는 자들은 신령과 진정으로 예배할 때가 오나니 곧 이때라 아버지께서는 이렇게 자기에게 예배하는 자들을 찾으시느니라. 하나님은 영이시니 예배하는 자가 신령과 진정으로 예배할찌니라"(요4:23~24).

주님은 이런 죽은 자들을 성령 체험, 생명과의 말씀 체험으로 살리시는데 이것이 바로 성령의 역사하심이다. 이런 말씀 체험을 한 후라야 이 방인들은 참예배를 드릴 자격을 얻게 된다.

나와 너희들

　내 속에는 수많은 겉나가 속나와 함께 살고 있다. 수많은 겉나를 '너희들' 이라고 한다. '너희들' 은 시시때때로 변화무쌍하게 변하니까 중국 인구보다도 더 많은 '너희들' 이 속사람과 함께 살고 있다. 속나 자신도 내 안에 이렇게 많은 겉나와 함께 살고 있기에, 아니 너희에 속한 겉나까지도 구별할 수 없이 헷갈린다. 그래서 어떤 때는 속나 자신도 모르는 말을 하고, 순간적으로 행동하기도 하며, 순간적으로 거짓말이 튀어나오고, 그것이 수습되지 않을 때에는 당황한 '너희들' 까지도 내 속의 속나인 줄 착각한다.

　이렇게 속나 안에 너무나 많은 '너희들' 이 함께 살고 있기에 수많은 생각 때문에 바쁘고 분주하고 뭔가 할 일이 많기에 조용하고 평화로운 때가 없다. 이런 상태를 '정함이 없는 상태', '세상' 이라고 한다. 그래서 이 세상을 '고해의 바다' 라고 하는가 보다. 이런 혼란하고 정함이 없는 나의 상태를 '땅의 상태', '정과 욕심의 상태', '짐승의 상태' 라고 한다.

　성경은 "하나님이 세상을 이처럼 사랑하사 독생자를 주셨으니"(요 3:16) "그 독생자가 믿어지는 자는 멸망치 않고 영생을 얻는다"고 말하고 있다. 여기서 **독생자**는 역사적인 예수 그리스도가 아니다. 내 속에 수많은 너희들과 함께 살고 있는 홀로 존재하시는 **속사람**을 말한다. 이 속사람은 "믿음은 들음에서 나며"(롬10:17)처럼 그리스도의 말씀을 들으면서 말씀으로 말미암아 깨닫게 되는 것이다. 이렇게 깨닫게 되어지면 내 속의 수많은 '너희들' 을 피할 수 있다. 이 말은 네 안에 거하고 있는 '속사람' 과 수많은 거짓 나인 '너희들' 의 일들을 구별할 수 있는 능력이 있다는 것이며, 이것이 능력 있는 자요, 믿음을 가진 자의 증거이다.

그래서 성경은 "마귀를 대적하라. 그리하면 너희들을 피하리라"(약 4:7)고 한다. 마귀를 대적하라 그러면 '마귀' 를 피하리라고 한다면 순서가 맞는데 마귀를 대적하면 왜 너희를 피하리라고 했을까? 본문을 자세히 살펴보면 마귀가 바로 내 속에 거하는 수많은 나 아닌 '너희들(겉나)' 이다. 그리고 '너희들의' 주체가 바로 '마귀' 이다. 즉, 마귀는 하나님이 부리는 영이며 너희들은 마귀의 종노릇하고 있는 수많은 겉나이다. '피하리라' 는 '알게 된다' 는 말이다. 수많은 겉나의 실상을 알아야 이 세상에서 평강의 삶을 누리게 된다. 우리가 이 존재를 모르고 그냥 무속적으로 알고 있으니까 별 것인 것처럼 생각되는데 사실 알고 보면 별것이 아니다. 내가 무속적으로 안다는 것은 '모른다는 것' 이며 모르는 상태가 '어두움의 상태' 요, 이런 상태를 '지옥의 상태' 라고 한다. 그러니까 지옥도 별 게 아니다. 모르는 상태가 지옥의 상태이다.

이렇게 모르는 것을 아는 것같이 속이는 주체가 내 속에 내가 아닌 '거짓 나' 이며, 이 '거짓 나' 를 '참나' 인 것으로 속은 채 살아가게 만드는 주체가 마귀, 귀신이라고 한다. 머리에 뿔 달리고 이상한 곳에서만 나타나는 그런 전설의 고향에 나오는 주인공이 아니다. 단도직입적으로 말하면 **겉 사람의 정과 욕심의 상태가 마귀, 즉 귀신의 상태**이다.

예수님께서는 베드로에게 **"사단아** 내 뒤로 물러가라. 너는 나를 넘어지게 하는 자로다. 네가 하나님의 일을 생각지 않고 도리어 사람의 일을 생각한다"(마16:23)고 말씀하신다. 수제자인 베드로에게 "사단 같은 베드로야"라고 하시지 않는다. 베드로에게 바로 "사단아"라고 말씀하신다. 여기서 베드로가 사단이 된 것은 "하나님의 일을 생각지 않고 사람의 일을 생각하는 상태"(마16:23)이기 때문이라고 지적하신다. 베드로의 인간적인 생각은 '절대 예수님이 십자가에 매달려 죽어서는 안 된다. 우리들이 모든 것을 다 버리고, 유대인들의 수많은 박해를 무릅쓰고 당신을 쫓았는데 우리를 두고 그렇게 맥없이 십자가에 죽으면 우리 팔자는 어떻게 되느냐?'는 것이다. '당신이 메시야로서 유대의 왕으로 등극해야 하며, 그때를 학수고대하면서 모든 것을 버리고 모든 수모를 다 참았는데 이게 뭐냐?'는 것이다. 예수님은 베드로의 이런 생각을 정확하게 알고 계셨다. 오늘날 나를 포함한 수많은 교인들이 이런 생각으로 예수님과 하나님을 섬긴다면 지금도 예수님께서는 우리들에게 "사단아 물러가라"고 말씀하실 것이다. 내 속에 있는 '나(속사람)'와 '너희들(겉사람)'의 소리를 정확하게 분별해서 들을 수 있는 능력이 있어야 한다.

"시몬 베드로가 대답하여 가로되 주는 그리스도시요 살아계신 하나님의 아들이시니이다"(마16:16)고 했을 때 예수님께서는 "바요나 시몬아 네가 복이 있도다. 이를 네게 알게 한 이는 혈육이 아니요, 하늘에 계신 내 아버지시니라!"(마16:17)고 하셨다. 여기서 분명히 베드로가 16절의 사실을 고백했지만 17절에서 예수님은 그 고백을 베드로의 고백이라고 말하고 있지 않다. 그런 현상이 22절에서[80] 정확하게 나타나고 있다. 결국 23절에서[81] 예수님께서 베드로에게 "사단아 내 뒤로 물러가라"라고 명령한다. 예수가 누구인지 베드로도 자신의 목소리로 말한 것처럼 우리들도 우리의 목소리로 분명히 말했지만 그 말이 내가 알고 한 말이 아니라, 모르고 한 말도 있다. 그 말은 내 안에서 역사하시는 '아버지'께서 하시는 말씀이다.

---

80 • "베드로가 예수를 붙들고 간하여 가로되 주여 그리 마옵소서. 이 일이 결코 주에게 미치지 아니하리이다"(마16:22).

81 • "예수께서 돌이키시며 베드로에게 이르시되 사단아 내 뒤로 물러가라 너는 나를 넘어지게 하는 자로다 네가 하나님의 일을 생각지 아니하고 도리어 사람의 일을 생각하는도다 하시고"(마16:23).

주의 이름으로 했는데 주님이 어찌 나를 모르는가?

당신은 이 구절에 대해 묵상해본 적이 있는가?

"나더러 주여 주여 하는 자마다 천국에 다 들어갈 것이 아니요, 다만 하늘에 계신 내 아버지의 뜻대로 행하는 자라야 들어가리라. 그날에 많은 사람이 나더러 이르되 주여 주여 우리가 주의 이름으로 선지자 노릇 하며 주의 이름으로 귀신을 쫓아내며 주의 이름으로 많은 권능을 행치 아니하였나이까 하리니 그때에 내가 저희에게 밝히 말하되 내가 너희를 도무지 알지 못하니 불법을 행하는 자들아 내게서 떠나가라 하리라"(마 7:21~23)

위의 말씀은 우리가 아무리 여러 번 읽어도 어떤 부분이 어떻게 잘못 된 것인지 찾지 못한다. 모든 교인들이 일반적으로 행하고 있는 종교 행위이기 때문이다. 그런데 문제는 그런 일반적인 종교 행위가 불법적 행위라는 것이다. 이런 종교적 행위를 행하는 자들은 "나더러 주여 주여"라고 하지만, 예수님께서는 "나는 도무지 너희들을 알지 못한다"고 말하고 있다. 이 사실이 기가 막힌다. 예수님께서 분명히 "내 이름으로 무엇이든지 내게 구하면 내가 시행하리라"(요14:14)고 말씀하셨고, "누구든지 주의 이름을 부르는 자는 구원을 얻으리라"(롬10:13)고도 하지 않았던가. 예수님께 되묻고 싶은 심정이다. 그러나 그 반문을 주님께서 들으셨다면 얼마나 답답하고 안타깝게 여기셨을까?

오늘날 우리 수많은 교인들이 성경, 즉 하나님의 말씀을 알려고 하지 않고, 종교 행위만 열심히 한다. 주일날은 꼭 교회에 참석해야 하고, 새벽예배나 기도, 교회의 여러 행사에 잘 참여하는 그런 종교적 행위에는 열을 낸다. 그래서 마치 우리가 종교적 행위만 잘하면 신앙생활을 잘하고 있다고 착각하게 한다. 그 결과 오늘날 기독교가 **성경적 기독교**가 아니라 **기독교적 성경**이 되어버렸다. 다시 말하면 어떤 종교든지 교주가 있는 법이며, 우리 기독교의 교주는 예수 그리스도시요, 그 예수 그리스도의 가르침과 지침서가 바로 성경이다. 그런데 수많은 사람들이 교인들이라고는 하면서도 성경책은 그냥 옆구리에 가지고 다니기만 할 뿐 성경을 읽지 않는다. 또한 성경을 신뢰하지 않는다. 다만 그날 설교 한번 듣는 것으로 다 되었다는 듯이 종교 행위에만 열을 올리고 있다. 그런 종교 행위적인 열심이 오늘날 맹종·맹신의 기독교가 되어져버린 것이다.

우리들의 교주이신 예수 그리스도의 가르침이 무엇을 말하는지, 우리에게 어떻게 신앙생활과 교회 생활을 하라고 성경에 기록되어 있는지 관심조차 없다. 오히려 사람의 유전과 교리를 쫓아 맹종·맹신으로 치닫고 있으니 성경 따로 교회 따로인 기독교가 된 지 오래다. 기독교에서 성경이 빠지면 그 기독교는 **교주 없는 종교**가 되는 것이며, 그 교인들은 누구에게 구원을 구할 것인가? 각자 자기 교회 담임 목사에게 구원을 구할 것인가? 하지만 어느 선지자가 "내가 너희에게 구원을 준다"고 말했던가? 그런 "거짓 선지자는 다 죽이라"[82]고 말씀하신다. 이 말의 뜻은 거짓 선지자인 줄 정확하게 깨달으라는 말이다.

---

82 • "그 선지자나 꿈꾸는 자는 죽이라. 이는 그가 너희로 너희를 애굽 땅에서 인도하여 내시며 종 되었던 집에서 속량하여 취하신 너희 하나님 여호와를 배반케 하려 하며 너희 하나님 여호와께서 네게 행하라 명하신 도에서 너를 꾀어내려고 말하였음이라. 너는 이같이 하여 너희 중에서 악을 제할지니라" (신13:5).
참선지자와 거짓 선지자를 구별하는 방법은 무엇일까? "네가 혹시 심중에 이르기를 그 말이 여호와의 이르신 말씀인지 우리가 어떻게 알리요 하리라. 만일 선지자가 있어서 여호와의 이름으로 말한 일에 증험도 없고 성취함도 없으면 이는 여호와의 말씀하신 것이

우리 기독교의 구원과 생명과 영생은 교주이신 예수 그리스도로 말미암아 이루어진다. 이것이 성경적 기독교인이 되는 길이다. 이것을 가르치라고 선지자들을 먼저 보내주셨다. 그런데 선지자들이라고 하면서도 교주이신 주님의 가르침인 성경은 온데간데없고, 성경 한 구절만 인용하고는 앞뒤도 모르고 자기 마음대로, 욕심대로 해석해서 강단에서 설교한다. 어찌 한심하고 한심하지 않으리오. 그 밑에서 말씀을 먹는다고 앉아 있는 교인들은 말씀을 먹는지, 독약을 먹는지 모른다. 또한 종교마약을 먹고 있는지, 음녀가 주는 독주에 취하여[83] 생명의 말씀과, 선악의 말씀을 구별하지 못한다. 그렇기 때문에 수십 년 교회 생활을 했다고 하면서도 창세기를 아는가! 계시록을 아는가! 지금, 내가 과연 몇째 날에 속해 있는지 전혀 알 수가 없다.

"영생은 곧 유일하신 참하나님과 그가 보내신 자 예수 그리스도를 아는 것"(요17:3)이라 했다. 당신은 수십 년 기독교인이어서 성경 구절을 잘 찾고 수많은 구절들은 잘 외우고 있지만, 그 말씀의 뜻이 무엇인지 모른다. 위에서 "주여 주여 하는 자마다 다 천국에 들어갈 것이 아니요"라고 했는데 혹시 '나는 그 무리에 속해 있지 않은가?' 하고 당신은 생각해보았는가! 아마 어떤 교인이라도 '나는 그 무리 속에 속해 있지 않다'고 생각할 것이다. '나는 정말로 진실하게 믿고 있으니까 분명 천국에 들어갈 것이다'고 생각하고 있다면, 바로 당신이 그 주인공인 줄을 알라!

그리고 우리가 주의 이름으로 선지자 노릇하며 귀신도 쫓아내고, 많

아니요, 그 선지자가 방자히 한 말이니 너는 그를 두려워 말지니라"(신18:21)는 말씀에서 알 수 있듯이 증험과 성취함이란 성경(하나님)이 보이고 참나와 거짓나의 실체를 깨닫는 것이다.

83 · "땅에 거하는 자들도 그 음행의 포도주에 취하였다 하고"(계17:2).

은 권능을 행한다고 하는 자들이여! 수많은 교인들을 모으고, 그것도 부족해서 유대와 사마리아와 땅끝까지 전도하라고 해서 저 아마존 강가에 있는 피그미족에게까지 전도하는 전도의 최선봉에 서 있는 선지자라고 자부하는 자들이여! 당신이 바로 불법을 행하는 자요, 거짓 선지자라! 불법을 행하는 당신은 주님을 잘 안다고 하지만 주님은 당신을 도무지 알지 못한다고 하신다.

'주의 이름으로 열심히 주의 일을 하는데, 불법을 행한다고요? 귀신을 쫓아내고 하늘의 권능을 행하는 일은 쉬운 일인가요? 하나님이 나를 신학대학에 가게 인도하셨고, 내 수많은 열정의 간구를 들으시어 많은 선지자 중에서 특별히 사랑하사 크게 사용하셨고, 하나님께 영광 돌리게 하시려고 큰 사명을 저에게 주셨습니다. 그래서 저는 그 사명을 감당하기 위하여 몸과 마음을 다해서 일했는데, 나에게 불법을 행하는 자라고요? 나를 부르셔서 사용하실 때는 언제고, 이제 와서 나를 도무지 알지 못한다고요? 내가 지금까지 모든 일을 당신의 이름으로 행했는데, 무엇이 잘못입니까?'

이런 생각이 든다면, 당신은 거짓 선지자요, 불법을 행한 자이다. 이 말씀이 영혼 관절을 쪼개는 말씀으로 들렸다면, 당신은 정말 하나님이 사랑하시는 종인 줄 알고 참회개를 해야 할 것이다.

양과 염소들

　양은 하늘이요, 염소는 땅이다. 양은 생명과요, 염소는 선악과이다. 양은 그리스도요, 염소는 마귀이다. 양은 오른편[84]이요, 염소는 왼편이다. 양들은 하나님께 더 이상 구할 것이 없고, 굳이 구할 것이 있다면 오직 '당신' 뿐이다. 그러나 염소들은 하나님께 구할 것들이 너무나 많다. 그래서 "……을 해주실 줄 믿습니다!", "……을 해 주시옵소서!"가 염소들의 십팔번이다. 염소들에게 이 말을 빼면 종교 생활에서 할 말이 없다. 종교인들은 이런 것들의 요구와 해결을 목적으로 종교를 믿는다. 그래서 모든 종교의 목적은 기복에 근거를 둔다는 말이다. 즉, "욕심이 잉태한 즉 죄를 낳고 죄가 장성한 즉 사망에 이른다"(약1:15)라고 했다.

　그래서 염소들은 신앙생활도 욕심으로 했고, 행위의 주체자가 '나'이기 때문에 자기들이 한 행위에 대해서는 정확하게 기억하고 있다. 예수님이 "내가 주릴 때에 너희가 먹을 것을 주지 아니하였고 목마를 때에 마시게 하지 아니하였고 나그네 되었을 때에 영접하지 아니하였고 벗었을 때에 옷 입히지 아니하였고 병들었을 때와 옥에 갇혔을 때에 돌아보지 아니하였느니라"(마25:42~43)고 물을 때 "주여 우리가 어느 때에 주의 주리신 것이나 목마르신 것이나 나그네 되신 것이나 벗으신 것이나 병드신 것이나 옥에 갇히신 것을 보고 공양치 아니하더이까?"(마25:44)라고

---

84 · "양은 그 오른편에, 염소는 왼편에 두리라"(마25:33).

달려든다. 그러나 "지극히 작은 자에게 하지 아니한 것이 곧 내게 하지 아니한 것이니라"(마25:45) 하시며 "저희는 영벌에 들어가라"(마25:46)고 하신다. 여기서 염소들은 지극히 작은 자 하나가 누구인지 모른다. '지극히 작은 자'는 내 밖에 있는 타인이 아니라 내 안에 있는 '속사람'을 말한다. 그 **속사람**이 바로 내 안에 계신 **예수 그리스도**요, **하나님**이요, **이웃**이기 때문이다.

내 밖의 작은 자는 "내가 아무리 내 모든 것으로 구제하고 내 몸을 불살라주는 행위로 사랑을 베풀어도"(고전13:3) 영적인 변화는 없으며, 더 많은 행위적인 사랑을 요구한다. 그래서 우리는 타인에게 만족함과 자족함을 줄 수가 없어 더욱 더 큰 희생을 하며, 타인으로부터 은연중에 희생을 강요받게 된다. 여기서 혹시 "왜 그분이 큰 자이지, 작은 자이냐?"고 반문할 수 있다. 우리가 입으로는 항상 그분이 크다고 하지만, 나보다 항상 작다고 생각하기 때문에 아무 때나 내가 필요할 때마다 "…… 해주실 줄 믿습니다" 하며 부려먹는다. 거꾸로 이미 그분이 작은 자라고 인지한 자는 그분이 어마어마하게 크시다는 것을 안다.

염소는 종교 행위를 열심히 했기 때문에 모두 기억하고 있으나, 양들은 염소들과는 전혀 다른 말을 한다. 위에서 언급한 바와 같이 예수님께서 "내가 주릴 때에 …… 내 형제 중에 지극히 작은 자 하나에게 한 것이 곧 내게 한 것"(마25:35~40)이라고 했을 때, 양들은 자신들의 한 일들을 모두 모른다고 한다. 이처럼 양들은 종교인이 아니고, 신앙인들이기 때문에 자신들의 신앙 행위는 상념에 이미 없다. 조금 어려운 말이지만, 당신에게 믿음이 오지 아니하면 계속적으로 이해되지 않을 것이다. 그래서 "믿음은 모든 사람의 것이 아니다"(살후3:2)라고 말씀하셨다. 여기서 염소들은 교회를 안 다니고 타 종교를 믿는 모든 사람들을 가리킨다고 해석할지 모른다. 왜냐하면 '교회 다니는 모든 교인들에게는 이미 믿음이 있다’ 라고 생각하기 때문이다. 이것이 염소들의 특징이다.

염소들이여! 이제 그만 눈을 떠라. "너희가 소경 되었더면 죄가 없으려니와 본다고 하니 너희 죄가 그저 있느니라"(요9:41)는 말씀처럼, 자신이 염소이면서 계속 양이라고 자기에게 속고 있는 그 염소는 짐승의 표, 즉 "양심이 화인 맞아서"(딤전4:2), "야곱의 형 에서처럼"(히12:16~17) 영영 회개할 기회를 얻지 못한다. 그러므로 "오늘날 너희가 그의 음성을 듣거든 너희 마음을 강퍅케"(히4:7) 하지 말라. 당신이 이 글을 읽는 순간에 주님은 당신에게 회개할 기회를 주신 것이다. 당신 속에 아직 살아 역사하시는 하나님께서 당신이 돌아오기를 문 열어 놓고 기다리신다.

염소들이여! 마지막 기회니 회개하시오!

당신은 이 구절에 대해 묵상해본 적이 있는가?

"저희가 보아도 보지 못하고, 들어도 듣지 못하며, 깨닫지 못함이니라"(마13:13).

여기서 '저희'에 속한 사람은 성경을 매일 보고, 성경을 백독 천독을 해서 성경의 모든 구절들을 외우고, 일요일마다 설교를 들어도 그 말씀의 뜻을 깨닫지 못한다. 그냥 읽고 "아하! 이런 말이구나. 이런 이야기구나!" 하는 정도로 끝난다. "왜? 사랑의 하나님께서 성경을, 말씀을 누구든지 보고 읽으면 알게 될 것이요"라고 하지 않으셨는가? 성경을 '열린 비밀의 책'이라고 하는 이유는 읽고자 하는 마음만 있으면 열려 있어서 누구나 읽을 수 있지만, 그 속에 담겨 있는 메세지는 알 수가 없다는 말이다. 하나님께서 열어주시는 자라야만 우리에게 전하고자 하는 말씀의 뜻을 깨달을 수 있다.

황진이라는 기생이 벽계수를 보고 읊었다던 "청산리 벽계수야! 쉬이 감을 자랑마라. 일도 창해하면 돌아오기 어렵나니 명월이 만공산 할 제 쉬어간들 어떠하리"라는 시조가 있다. 청산리 벽계수는 푸른 산속의 물을 가리킴과 동시에 벽계수 장군을 말하고, 명월은 밝은 달을 가리킴과 동시에 명월이란 이름을 가진 황진이 자신을 말하고 있다. 황진이의 시는 자연의 풍광을 노래한 것처럼 보이지만, 벽계수 장군에게 프로포즈를 하고 있는 내용을 담고 있었다.

이처럼 성경도 황진이의 시조처럼 중의법으로 쓰여 있어서 성경을 바로 보려면, 성경 속에 담겨져 있는 내용을 볼 줄 알아야 한다. 이것이 공교롭게도 '아무에게나 허락되지 아니하였다' 라고 말씀하신다. 이것이 하늘의 비밀이다. "왜 당신은 성경에 나오는 땅을 땅으로 보고, 하늘, 해, 달, 구름과 바다를 모두 있는 실제 그대로 봐야지, 굳이 다르게 볼 이유가 있습니까?"라고 하면서 "당신은 성경을 너무 알레고리로 푸는 것이 아니냐?"하는 사람들이 분명히 있다.

그러나 위에서 예를 든 황진이의 시조처럼 황진이가 자연 풍경을 보고 그렇게 시를 읊었다고 해서 잘못된 것은 아니다. 기생으로서 자연 풍경을 그렇게 표현한 것은 대단한 수준이다. 그러나 그 노래 속에 담겨 있는 작가의 의도는 전혀 전달되지 아니하고, 엉뚱하게 자연 풍경을 한 수 읊은 시조로 끝나고 만다. 이것처럼 성경도 하나님께서 우리들에게 깨닫게 하고자 하는 의도와는 전혀 무관하게 성경을 읽고 해석하여, 종교 행위만 풍성하게 하고 있다. 성경에서는 이러한 종교주의 기독교인들을 소경들이라고 한다. 그들은 선지자들이 하나님의 비밀들을 눈앞에 가져다주어도, 또는 보여주어도 보지 못한다. 아니, '보지 못한다' 가 아니라 '보아도 볼 능력이 없다' 는 말이다.

이 시대의 많은 선지자들이여! 육신의 병 고치는 능력을 구하지 말고, 성경을 볼 때에 그 말씀을 영의 귀로 들을 수 있는 능력을 달라고 기도하라! 육신의 병은 영적인 지도자인 당신이 할 분야가 아니다. 그 분야의 전공인 의사들에게 맡기고, 당신은 당신의 영적인 병부터 치료하시오. "소경들이여! 눈을 떠라!"고 한다면 "우리도 소경인가?" (요9:40)라는 의문을 가질지도 모른다. 이처럼 우리가 소경인가 하고 묻는 자들이 하나님을 잘 알고 잘 섬긴다는 자들이다. 그래서 예수님께서는 이런 자들에게 "본다고 하니 너희 죄가 그저 있느니라" (요9:41)고 말씀하신다.

땅은 지금 우리가 밟고 서 있는 육지가 아니요, 하늘도 그 땅 위의 공간이 아니다. 또한 "물을 한곳으로 모이게 하니 땅이 드러났다"(창1:9)에서 땅은 물을 한곳으로 모으면, 즉 하나님, 하늘과의 관계가 끊어져서, 하늘이 땅의 상태가 된다. 이 땅은 "내리는 비를 흡수하여 밭 가는 자들의 쓰기에 합당한 채소를 내면 하나님께 복을 받고 가시와 엉겅퀴를 내면 버림을 당하고 저주함이 가까워 그 마지막은 불사름이"(히6:7~8)된다.

이 땅에 내리는 비는 무엇인가? 내리는 비는 "나의 교훈이요, 나의 말은 맺히는 이슬이요, 연한 풀 위에 가는 비요, 채소 위에 단비"(신32:2)로다. 그럼 이 하나님의 교훈을 들어야 하는 하늘과 땅은 누구인가? "하늘이여 귀를 기울이라. 내가 말하리라. 땅은 내 입의 말을"(신32:1) 들어야 하는 바로 **우리들**을 가리킨다.

우리들이 하나님의 말씀을 먹고 그리스도를 영접하면, 즉 그리스도를 깨달으면 또는 내 안에 있는 그리스도를 만나면 "함께 일으키사 그리스도 예수 안에서 함께 하늘에 앉히시니"(엡2:6)가 되어진다. 이렇게 하늘에 앉힌 자들을 '하늘들' 이라고 부른다. 땅에서 하늘로 변화되어졌기 때문에 이것을 **상태의 변화**라고 한다. 성경은 하늘에 앉힌 상태를 '거듭났다', '그리스도를 영접했다', '구원을 얻었다' 등으로 표현하고 있다. "회개하라. 천국이 가까이 왔다"(마3:2)에서 이 천국이 바로 하늘나라요, 이 하늘나라가 바로 예수 그리스도이시다. 천국은 저 하늘 공간을 말하는 것이 아니다.

"여기 있다 저기 있다고도 못하리니 하나님의 나라(천국, 하늘나라)는 너희 안에 있느니라"(눅17:21). 아직까지 천국이라는 개념을 우리가 죽어서 육신을 벗으면 어딘지 모르지만 환상의 나라에서, 지금 우리가 살고 있는 것과 비슷하게 영원히 사는 줄 알고 있는 기독교인들이 많이 있다. 이런 자들은 "마지막 날 부활 때는 다시 살 줄 내가 안다"(요11:24)고 고백하는 마르다의 믿음을 가졌다.

죽어서 간다는 천국은 이미 천국이 아니요, 사망 안에 있는 지옥이다. 천국은 **현재의 천국**이지 '미래의 천국'은 아니다. '미래의 천국'은 없다. 그래서 "하나님은 산 자의 하나님이시요"(마22:32) 또는 "믿음은 바라는 것들의 실체요(현재요) 보지 못하는 것들의 증거"(히11:1)라는 말씀처럼 현재 내 안에 있는 증거가 바로 믿음이요, 실상(실체)이다. 죽어서 생기는 것이 아니다. 이것이 바로 이미 땅에서 하늘의 차원이 되어진 자들의 찬송이요, 찬미이다. 이미 하늘에 앉힌 자들은 육을 가지고 땅에 거하고 있지만, 현재 하늘을 누리며 살고 있다. 지금 하늘을 누리며 살고 있는 자들에게 미래의 천국은 더 이상 의미가 없다.

'천국, 하늘을 누린 자'라고 하면 고상하게 상상하는 기독교인들이 있는데 이것은 '영생'을 누린다는 말이다. '영생'이란 요한복음 17장 3절에서 말하고 있듯이 "유일하신 참하나님과 그의 보내신 자 예수 그리스도를 아는 것"이다. 여기서 **아는 것**이 바로 **영생**이요, **깨달음**이다. 이 영생은 현재 내 안에서 증거로 되어져 있는 **깨달아진 나의 내적 상태**를 말한다. 현재 내가 알지 못하는 것을 죽는다고 알겠는가! 그렇게 생각하고 믿고 있다면, 그것이 바로 알지 못하는 것을 "믿습니다"하면서 믿고 있는 선악과의 생태, 도의 초보의 상태이다. 즉, 모르는 것을 예배하고 있는 이방인의 상태이다. 하늘, 천국, 영생을 누리는 상태가 대단한 것이 아니라 "유일하신 참하나님과 그의 보내신 자 예수 그리스도를 아는 것"(요17:3)이요, 이 영생을 아는 자가 하늘들이다.

참산에 올라!

　당신은 당신 안에 있는 **마음의 산**에 올라가본 적이 있는가? 수많은 사람이 **욕망의 산**에는 올라가려고 발버둥치지만, 그들 안에 있는 본래의 산에는 올라가보려고 생각조차 하지 못하고 일생을 마친다. 욕망의 산은 오르고 올라도 다함이 없다. 저기까지만, 저기까지만 하지만 거기까지 오르고 보면 욕망의 산은 또 저만치 멀리서 날 오라고 손짓하고 있다. 이 세상에서 가장 높다는 산을 찾아다니는 등산가들이 힘들게, 목숨을 걸고 정상에 올라가봐도 거기는 땅이 아닌가? 그곳은 다만 평지보다 기후가 변화무쌍할 따름이다.

　당신은 저 허공을 나는 비행사들의 발이 땅에서 떨어져 하늘을 날고 있다고 해서 영적으로 하늘 차원에 있다고 생각하는가? 몸은 땅의 차원인 사람이 만든 비행기를 타고 공중에 떠 있지만, 사실 그들의 영적 차원은 땅을 밟고 사는 사람들의 생각과 같다. 그래서 그들이 하늘의 상태에 속했다는 생각이 전혀 들지 않는다. 왜냐하면 여기서 당신들이 생각하는 **하늘**이란 육신의 생각에 사로잡힌 자들의 공상적인 개념일 뿐, 실체적 의미의 개념이 아니기 때문이다. 그렇기 때문에 인간은 언젠가는 발을 땅에 놓아야 안심이 된다. 사실은 이 땅도 바다 위에 떠 있는 한 조각 나무처럼 하늘보다 더 불안하다. 단지, 이 부글부글 끓고 있는 땅덩어리가 바다가 되고, 바다가 산이 되는 주기가 인간의 한평생보다는 길다는 것뿐이다. 그런 그림자 같은 욕망의 산, 의지의 산에만 오르려고 하지 말고, 언제나 항상 변하지 않고 그 자리에 있는 '마음의 산'에 올라보라!

내 안에 있는 '마음의 산'은 오르면 오른 만큼 의와 평강과 희락이 나를 반긴다. 그 산은 위아래의 위치 개념이 없는 하늘과 같은 산이다. "성령과 물과 피가 합하여 하나"(요일5:8)이듯이, 그 산은 땅이요, 땅이 하늘이요, 하늘이 또 산이다. 이렇게 내 안에 있는 '참나의 산'에 오르면, 내가 그렇게 올라가려고 발버둥치던 그 '욕망의 산'이 저만치 서서 나를 보면서 웃고 있다. 그 산은 '참나의 산'이 아니고 나를 속인 '거짓 산'이었다. 그렇다고 그 '욕망의 산'을 무시하라는 것이 아니라, 나의 '참산'을 제대로 알면 그 '욕망의 산'도 나에게 유익한 산이라는 것을 알게 된다. 전에는 그 욕망의 산을 모르고 오르기만 했고, 오르고 나면 모든 것이 다 성취될 줄 알았다. 그런 내가 이제는 그 '욕망의 산'인 내 '의지의 산'의 정체를 정확하게 알고 올라간다는 사실이다.

산아! 너는 땅이 아니더냐!
땅아! 너는 바다가 아니더냐!
바다야! 너는 하늘이 아니더냐!

당신은 언제나 변함없는 당신 속에 있는 그 '마음의 산'을 찾아올라 보라. 이 세상 차원과는 다른 별난 신천지를 만날 수 있을 것이다. 그렇다고 해서 아주 별난 인간이 되는 것은 아니다. 그 신천지가 원래 우리 인간의 세상이요, 우리 인간의 모습이다. 장사를 잘해서 내가 많은 이익을 남긴 것이 아니라, 원래 나의 그 자리를 찾은 본전의 상태이다. 장사 꾼이 본전만 건졌다는 것은 장사한 사람으로서 잘한 장사는 아닐 것이다. 그러나 우리 세상사에서는 본전도 생각조차 해보지 않고, 아니 본전이 얼마인지, 얼마에서 출발한 것인지조차도 생각지 않는 경우가 허다하다. 여기서 말하는 본전은 나의 본성인 속사람을 말한다. 다들 그렇게 사니까 하면서 장사만 열심히 하다가, 목숨이 다하는 불쌍한 짐승과 같은 삶을 살다가 죽는다. 짐승들의 본능은 때와 장소를 가리지 않고, 입을 땅으로 향하고, 먹을 것을 찾아다니는 것이 아닌가?

우리 인간의 세상적인 삶은 모든 것이 다 물질에 결부되어 있다. 조금 고상하게 물질을 찾아다니는 척할 뿐, 저 짐승들의 삶과 다를 바 없다. 성경은 이런 우리들을 짐승에 비유한다. 그래서 우리 주님은 짐승의 먹이통에 누워 "너희는 내 살과 내 피를 마셔라"(요6:54) 고 말씀하시거나 또는 "내 몸은 하늘에서 내려온 산 떡"(요6:51)이라고 하시면서 당신 자신을 짐승의 먹이로 내놓았다. 그런 주님의 살과 피, 즉 생명의 말씀을 먹으면 위에서 말한 짐승이 아닌 인간 본연의 삶을 찾아 누리게 된다. 이런 삶이 바로 내가 내 안에 있는 '마음의 산' 을 찾은 삶이다.

내 속에 있는 원래의 참산을 찾아라! 그 '참산' 에 오르면, 나의 원래 주인이신 주님께서 짐승처럼 살고 있는 우리에게 당신의 몸과 피를 먹이와 음료로 주시기 위해 우리를 기다리고 계신다. 나의 '주인 되시는 분' 을 만나서 자신의 본전을 셈하라는 말이다. 그렇게 하면 "주인이 불의한 청지기가 지혜 있게 하였다"(눅16:8)고 칭찬하신다. 누가복음 16장 9절은 너무 난해해서 어떤 성경 주석에서도 정확하게 언급되어 있지 않다. "내가 너희에게 말하노니 불의한 재물로 친구를 사귀라. 그러면 없어질 때에 저희가 영원한 처소로 너희를 영접하리라"는 구절만 유독 난해하다고 생각한다면, 다른 부분은 대충 해석이 된다는 말이다. 그러나 이 부분이 난해해서 해석하지 못하는 눈으로 성경의 다른 부분을 해석했다면, 그 해석 수준도 가히 짐작이 된다. 성경의 이 부분이 쉽게 잘 이해되어져야 성경 전부가 창세기에서 계시록까지 거침없이 연결되는 것이다. 그러므로 "나는 알파와 오메가"(계1:8)가 되어지는 것이요, "나는 처음이요, 나중이니"(계1:17)가 되어지는 것이다. 또한 창세기가 계시록이 되어지는 동시에 계시록이 창세기가 되어지는 순간이다. 이것이 바로 앞에서 말한 "내 안에 있는 '마음의 산'에 올라보니 거기가 바로 하늘이더라!'가 되어지는 것이다.

그러므로 "유대에 있는 자는 산으로 도망할찌어다"(마24:16)는 말씀에서 유대와 산은 무엇을 말하는가? 유대는 유대교 안에 있는 기복주의 종교인들을 말한다. "……을 주시옵소서"의 차원, 즉 욕망의 산을 올라가는 자들을 말한다. 이런 멸망의 가증한 것들이 내 안에 선 것을 보는 자들은 '마음의 산'으로 도망가라는 말이다. 성경에서의 '산'은 주님의 말씀이 선포되어지는 곳(상태)이요, 주님께서 땀방울이 핏방울 되게 기도하시는 곳(상태)이다. 산상수훈이 설파되는 그 산으로 도망하라는 말이다. 그 '참산'이 바로 우리 **속사람**인 **참나**가 자리하고 있다. 우리는 모두 육신의 생각 속에서 갈등하는 존재들이다. 이제 눈을 들어 내 안에 있는 나의 참산에 올라야 한다.

간음하는 여인 I

성경에서 말하는 간음하는 여인이 바로 '세상과 벗 된 여자'[85]이다. 이 세상과 벗 된 자는 정과 욕심인 정욕으로 쓰려고 세상의 것[86]을 구하는 교인들을 말한다. 이렇게 세상의 것을 구하는 교인들(여인들)에게 야고보 사도는 "너희가 욕심을 내어도 얻지 못하고 살인하며 시기하여도 능히 취하지 못하나니 너희가 다투고 싸우는도다. 너희가 얻지 못함은 구하지 아니함이요, 구하여도 받지 못함은 정욕으로 쓰려고 잘못 구함이니라"(약4:2)고 말하고 있다.

간음한 여인은 오늘날 세상과 벗 되어 '육신의 영달만 위하는 기복주의 교인들'이다. 이 교회 저 교회, 이 산 저 산에서 열심히 구하고 있는데도 얻지 못하거나, 구하여도 받지 못하는 이유는 정욕으로 쓰려고 잘못 간구한 까닭이다. 그러므로 야고보 사도는 "세상의 벗 된 것이 하나님과 원수가 된다"(약:4:4)고 하셨고, 사도바울은 "육신의 생각은 하나님과 원수가 되나니"(롬8:7)라고 말하셨다. 두 분이 우리에게 전하고자 하는 바는 하나님과 원수가 되는 것이 세상과 벗 된 육신의 생각이며, 간음하는 여인은 이것을 구하고 있으므로 생명(그리스도 예수)을 얻지 못한다는 말씀이다.

---

85 • "간음하는 여자들이여 세상과 벗 된 것이 하나님의 원수임을 알지 못하느뇨??(약4:4).
86 • 목숨에 관계되는 것이며, 정과 욕심이다. "썩어지니 아니하는 하나님의 영광을 썩어질 사람과 금수와 버러지 형상의 우상으로 바꾸었느니라"(롬1:23).

그러므로 "그리스도 예수의 사람들은 육체와 함께 그 정과 욕심을 십자가에 못 박았느니라"(갈5:24)고 말하고 있다. 아직까지 정과 욕심, 육신의 생각, 육체의 일이 무엇인지 모르는 교인들이 있다면, 정과 욕심을 못 박아야 할 십자가 사건을 한 번도 경험하지 못한 자들이다. 그런 교인들은 그리스도 예수의 사람들이 아니다.

그렇다면 육체의 일은 무엇인가? 성경은 "성령의 인도하시는 바가 되면 율법 아래 있지 아니하리라"(갈5:18~21)라고 말씀하신다. 여기에 "육체의 일은 현저하니 음행과 더러운 것과 호색과 우상숭배와 술수와 원수를 맺는 것과 분쟁과 시기와 분냄과 당 짓는 것과 분리함과 이단과, 투기와 술취함과 방탕함"(갈5:19~21)이라고 가르치신다.

이런 육체의 일들을 구하는 자들은 아직 율법 아래 있다고 성경은 말하고 있다. 이렇게 육체의 일들을 구하는 간음한 여인들을 "불의한 자"(고전6:9)라고 말하며, 이런 불의한 자들은 "하나님의 나라를 유업으로 받지 못한다"(갈5:21)고 말하고 있다.

결론적으로 말하면, 성경적 간음은 땅의 차원(선악과 차원)인 남녀 간의 육체적인 관계와는 전혀 무관한, 하늘의 차원(생명과 차원)인 영적인 관계성을 말하고 있다. 앞에서 열거한 육체의 일도 윤리 · 도덕, 사회규범인 육체의 일의 결과를 말하는 것이 아니다. 하나님과 나의 내적인 관계성이 영의 생각으로 향하고 있어야 하는데, 육신의 생각으로 움직이고 있다는 것이다.

예수님의 첫 계명과 사도바울의 첫 계명

예수님의 첫 계명은 "네 마음을 다하고 목숨을 다하고 뜻을 다하여 주 너의 하나님을 사랑하라. 이것이 크고 첫째 되는 계명이요, 둘째는 그와 같으니 네 이웃을 네 몸과 같이 사랑하라"(마22:37~39)라는 구절에서 알 수 있다.

그런데 예수님의 제자인 사도바울의 첫 계명은 "네 아버지와 어머니를 공경하라"(엡6:2)이다.

당신은 예수님의 첫 계명과 사도바울의 첫 계명이 다르다고 생각하는가? 결론부터 말하자면, 예수님과 사도바울의 말씀은 같다. 두 분의 말씀은 같은 맥락인데, 표현을 다르게 한 것이다. 예수님께서 "주 너의 하나님을 사랑하라" 하신 말씀을 사도바울은 "아버지를 공경하라"고 하셨다. 그리고 예수님께서 "이웃을 네 몸과 같이 사랑하라" 하신 말씀을 바울 사도는 "어머니를 공경하라"고 표현한 것이다.

여기서 우리가 하나님을 아버지라고 부르는 것은 익숙해져 있지만 "네 이웃을 네 몸과 같이 사랑하라"는 말씀에서 '네 이웃이 어찌 어머니가 되는 것인가?' 궁금할 것이다. 이 말에 대한 근거는 다음 장절에서 찾아볼 수 있다.

"거룩한 성 새 예루살렘이 하나님께로부터 하늘에서 내려오니"(계21:2), "오직 위에 있는 예루살렘은 자유자니 곧 우리 어머니라"(갈4:26). "오직 말씀하신 이가 저더러 이르시되 너는 내 아들이니 오늘날 내가 너를 낳았다"(히5:5). 이 부분에서 "오직 위에 있는 예루살렘"이 바로 하나님이며, 자유자이며, 나를 낳으신 우리 어머니이다.

한편 사도바울은 '어머니' 가 바로 내 '이웃' 인 나의 '겉사람' 이라고 한다. "내 속사람으로는 하나님의 법을 즐거워하되……" (롬7:22) "내 자신이 마음으로는 하나님의 법을, 육신으로는 죄의 법을 섬기노라" (롬 2:25)고 고백할 때, 진정한 참이웃은 겉사람을 말한다. 이 겉사람은 바로 내 안에 있는 육신의 법, 죄의 법을 섬기며 마음은 원하지만 늘 하나님의 법의 반대 방향을 향한다. 내 안에 있는 이 겉사람을 바로 사랑하지 못하면서 어찌 내 밖에 있는 타인을 내 몸과 같이 사랑할 수 있으리오.

이 말은 수신제가(修身齊家)부터 먼저 하라는 것이다. 이렇게 자신의 겉사람인 이웃을 내 몸과 같이 사랑하는 자는 계명을 다 이룬 자요, 위에 있는 예루살렘이요, 자유자니 곧 우리 어머니라. 이 거룩한 성 새 예루살렘 성전 이후에는 "처음 하늘과 처음 땅이 없어졌고 바다도 다시 있지 않" (계21:1)은 상태[87]가 된다. 이렇게 거룩한 성 새 예루살렘이야말로 "내가 진실로 속히 오리라. 아멘 주 예수여 오시옵소서" (계22:20)가 되어지는 순간인 것이요, "그런즉 모든 대(代) 수가 아브라함부터 다윗까지 열네 대요, 다윗부터 바벨론으로 이거할 때까지 열네 대요, 바벨론으로 이거한 후부터 그리스도까지 열네 대더라" (마1:17)[88]가 완성되는 것이다.

속사람의 이웃은 겉사람이요, 겉사람의 이웃은 속사람이다. 아버지는 내 속에 있는 속사람인 참나요, 어머니는 참나를 방해하는 겉사람의 '나' 이다. 이 둘은 둘이면서 하나요, 하나이면서 둘이다. 또 둘이면서 하

---

87 • 시공간, 지각적인 하늘과 땅, 바다(눈에 보이는 유한의 세계)를 말하는 것이 아니라 내 첫 육신의 상태에서 거듭난 나의 영적인 차원의 상태를 말한다.

88 • 그리스도를 머리로 한 지체(영)의 상태가 곧 한 몸["주와 합한 자는 한 영이라" (고전6:17)] 이다. 영안이 열린 상태에서만 보이는 완전한 상태(참나)를 말한다. 즉, 14대인 그리스도 대를 완성하는 것이다.

나는 절대요, 절대는 진리요, 진리는 "나는 스스로 있는 자"(출3:14)이다. 이 절대적 존재는 무(無)요, 무(無)는 공(空)이요, 공(空)은 허(虛)요, 허(虛)는 또한 실체(實體)이다. 이 실체(實體)가 바로 하나님이다.

허가 아닌 실체는 거짓 실체이다. 무가 아닌 실체는 거짓 실체이다. 공이 아닌 실체는 거짓 실체요, 공은 바로 하늘이요, 하늘은 없음이요. 공은 둘이 아닌 하나요, 하나는 또한 없음이라! 무는 실체요, 이 또한 하나님이다. 이 실체가 곧 생명(生命)이라! 생명은 "율법 아래 나게 하신 아들인 예수요"(갈4:4), 이 생명(生命)은 곧 아버지인 영생(永生)이라! 영생은 곧 하나님의 것[89]이라! 율법 아래 나신 예수는 어머니요, 이 어머니가 생명이요, 이 생명이 장성한, 즉 아버지인 영생이라! 이 어머니[90]와 아버지는 둘이 아니요, 하나이다.

---

[89] · "그는 참하나님이요 영생이라"(요일5:20).
[90] · 하나님은 영이시므로 성별이 없다.

광야에서 외치는 소리

당신은 당신의 광야, 즉 빈 들에 조용히 나가본 일이 있는가? 당신의 빈 들을 찾거나, 만나본 일이 있는가? 그야말로 사막같은 빈 들, 생명(生命)이라곤 찾아보기 힘들고 수많은 모래뿐인 광야! 그곳에 가야만 외치는 자의 소리를 들을 수 있다. 본토 친척 아비 집을 떠나 부모 형제자매[91]를 버리고 광야로 가라! 거기서 외치는 자의 소리를 들어라! 그 외치는 자의 소리는 "주의 길을 예비하라 그의 첩경을 평탄케 하라"(마3:3, 요3:14)는 소리이다.

어떻게 주의 길을 예비하며, 주의 첩경을 평탄케 해야 하는가? 그것은 "모세가 광야에서 뱀을 든 것같이 인자도 들려야 하리니"(요3:14)처럼, 당신의 인자도 들려야 한다. 당신 안에 거하시는 역사적 예수, 즉 기복주의 예수, 이 땅에서도 잘되고 죽어서도 영생을 주시는 예수는 들려야 한다. 그 예수가 들려야만 당신 속에 있는 "세상 임금"(요12:31)이 쫓겨난다. 세상 임금이 되고 싶어서 예수를 믿는 자들이여! 당신의 그 욕심은 쫓겨나야만 한다. 그 "욕심이 잉태하여 죄를 낳고 그 죄가 장성한 즉 사망에 이른다"(약1:15)라고 말하고 있지 않은가?

당신들이 죄(욕심, 물질)의 종살이하던 애굽 땅을 떠날 때, 애굽의 모든 것들을 버리고 광야로 들어오지 아니했는가? 오늘날 교인들이여! 어찌

---

91 • 본토 친척 아비 집과 부모 형제자매는 육신의 생각이요, 기복주의 예수이다.

하여 지금도 당신의 조상들이 한 것처럼 똑같이 행하는가! 이스라엘 백성들이 모세 선지자를 쫓아 애굽에서 광야로 나온 후에도 애굽 생활을 잊어버리지 못하고, 동경하다가 광야에서 다 죽지 아니했는가! 젖과 꿀이 흐르는 가나안 땅을 한번 밟아보지도 못하고, 요단강을 한번 건너가 보지도 못하고 말이다.

"광야 교회"[92]로 나온 교인들이여! 빈 들에 나온 교인들이여! 당신들이 애굽에서 광야 교회로 나아올 때, 그 애굽에서 육신의 역사적인 예수를 십자가에 못 박고 나오지 아니했는가! 이 빈 들에서 무슨 애굽의 세간들이 필요한가! 오직 필요한 건 생명인 물뿐이다.

당신의 빈 들을 찾은 사람들이여! 당신의 광야를 찾은 사람들이여! 그 광야에서 당신에게 외치는 세례요한의 목소리를 들으시오! 그 소리는 광야를 헤매는 당신 안에서 당신에게 들리는 소리이므로, 아무에게나 들리지 않는 **말 아닌 말**이다. 그 말 아닌 말로 당신에게 외치는 자가 바로 당신의 세례요한이다. 그분을 직접 만나보지 못하거나, 아직 내 안에서 외치는 말 아닌 말을 들어보지 못한 자들은 광야에 있다고 하지만, 애굽을 향하고 있는 육신에 속한 광야 교인들이다. 그 광야 교회에는 그리스도가 계시지 않고 골방도 없다.

그러므로 그리스도가 계신 골방은 어디인가? "바리새인들이 하나님의 나라가 어느 때에 임하나이까 묻거늘 예수께서 대답하여 가라사대 하나님의 나라는 볼 수 있게 임하는 것이 아니요, 또 여기 있다 저기 있다고도 못하리니 하나님의 나라는 너희 안에 있느니라"(눅17:20~21). 즉,

---

92 • "시내 산에서 말하던 그 천사와 및 우리 조상들과 함께 광야 교회에 있었고 또 생명의 도를 받아 우리에게 주던 자가 이 사람이라"(행7:38).

그리스도와 골방은 말 아닌 말을 들을 수 있는 참 광야 교회 안에 있다.

육신에 속한 광야 교인들아! 그러므로 염려하여 이르기를 "무엇을 먹을까 무엇을 마실까 무엇을 입을까 염려하지 말라. 그것은 다 이방인들이 구하는 것"(마6:31~32)이라고 하지 않은가! 당신 안에 계신 그리스도가 인자요, 생명(生命)이고, 빛이며, 말씀이시다.

"말씀은 곧 하나님이시라"(요1:1). "그 안에 생명(生命)이 있으니 그 생명은 그 사람들 안에서 빛나는 빛이라"(요1:4).

이 빛은 "사람들 안에서 빛나는 빛"이기 때문에 이 빛은 영접한 사람 외에는 알 수가 없다.

예수님은 어디에서 십자가에 못 박혀 죽으셨나?

예수님은 "골고다, 즉 해골이라는 곳"(마27:33)에서 십자가에 못 박혀 돌아가셨는가? 아니면 **소돔이라고도 하고 애굽**[93]이라고도 하는 곳에서 돌아가셨는가? 당신은 주님께서 십자가에 못 박혀 돌아가신 곳이 어디라고 생각하는가? 이 질문에 대한 당신의 답이 바로 당신의 영적인 상태이다.

모든 기독교인들은 신약의 역사적인 예수님이 골고다에서 십자가에 못 박혀 돌아가셨다고 알고 있다. 그러나 성경은 주께서 십자가에 못 박히신 곳은 **애굽**이라고 말하고 있다. 도대체 이 말씀이 무슨 말인지……. 시간 속에서 흐르고 있는 역사적인 사건으로 보면 틀린 말이다. 그러나 영적인 상태로 보면 지극히 당연한 말씀이다. 애굽의 상태가 무엇인지 알면 이해가 될 것이다. 애굽은 죄(정과 욕심)에 종살이하던 나의 내적인 상태이다. 그 애굽에서 생명의 성령의 법(그리스도 예수, 생명과의 말씀)으로 말미암아 만나, 즉 율법을 통해 죄를 발견한다. 그리고 그 죄를 도말하시는 예수님과 함께 죽는 내적인 십자가 사건이 일어나서 새 생명을 얻게 된다.

예를 들면 롯의 가족이 소돔 성을 빠져 나올 때 "롯의 아내는 뒤를 돌

---

93 • "저희 시체가 큰 성 길에 있으니 그 성은 영적으로 하면 소돔이라고도 하고 애굽이라고도 하니 곧 저희 주께서 십자가에 못 박히신 곳이니라"(계11:8).

아본 고로 소금 기둥이 되었더라"(창19:26)에서 소돔성에 금, 은, 보화 같은 우리의 욕심이 모두 있는 곳이기에 버려두고 온 것이 아까워서 뒤를 돌아본 것이다. 여기서 중요한 것은 몸은 빠져 나왔지만, 마음은 여전히 소돔, 즉 애굽[94]을 향하고 있었다는 것이다. 그리고 소돔 생활에 대한 환멸로 몸과 마음이 모두 빠져나와야 한다는 영적 교훈이다. 우리가 이 애굽에서 정과 욕심을 예수 그리스도와 함께 십자가에 못[95] 박아야 새로운 피조물로 창조된다. 예수님은 정과 욕심에 사로잡혀 있는 내 죽은 자의 상태[96] 안에서 살아나시기를 원하시고(요2:22) 계시기 때문에 그림자요, 예표인 골고다에서 돌아가신 것이다. 나의 영적인 구약의 애굽 상태인 골고다에서 정과 욕심을 그분과 함께 십자가(생명과의 말씀)에 못 박아야 한다.

---

94 • 겉나, 즉 정과 욕심, 기복주의 예수를 섬기는 상태이다. 기복 종교, 육신의 생각이다.
95 • 죄의 실체(욕심)와 죄에 종노릇하고 있는 내 겉사람의 상태를 정확히 깨달아라.
96 • "살았다 하는 이름은 가졌지만 죽은 자"(계3:1)인 사데 교인, 즉 현재 목숨이 살아 있으면서 정과 욕심으로 예수를 믿는 종교인들.

나는 무엇으로 죄 사함을 받는가?

당신은 이 구절에 대해 묵상해본 적이 있는가?

"피 흘림이 없은 즉 사함이 없느니라"(히9:22). "그 아들 예수의 피가 우리를 모든 죄에서 깨끗하게 하실 것이요"(요일1:7). "저를 믿는 사람들이 다 그 이름을 힘입어 죄 사함을 받는다 하였느니라"(행10:43). "우리가 그리스도 안에서 그의 은혜의 풍성함을 따라 그의 피로 말미암아 구속 곧 죄 사함을 받았으니"(엡1:7). "그의 이름으로 죄 사함을 얻게 하는 회개가 예루살렘으로부터 시작하여 모든 족속에게 전파될 것이니"(눅24:47).

나의 죄 사함은 예수님께서 피 흘려 돌아가심으로 말미암아, 그 피의 은혜와 공로로 말미암아 이루어지는 것인가? 아니면 그의 이름을 부르며, 그의 이름을 "믿습니다"라고 고백함으로 말미암는가? 그리고 죄 사함의 회개가 예루살렘으로부터 시작된다고 하면서 예루살렘을 떠나지 말라고 당부하시는 주님의 말씀대로라면 우리는 어떻게 해야 하는가?

먼저 '그의 이름을 부르며 그의 이름을 "믿습니다"라고 고백함으로 말미암아 죄 사함 받을 수 있는지에 대한 답을 하자면, 강도처럼 나는 죽지 않고 그분이 나 대신 죽음으로 말미암아 내가 구원받을 수는 없다는 것이다.[97] 이 모습 그대로, 즉 죄인의 상태에서 죽지 않고는 부활이라는 말이 성립될 수 없듯이, 정과 욕심을 십자가에 못 박지 않고는 그리스도

---

97 • "우리는 우리가 행한 일에 상당한 보응을 받는 것이니 이에 당연하거니와"(눅23:41).

예수의 사람이라고 할 수 없다.

구원은 영적인 상태에서 이루어지는 것인데, 눈에 보이는 그 빨간 피가 어떻게 우리를 구원할 수가 있겠는가? 성경에서의 피는 언약의 말씀이다. 또한 "증거하는 이는 성령이시니 성령은 진리니라. 증거하는 이가 셋이니 성령과 물과 피라. 또한 이 셋이 합하여 하나이니라"(요일5:7~8)의 말씀처럼 성령은 진리이며 물이며, 이 물은 피며, 피는 약속의 말씀[98]이다. 역사적인 예수가 십자가에 돌아가실 때 흘린 그 피는 그림자이며, 그 피의 실체인 언약의 말씀이 지금 현재 내 안에서 이루어짐으로 말미암아 나를 죄에서 구원하실 수가 있다. 그 언약의 말씀이 예수 그리스도이시며 "너희는 내가 일러준 말로 이미 깨끗하였으니"(요15:3)라고 말씀하시기 때문이다. 그 언약의 말씀[99]이 정과 욕심으로 향하고 있는 나를 깨닫게 하고 하나님과 함께한 상태라야 비로소 나는 매 순간 순간 깨끗해질 수 있다. 그 내적 기쁨이 충만한 상태가 죄와 사망의 법에서 해방되어진 것이다.

"죄사함을 얻게 하는 회개가 예루살렘으로부터 시작된다"(눅24:47)고 하면서 예루살렘을 떠나지 말라고 당부하시는 주님의 말씀대로라면 우리는 어떻게 해야 하는가?

"일하는 자에게는 삯(상)을 은혜로 여기지 않고 빚으로 여기거니와"(롬4:4) 라는 말씀처럼 그리고 사도바울의 "내가 빚진 자로다"의 고백처럼 진정한 죄 사함의 시작은 값없이 거져 받은 은혜[100]로부터 시작된다. 은혜에 빚진 것을 아는 자[101]만이 그 빚을 갚으려고 몸부림칠 것이다.

---

98 • "이것은 죄 사함을 얻게 하려고 많은 사람을 위하여 흘리는바 나의 피 곧 언약의 피라"(마26:28).
99 • 내 안에서 생명의 말씀으로 말미암아 깨닫게 되어서 성취된 말씀.
100 • "하나님이 세상을 이처럼 사랑하사 독생자(예수그리스도=생명)를 주셨으니"(요3:16).

"볼지어다. 내가 내 아버지의 약속하신 것을[102] 너희에게 보내리니 너희는 위로부터 능력을 입히울 때까지 이 성에 유하라 하시니라"(눅24:49)에서 위로부터 능력을 입히울 때까지란 아버지께서 우리에게 약속하신 "보혜사 성령"(요14:26)이 임할 때까지를 말한다.

"예루살렘아 예루살렘아 선지자들을 죽이고 네게 파송된 자들을 돌로 치는 자여. 암탉이 그 새끼를 날개 아래 모음 같이 내가 네 자녀를 모으려 한 일이 몇 번이냐 그러나 너희가 원치 아니하였도다"(마23:37)에서 예루살렘이라는 지명의 뜻은 '평화의 터전'으로, 그분을 모신 나의 심령 성전을 말한다. 그런데 이 예루살렘인 너희들이 "아버지께서 보내신 선지자의 말씀을 영접치 않고, 암탉이신 그분을 우리가 원하지 않아서 함께할 수 없었다"고 말씀하신다.

내 안에 생명의 말씀(그리스도 예수)이 거하고, 그 말씀 안에 내가 거하고 있어야 약속하신 보혜사를 받을 수 있다. 보혜사 성령을 받아야 아버지와 아들을 자세히 알고, 아버지와 아들의 관계성을 정확히 알기 때문에 아들을 증거할 수 있으며, 은혜의 빚을 탕감할 수 있는 아버지의 일을 하게 된다.

---

101 • 그리스도 예수로 말미암아 현재 죽은 자의 상태에서 부활을 경험하여 새 생명을 얻은 자이다.

102 • "사도와 같이 모이사 저희에게 분부하여 가라사대 예루살렘을 떠나지 말고 네게 들은 바 아버지의 약속하신 것을 기다리라"(행1:4); "그가 약속하신 성령을 아버지께 받아서"(행2:33).

주의 이름을 부르는 자

어떤 자가 주의 이름을 부르는 자인가?

"누구든지 주의 이름을 부르는 자는 구원을 얻으리라"(롬10:13). 주의 이름을 '예수'라 했기 때문에 우리가 "예수님! 예수님!", "주여! 주여!"라고만 하면 구원을 얻을 수 있는가? 그러나 예수님의 이름은 따로 있다. "아들을 낳으리니 이름을 **예수**라 하라. 이는 그가 **자기 백성을 저희 죄에서 구원할 자**이심이라"(마1:21). 그렇다. 그 아들 예수로 말미암아 자기의 죄에서 구원을 받은 자만 그의 이름을 부를 수 있다. 자기의 죄에서 구원을 받은 자는 가만히 있어도 주의 이름을 부르고 있다. 구원을 받은 자의 삶 자체가 그분의 이름을 부르고 있는 상태이다. 자기의 죄에서 구원을 받지 못한 자는 쉬지 않고 주의 이름을 불러도 구원하고는 관계가 없다. 도대체 자기의 죄는 무엇인가?

"그리스도 예수의 사람들은 육체와 함께 그 정과 욕심을 십자가에 못 박았다"(갈5:24)는 말씀처럼 당신은 당신의 육체와 함께 정과 욕심을 십자가에 못 박았는가? 아니면 길흉화복을 위해서 예수의 이름을 부르고 있는가? 또는 육적인 욕심이 아니더라도, 죽어서 천국에 가기 위해서 주의 이름을 부르고 있는 것은 아닌가? 이것 또한 종교적 욕심이다. 이런 내적인 상태가 어찌 죄와의 관계가 해결되었다고 할 수 있겠는가?

이렇게 욕심 아래 있는 자들은 주의 이름이 무엇인 줄 모른다. 그래서 그냥 입으로 "주여! 예수여!"라고 부르기만 하면, 주의 이름을 부르는 줄로 착각하고 있다. 이런 상태에 있다면, 더더욱 '임마누엘' 예수님을 어찌 알 수 있겠는가? "보라. 처녀가 잉태하여 아들을 낳을 것이요, 그 이름을 **임마누엘**이라 하리라 하셨으니 이를 번역한즉 **하나님이 우리와 함께 계시다** 함이요"(마1:23). 그렇다. 아직까지 죄, 욕심과의 관계성이나, '무엇을 먹을까? 무엇을 마실까? 무엇을 입을까?' 를 모르기 때문에, 아들 예수와의 만남도 이루어지지 못한 차원에서 아버지 하나님을 어찌 알 수가 있겠는가?

그래서 "나로 말미암지 않고는 아버지께로 올 자가 없다"(요14:6)고 하신다. 그렇다. 먼저 아들 예수를 영접하여 자기의 죄, 정과 욕심의 문제를 해결해야 한다. 그리고 기복주의 예수, 무당주의 예수에서 벗어나야 한다. 당신의 유대 성전이 돌 위에 돌 하나 남김없이 다 무너져야 한다. 예수와 하나님을 믿어서 '내가 어떻게 되어져야겠다' 는 생각은 다 무너져야 한다. 그래야 당신 안에서 기다리고 계시는 그리스도 예수를 만날 수 있고 그리스도 예수와 한 몸을 이룰 수 있다.

이름이라는 헬라어는 **'동침하다'** 라는 단어에서 온 말이다. 그래서 주의 이름을 부르는 자는 이미 그 아들과 함께 동침하여 **한 몸, 한 떡, 한 영**이 되어진 상태이다. 그래서 "남자가 부모를 떠나 그 아내와 합하여 둘이 한 몸을 이루게"(창2:24) 된다. 이런 자는 죄와의 관계성에서 끊어졌으므로 부끄러움을 모른다. "아담과 그 아내 두 사람이 벌거벗었으나 부끄러워 아니하니라"(창2:25) 그러나 오늘날 자칭 라오디게아 교인들에게는 "나는 부자라 부요하여 부족한 것이 없다 하나, 네가 곤고한 것과 가난한 것과 눈 먼 것과 벌거벗은 것을 알지 못한다"(계3:17)고 말씀하신다.

"나는 이미 구원받았다. 천국 백성이다"라고 자긍하는 자들이여! 지금 당신이 이렇게 부요하다고 생각한다면, 당신은 분명 라오디게아 교인이다. 라오디게아 교인에게는 "흰 옷(그리스도로 덧입어라)을 사서 벌거벗은 수치를 보이지 않게 하고 속히 안약을 사서 눈에 발라 보게 하라"

(계3:18)고 하신다. 그런데 이런 상태에 있는 자들이 더욱 안타까운 것은 안약[103]이 무엇인지를 알지 못한다는 사실이다.

"너희가 안다고 하니 그저 죄가 있도다. 너희가 본다고 하니 그저 죄가 있도다. 차라리 너희가 소경 되었더라면 죄가 없으려니와"(요9:41).

---

103 • 소경 된 자(교만한 자=예수를 잘 믿는다고 하는 자칭 안다는 자)들이 눈을 뜬 것은 "생명과의 말씀"으로 예수 그리스도의 실체를 제대로 알았기 때문이다. 그러므로 안약은 생명의 말씀, 즉 예수 그리스도이다.

당신은 저 구름 속에 있는 무지개를 보았는가!

하나님께서 무지개를 구름 속에 감추어 두셨다. 그렇기 때문에 구름 속으로 들어가지 아니하면 그 무지개를 볼 수가 없다. "내가 내 무지개를 구름 속에 두었나니 이것이 나의 세상과의 **언약의 증거**니라"(창9:13). 그렇다. 하나님은 언약의 증거를 저 구름 속에 감추어 두셨다. 그러기에 우리가 '언약의 증거'인 **무지개**를 만나려면 먼저 구름부터 만나야 한다. 그러면 저 구름은 누구인가? "우리에게 구름같이 둘러싼 허다한 증인들이 있으니"(히12:1)라는 말씀에서 '구름'은 **증거를 가진 증인들**이다. 그러면 이 언약의 증거인 무지개를 가진 증인들, 구름들은 언제 나타나는가?

"이 말씀을 마치시고 저희 보는데서 올리워 가시니 구름이 저를 가리워 보이지 않게 하더라. 갈릴리 사람들아 어찌하여 하늘을 쳐다보느냐 너희 가운데서 하늘로 올리우신 이 예수는 하늘로 가심을 본 그대로 오시리라"(행1:9). 그렇다. 예수께서 육체를 벗으시고 본체이신 부활의 그리스도 영으로 제자들에게 나타나셨고, 사십일 동안 많은 것을 가르치신 후에 제자들이 보는 가운데서 하늘로 올리워 가셨다. 다시 말해서 부활의 그리스도는 당신의 구름들인 증인들 안으로 들어가셨다. 그래서 주님은 증인들을 통해서 땅에 비를 내리신다. 땅에 물을 내리신다.

"증거하는 이가 셋이니 성령과 물과 피라. 또한 이 셋이 합하여 하나이니라"(요일5:8). "이는 물과 피로 임하신 자니 곧 예수 그리스도시라"

(요일5:6).

위 구절에서 육신의 예수는 우리들의 시각적인 눈으로 볼 수 있지만, 부활의 그리스도이신 예수는 시각적인 눈으로는 볼 수 없다. 이 시각적인 눈이 바로 우리들의 감상적인 생각을 말한다. 그러므로 그리스도 예수는 구름(증인)을 타고 오시기 때문에, 영적인 눈으로 보아야 알 수 있다.

"그때에 인자가 구름을 타고 큰 권능과 영광으로 오는 것을 사람들이 보리라"(막13:26)고 하시는데, 구름을 타고 오시는 인자를 볼 수 있는 사람은 적어도 정과 욕심을 십자가에 못 박고, 죄와의 관계성이 완전히 해결되어야 한다. 그러므로 죄가 해결되지 않은 짐승 차원인 자들은 볼 수가 없다.

"그 성은 영적으로 하면 소돔이라고도 하고 애굽이라고도 하니 곧 저희 주께서 십자가에 못 박히신 곳이라"(계11:8)의 말씀처럼 우리의 죄를 위해 골고다 언덕에서 주님이 십자가에 못 박히셨다고 알고 있다면 당신은 영원히 구름 타고 오시는 인자를 볼 수도, 만날 수도 없다. 또한 그 속에 숨겨진 무지개는 영원히 만날 수 없다. 그냥 나의 의지대로, 내 믿음대로, 나의 신앙으로 달려가는 것이다. 목숨이 끝나는 그 순간까지, 열심을 다해서…….

나의 감정적 차원과 영의 차원을 정확하게 분별되어진 자라야 영안이 열려져서 이 말을 들을 수 있다. 아직까지 구름이라면 저 먼 하늘의 구름을 생각하고, 하늘이라면 저 푸른 창공을 바라보고, 비라면 공중에서 떨어지는 물방울로만 생각하는 사람들은 알 수가 없다. 또한 성령의 역사라고 하면 무당들의 신 내림처럼 생각하면서 자기 최면에 도취하는 사람들도 마찬가지이다.

아직까지 예수를 믿는 이유가 구원받아서 천국 가고, 이 땅에 살면서 잘 먹고 잘살기 위해 믿는 교인들아! 인자가 구름을 타고 오시는데 왜 그 인자를 만나기 위해 이 교회 저 교회, 이 목사 저 목사, 이 산 저 산을 찾아 헤매고 다니는가! 방황하지 말고 인자가 타고 오시는 구름을 찾아야 하지 않겠는가! 그러면 그 구름 속에 감추어 두신 하나님의 무지개도 만날 수 있다.

서서 하늘만 쳐다보는 갈릴리 사람들아! 하늘에 이상한 구름만 떠 있어도 난리를 일으키는 이방인들아! 구름을 타고 오시는 인자를 영접하려면 어떻게 해야 하는가? 인자는 하늘로 올리워 가심을 본 그대로 오신다. 먼저, 그리스도 예수가 올리워 가심이 어떤 상태인지 알아야 한다. 그래야만 인자의 오심도 알 수 있다. 또한 인자가 하늘로 올리워 가실 때, 어떤 구름 속으로 올리워 가신지를 정확하게 아는 자만이 구름을 타고 오시는 그 인자를 영접할 수가 있다. 그 인자를 영접한 자만이 하나님께서 우리에게 세우신 그 **언약의 무지개**를 만날 수 있다.

"너희가 소경되었더면 죄 없으려니와 본다 하니 너희 죄가 그저 있느니라"(요9:41). "저희가 보아도 보지 못하며, 들어도 듣지 못하며 깨닫지 못함이니라"(마13:13). "바리새인들이 하나님의 나라가 어느 때 임하나이까 묻거늘 예수께서 대답하여 가라사대 하나님의 나라는 볼 수 있게 임하는 것이 아니요, 또 여기 있다 저기 있다고도 못하리니 하나님의 나라는 너희 안에 있느니라"(눅17:20~21).

눈으로 보기를 원하는 바리새인들이여! 인자의 임함도 눈으로 볼 수 있게 임하는 것이 아니다. 그러니까 갈릴리 사람들이여! 갈릴리 교회 교인들이여! 오늘도 성령 강림 받으려고 이 산 저 산 헤매지 말고, 먼 하늘 구름만 쳐다보지 말고, 당신의 광야 빈 들 속에서 외치고 있는 세례요한의 음성을 들어야 한다. "회개하라. 천국이 가까왔느니라"(마3:1)고 외치는 그의 음성을 들을 줄 알아야 깨어날 수가 있다. 자고하거나, 오만하지

말아야 한다. 겸손한 마음으로 '내가 무엇을 회개해야 하는가?' 를 묵상
해야 한다.

어머니와 아버지가 없는 아이가 '고아' 다. 그렇다. 누가 고아란 말을 모르겠는가! 이 고아들은 꼭 사회 보장 제도만이 책임을 져야 할 것이 아니라, 너와 내가 따로 없이 부모의 심정이 있다면 자기 힘닿는 데까지 돌보아주어야 할 것이다. 그러나 성경은 이런 육적인 부모가 없는 아이를 고아라 하지 아니하고, 영적인 부모가 없는 상태를 고아라고 말한다.

"내가 너희를 고아와 같이 버려두지 아니하고 너희에게로 오리라"(요 14:18) 이때에 '너희들' 이란 예수님을 따르던 '제자들' 을 말한다. 이 당시 제자들이 육적인 부모가 없는 고아들인가? 아니다. 영적으로 고아의 상태라는 말이다. 즉, 성경이 말하는 영적인 '고아' 의 상태란 '육신의 예수' 를 쫓다가 갈릴리(이방인의 상태)에서 죽은 자[104] 안에서 먼저 살아나신 '그리스도 예수' 를 만나고, 그 부활의 그리스도 예수와 함께 사십 일을 살던 제자들이, 그분이 "내가 아버지께로 간다. 그리고 내가 아버지께로 가서 아버지께 구하여 다른 보혜사 즉 진리의 영을 너희에게 주시리라"(요14:16)고 하시면서 아버지께로 가시면, 그 순간부터 제자들은 고아의 상태가 된다. 다시 말해서, 아버지의 영이신 **진리의 영이 오시기 전의 상태**를 말한다. 그러므로 이 고아의 상태는 영적으로 엄청난 수준

---

104 • "네가 살았다 하는 이름은 가졌으나 죽은 자로다"(계3:1). 목숨은 있으나 생명(예수 그리스도)을 영접치 않은 자를 말한다.

이라고 말할 수 있다.

　오늘날 이 정도 차원의 교인이 얼마나 되겠는가? 오늘날 교회의 교인들이 이 정도 수준의 영적인 고아라면 크리스마스 날이나 연말연시에 고아원의 문턱이 닳아지는 사례가 일어나지 아니할 것이요, 고아원에 있는 부모 없는 고아들이 "또 왔어. 또 사진 찍어야 돼"라고 하는 그 아이들의 마음의 고통을 알아줄 것이다. 성경에 있는 "오른손이 하는 것을 왼손이 모르게 하라"(마6:3)는 말을 마음대로 해석하여 인용은 하면서도 왜들 그렇게 생색을 내는가! 그러고도 당신들이 육적인 고아들을 돌보아주고 구제한다는 영적인 고아들인가! 한 수 더해서 선한 일을 하는 선한 자들인가!

나는 과부인가?

당신은 이 구절을 묵상해본 적이 있는가?

"남편 있는 여인이 그 남편 생전에는 법으로 그에게 매인 바 되나 만일 그 남편이 죽으면 남편의 법에서 벗어났느니라. 그러므로 만일 그 남편 생전에 다른 남자에게 가면 음부라 이르되 남편이 죽으면 그 법에서 자유케 되나니 다른 남자에게 갈지라도 음부가 되지 아니하느니라. 그러므로 형제들아 너희도 그리스도의 몸으로 말미암아 율법에 대하여 죽음을 당하였으니 이는 다른 이 곧 죽은 자 가운데서 살아나신 이에게 가서 우리로 하나님을 위하여 열매를 맺게 하려 함이니라! 우리가 육신에 있을 때에는 율법으로 말미암는 죄의 정욕이 우리 지체 중에 역사하여 우리도 사망을 위하여 열매를 맺게 하였더니, 이제는 우리가 얽매였던 것에 대하여 죽었으므로 율법에서 벗어났으니 이러므로 우리가 영의 새로운 것으로 섬길 것이요, 의문의 묵은 것으로 아니할찌니라"(롬 7:2~6).

로마서 7장에서 말씀하듯이 **남편**이란 육신의 결혼을 한 남편을 말하는 것이 아니라 어떤 **법**을 말한다. 우리가 율법 아래 있을 동안에는 그 율법의 남편을 따르며 섬겼다. 그때 그 율법은 나에게 남편이 되는 것이다. 이 율법의 남편은 내가 육신에 있을 때에는 죄의 정과 욕심으로 의문에 묵은 것을 모르면서도 섬겼다. 오늘날에도 **율법의 남편**을 죄의 정욕으로 섬기는 교인들이 너무나 많다. 지금은 **은혜법** 아래 있다고 하면서도 은혜법을 알지 못하니까 옛 남편인 율법의 남편을 섬기면서 육신의 모든 것들을 해결해달라고 한다. 그래서 오늘도 각 교회마다, 이 산, 저 산의 기도원마다 목이 쉬도록 외쳐대는 육적인 교인들이 얼마나 많은가?

이렇게 율법의 남편에게 아직 매어 있는 자들은 속히 선한 선지자를 만나서 그 율법의 남편과 사별해야 한다. 그 율법의 남편은 내가 평생 섬길 남편이 아니다. 그 율법의 남편은 참신랑이신 그리스도께서 오시기 전의 예비 신랑이다. 그래서 "믿음이 오기 전에는 우리가 율법 아래 매인 바 되고 …… 그 율법이 우리를 그리스도에게로 인도하는 몽학선생이 되어……"(갈3:23~24)라고 했다. 그렇다. 우리가 율법의 남편을 섬기고 있을 때는 "내가 믿습니다"라고 수없이 외쳤지만, 그때는 아직 믿음이 오기 전이다. 이렇게 우리가 "믿음이 오기 전"(갈3:23)과 "믿음이 온 후"(갈3:25)를 분별할 줄 모르는 그런 믿음 아래 있었다. 이런 상태에서 속히 율법의 남편과 사별하고, 은혜법의 남편과 혼인해야 한다. 이때에 전 남편인 율법의 남편과 사별하면 그때가 바로 전 남편이 죽은 '과부'가 되는 것이다. 이렇게 율법의 남편과 바로 사별하고 그리스도의 새신랑을 갓 만난 상태를 **"젊은 과부"**(딤전5:11)라고 부른다.

그 전 남편인 율법의 남편이 죽을 때는 그리스도의 새신랑이 이미 오셨다는 사실이다. 이렇게 그리스도의 새신랑을 맞이하면, 그리스도를 영접하는 은혜를 입었다고 자고해서는 안 된다. 그래서 "젊은 과부는 거절하라. 이는 정욕으로 그리스도를 배반할 때에 시집가고자 함이니 처음 믿음을 저버렸으므로 심판을 받느니라"(딤전5:11~12)고 말씀하신다. 이와 같이 '믿음이 왔다. 믿음이 임했다' 고 해도 그 믿음을 또 저버릴 수 있다는 사실이다. 그래서 장로들의 유전에 의한 "한 번 받은 성령(은혜)은 소멸치 않는다"라는 말은 잘못된 것이다.

이렇게 젊은 과부가 되었으면 자고하지 말고 **"참과부"**(딤전5:3)가 되어져야 한다. 사도바울도 "내가 이미 얻었다 함도 아니요, 온전히 이루었다함도 아니"라고[105] 하시지 아니했는가! 우리들은 먼저 '젊은 과부'가 되고 곧 '늙은 과부(참과부)'가 되어져서 부모(하나님)에게 효[106]를 행하여 하나님께 보답하며 그분으로부터 "참과부인 과부를 경대하라"(딤전5:3)는 말씀을 믿을지어다!

---

105 • "내가 이미 얻었다 함도 아니요 온전히 이루었다 함도 아니라 오직 내가 그리스도 예수께 잡힌 바 된 그것을 잡으려고 좇아가노라. 형제들아 나는 아직 내가 잡은 줄로 여기지 아니하고 오직 한 일, 즉 뒤에 있는 것은 잊어버리고 앞에 있는 것을 잡으려고 푯대를 향하여 그리스도 예수 안에서 하나님이 위에서 부르신 부름의 상을 위하여 좇아가노라"(빌3:12~14).
106 • 은혜의 빚 탕감은 곧 형제를 사랑하는 것이다. 너와 내가 하나이므로……

간음한 여인 Ⅱ

성경에서 말하는 간음이란 육체적인 간음이 아니다. 육체적인 간음은 윤리 도덕적으로 용서할 수 없는 일이다. 그러나 성경에서의 간음은 앞에서 말한 바와 같이 전 남편이 살아 있는 동안에 다른 남편을 또 섬기는 것이며, 그자가 바로 음부인 것이다. 아직 **율법의 남편**을 섬기고 있으면서 **그리스도의 신랑**을 섬기는 여자가 바로 **간음한 여자**이다. 쉽게 말하면, 내가 아직 율법에 묶여 있으면서 율법도 지키고 은혜법도 따르는, 두 법을 함께 지키는 그런 상태의 교인들을 말한다.

예를 들면 십일조 헌금은 물질의 십일조인 구약의 율법을 따르고, 구원은 은혜법인 그리스도를 영접함으로 구원받는다고 하는 두 법을 함께 섬긴다. 율법 아래 있다는 것은 아직 죄에 속해 있고, 아직 육신 아래 있다는 것이다. 육신 아래 있다는 것은 아직 세상에 속해 있다는 것이다. 이렇게 세상에 속해 있기 때문에 세상의 것들만 구한다. 그러면서도 은혜법으로 그리스도 성령을 영접해서 "믿습니다" 하여 구원은 받았다고 한다.

"간음하는 여자들이여 세상과 벗된 것이 하나님의 원수임을 알지 못하느뇨. 그런즉 누구든지 세상과 벗이 되고자 하는 자는 스스로 하나님과 원수 되게 하는 것이니라"(약4:4).

"육신의 생각은 하나님과 원수가 되나니 이는 하나님의 법에 굴복치 아니할 뿐 아니라 할 수도 없음이라"(롬8:7).

"썩는 양식을 위하여 일하지 말고 영생하도록 있는 양식[107]을 위하여 하라"(요6:27).

"썩어지지 아니하는 하나님의 영광을 썩어질 사람과 금수와 버러지 형상의 우상으로 바꾸었느니라"(롬1:23).

이렇듯, 너희 속에 하나님의 영이 거하시면 썩어 없어질 육신의 것들을 구하지 아니할 것[108] 이다.

세상과 벗 된 간음한 교인들이여! 세상의 것들을 구하지 말고 "너희는 먼저 그 나라와 그 의를 구하라. 그리하면 모든 것을 더 하시리라"(마6:33)는 말씀대로 하면 당신이 원하는 모든 것, 즉 생명이신 그리스도와 영생이신 하나님을 차고 넘치게 부어주리라.

교인들이여! 순서가 바뀌었다. "자기 목숨을 얻는 자는 잃을 것이요, 나를 위하여 자기 목숨을 잃는 자는 얻으리라"(마10:39).

세상과 벗된 교인들이여! 육신의 생각을 하는 **겉사람**의 목숨을 얻고자 하여 주님을 찾았는가? 당신은 그 목숨을 얻고자 하는 욕심이 있는 한 주님을 만날 수가 없다.

---

107 • "썩은 양식을 위하여 일하지 말고 영생하도록 있는 양식을 위하여 하라. 이 양식은 인자가 너희에게 주리니 인자는 아버지 하나님의 인치신 자니라"(요6:27).

108 • "만일 너희 속에 하나님의 영이 거하시면 너희가 육신에 있지 아니하고 영에 있나니 누구든지 그리스도의 영이 없으면 그리스도의 사람이 아니라"(롬8:9).

경건함이란?

경건함의 국어적 개념은 "공경하는 마음으로 삼가 조심함"이라고 되어 있다. 이렇게 내 행위를 조심하는 데 관점을 두다보니까 종교 안에서는, 특히 성직자들에게는 그야말로 행동과 말을 천천히 하며 절대 화를 내지 않는 등 모든 행동을 경거망동하게 하지 않는 것을 말한다. 어떻게 보면 좀 위선적인 행동과 언행을 하며, 또는 그렇게 보이려고 하는 것을 우리는 '경건하다'라고 표현한다. 겉모습만 경건한 자는 모두가 율법 아래 묶인 자들이다. 속지 말라!

그러나 성경에서 가르치는 경건의 정의는 다르다. 야고보 사도는 "하나님 아버지 앞에서 정결하고 더러움이 없는 **경건**은 곧 **고아와 과부를 그 환난**[109] **중에 돌아보고 또 자기를 지켜 세속에 물들지 아니하는 이것**이니라"(약1:27)고 말씀하신다. 이와 같이 성경의 경건은 영적인 차원의 고아요, 과부(여기서 과부는 젊은 과부를 말함)를 돌보아주는 것을 말한다. 성경적 고아와 과부는 앞에서 말했듯이 영적인 차원이 높은 상태의 형제를 말한다. 영적으로 형제를 돌봐주는 것은 그 형제의 상태에서 앞으로 일어날 하나님의 일에 대해서 미리 예언(깨달음)을 해주는 것이다. 이것이 바로 형제를 사랑하는 것이다.

---

109 • 환난은 세상 풍파를 말하는 것이 아니고 겉사람(육신의 생각)의 방향성이 강할 때, 즉 속사람을 바로 세우지 못했을 때를 말한다.

다시 말해서 성경이 말하는 경건은 '사람의 외적으로 풍기는 모양이 경건하게 보인다' 는 단어의 의미와는 전혀 다른 **하나님의 일**을 하는 것이다. 성경적 하나님의 일은 "하나님의 보낸 자를 믿는 것"(요6:29)이다. 여기서 문제는 "하나님의 보낸 자"가 과연 누구인지 모른다는 것이다. 자칭 성직자들은 모두가 다 하나님께서 보낸 자들이라고 하지 않는가!

해산한 여인은 구원을 얻으리라!

"그러나 여자들이 만일 정절로써 믿음과 사랑과 거룩함에 거하면 그 해산함으로 구원을 얻으리라"(딤전2:15).

우리 교인들은 모두 그리스도 예수를 신랑으로 맞이해야 할 신부들이다. 육체적 성별로는 남자든 여자든 간에 교인들이라면 모두 신부들이라고 말하고 있다. 그렇기 때문에 교회들(신부들)은 그리스도 예수 신랑을 맞이하여 아들(참나)을 해산해야만 한다. 예수 그리스도는 **신부**를 찾으시고 원하고 계신다. 그러나 우리 하나님 아버지는 세상을 사랑하사 세상에 주신 독생자 아들의 신부인 며느리를 원하시는 것이 아니라, 독생자 아들과 만난 신부가 해산한 그 **아들**을 원하신다. 즉 하나님의 아들은 '신부' 인 '교회' 를 찾으시고, 그의 아버지 하나님은 그 교회인 여자가 해산한 '아들' 을 찾으신다.

교회인 신부가 신랑의 아들을 낳는 것을 우리는 '거듭났다', '그리스도를 영접했다' 그리고 "허물로 죽은 우리를 그리스도와 함께 살리셨고 (너희가 은혜로 구원을 얻은 것이라) 또 함께 일으키사 그리스도 예수 안에서 함께 하늘에 앉히시니"(엡2:5~6)라고 말씀하신다. 이런 영적인 상태가 바로 '하늘에 앉힌 상태' 이다. 하늘은 우리가 알고 있는 저 푸른 창공의 하늘이 아니다. 아직 하늘의 개념이 실상의 개념으로 와 닿지 아니하면, 그 여자는 아직 해산을 경험하지 못했거나, 해산의 고통을 맛보지 못한 자이다.

해산한 여자란 신랑을 만나서 아이를 잉태하여 아들을 낳은 자로 그

'아들'이 바로 실상(실체)인 믿음이다. 그래서 "믿음은 바라는 것들의 실상"(히11:1)이라고 말했다. 이것이 바로 참 믿음이다. 그래서 믿음은 "믿습니다"가 아니라 믿어지는 것이고, 능동태가 아니라 수동태이다. 믿음은 믿기가 싫어도 어쩔 수 없이 믿어지는 현실이다. 여자가 아이를 해산하면 그 아이에 대해서 내가 낳지 아니했다고 아무리 부정해봤자 부정해지지 아니하는 현실이요, 실상인 것처럼 이렇게 해산의 사건이 확실해버린 사람은 "이 아이를 내가 낳은 것을 믿습니다"라는 말을 하지 않는다.

"……을 믿습니다", "……을 믿으시기 바랍니다"라는 말은 믿음이 오기 전의 사람들이 하는 말이다. 이것을 '의지적 믿음(자의적 믿음)'이라고 한다. 그러나 믿음이 온 후 믿음을 해산하면, "그 여인은 구원을 얻었다"라고 말씀하신다. 이렇게 구원을 얻어 하늘에 앉은, 하늘에 거하는 자들에 대해 "짐승[110]이 입을 벌려 하나님을 향하여 훼방하되 그의 이름과 그의 장막, 곧 하늘에 거하는 자들을 훼방"(계13:6)한다. 이 구절에서 하늘에 거하는 자들이 바로 해산한 여인들이다.

이렇게 해산한 여인들이 바로 '하나님의 자녀'이다. 하나님의 자녀는 하나님의 일을 하는데 짐승들이 그 일을 훼방한다. 짐승들이 하나님의 일을 훼방한다고 해도 방해받지는 않는다. 덕분에 하나님의 일을 하는 하나님의 자녀들은 더욱 튼튼해진다. "물 없는 구름"(유1:13)들이 하늘을 가렸다고 태양이 떠오르지 아니하는가! 이미 태양도 어제부터 중천에 그대로 떠 있었다.

---

110 • 내 안의 육신의 생각과 정과 욕심에 사로잡힌 겉사람이다.

'무엇이든지' 원하는 대로 구하라, 그리하면 이루리라!

당신은 다음 구절의 **마력**(魔力)에 대해 묵상해본 적이 있는가?

"무엇이든지 원하는 대로 구하라, 그리하면 이루리라"(요15:7).

이 말씀은 배고프고 가난했던 시절에 우리에게 너무나 큰 위안을 주었다. 그렇지 않아도 기복주의와 무격신앙에 젖어 있는 사람들에게는 너무나 잘 맞아떨어진 구절이었다. 그 바람에 기독교란 종교가 한국 땅에 쉽게 정착하며, 교세를 순식간에 확장할 수 있었다. 이런 것이 하나님이 원하시는 방법이겠는가? 아니면 마귀의 방법이겠는가? 하나님은 물론 마귀들을 부리시고 사용하시지만, 이렇게 말씀을 제하여 버린다든지, 말씀에 없는 토씨 하나라도 더 보태어 사용하는 일은 결코 하시지 않는다. 왜냐하면 하나님께서 이런 일이 일어날 것을 먼저 아시고 "너희는 내 말을 너희 의미대로 더하거나 빼지 말라"[111]고 하셨다.

"무엇이든지 원하는 대로 구하라, 그리하면 이루리라"(요15:7). 여기에서 "무엇이든지"를 구할 수 있는 영적 상태는 **보혜사 성령**을 영접한 경우이다. 보혜사 성령을 영접하기 위해서는 제자들이 **예수 그리스도**를 만나 죄를 해결하고, **부활의 그리스도**를 만나 경배하고, 이 부활의 그리스도가 사십 일 동안 제자들과 함께 계시면서 많은 것을 보여주셨다. 그

---

111 • "내가 이 책의 예언의 말씀을 듣는 각인에게 증거하노니 만일 누구든지 이것들 외에 더하면 하나님이 이 책에 기록된 재앙들을 그에게 더하실 터이요, 만일 누구든지 이 책의 예언의 말씀에서 제하여 버리면 하나님이 이 책에 기록된 생명나무와 및 거룩한 성에 참여함을 제하여 버리시리라"(계22:18~19).

후에 예수는 "조금 있으면 내가 아버지께로 간다"(요14:2) 고 말씀하셨다. 왜 가시는가 하면 "너희들의 처소를 예비하러"[112] 가신 것이다. 그러니까 "너희들이 그것을 알면 기뻐하리라!" 하시면서 제자들에게 "너희를 고아와 같이 버려두지 아니하고 내가 다시 오겠다"(요14:18)라고 하셨다.

이렇게 **진리의 영**으로 제자들에게 다시 오시므로 제자들은 "내가 아버지 안에, 너희가 내 안에, 내가 너희 안에"인 "그날"(요14:20)이 되어진다. 이런 상태가 바로 "내 말이 너희 안에 거하"는 상태다. 이렇게 엄청난 영적인 수준이 되어져야 우리가 필요한 세상의 것 '무엇이든지'가 아닌 단수 '무엇(아들, 생명)'을 구하는 자가 된다. 하나님은 단수 '무엇'을 구하는 자를 찾으시고 '무엇이든지'를 구하는 자는 원치 아니하신다.

여기서 가장 문제가 되는 것은 너희들이 "무엇이든지(원문에는 단수로 되어 있다: 무엇을) 원하는 대로 구하라. 그리하면 이루리라!"고 하신 말씀 앞에 분명히 **단서**[113]가 있다. 이 단서가 너무나 중요하다. 이 사실을 빼어버리고 뒷부분만 마음대로 사용했다는 것은 바로 거짓 선지자들이 하나님 무서운 줄 모르고, 말씀을 자기 유익대로 사용하는 **성령 훼방죄**[114]를 저지른 꼴이다. 하나님은 말씀이시고, 성령이므로 성령 훼방죄는 말씀 훼방죄이다. 결국, 성령 훼방죄란 거짓 선지자들이 하나님의 말씀을 바르게 전달하지 않는 것을 말한다.

가장 중요한 부분은 "너희가 내 안에 거하고 내 말이 너희 안에 거하

---

112 • "내 아버지 집에 거할 곳이 많도다. 그렇지 않으면 너희에게 일렀으리라 내가 너희를 위하여 처소를 예비하러 가노니"(요14:2).

113 • "너희가 내 안에 거하고 내 말이 너희 안에 거하면 무엇이든지 원하는 대로 구하라 그리하면 이루리라"(요15:7).

114 • "사람의 모든 죄와 훼방은 사하심을 얻되 성령을 훼방하는 것은 사하심을 얻지 못하겠고"(마12:31); "성령은 진리니라"(요일5:7); "아버지의 말씀은 진리니이다"(요17:17). 즉 성령은 진리이며 아버지의 말씀이다.

면"(요15:7)이다. 이 말씀은 어떤 영적인 수준인가? 이 영적 차원은 앞에서 말한 바와 같이 부활의 그리스도를 만난 후 **그날**이 되어져진 것을 말한다. 이 상태가 바로 **"너희가 내 안에 거하고 내 말이 너희 안에 거하면"**인 것이다. 이렇게 엄청난 영적인 수준이 되어져야 세상인 우리들이 원하는 물질, 명예, 권력 등이 아닌 단수 **무엇**(아들, 생명)을 구하는 자가 된다. "그 날에는 너희가 아무것도 내게 묻지 아니하리라. 내가 진실로 진실로 너희에게 이르노니 너희가 무엇을 아버지께 구하는 것을 내 이름 안에서 주시리라. 지금까지는 너희가 내 이름 안에서 아무것도 구하지 아니하였으나 구하라. 그리하면 받으리니 너희 기쁨이 충만하리라"(요16:23~24). 여기서 중요한 것은 '그날' 과 '내 이름(알다) 안에서' 이다. '그날' 이 되어지고 '내 이름 안에서' 구하는 자들은 세상의 것을 구하지 않는다.

세상의 것은 세상 권세를 가진 '마귀' 에게 구하라. 하나님께서 '세상 임금' 에게 모든 세상 권세를 이미 창세기에서 다 주셨다. 에덴동산에서 하나님이 아담에게 세상을 다스리고 정복할 권세를 주셨건만, '뱀' 의 유혹에 빠져 선악과를 먹는 순간 그 권세를 뱀에게 빼앗겨버렸다. 그때부터 옛 뱀, 용, 사단, 마귀의 종이 되어버렸다. "진 자는 이긴 자의 종이 됨이니라"(벧후2:19)고 하셨듯이 그 종은 자기 주인인 **마귀 하나님**을 참 하나님으로 알고 섬기고 있다. 그 마귀 하나님을 섬기는 죄의 종들(선악과의 종들)은 오늘도 성경을 볼 때 "우맹이요, 소경"(마23:17)[115]이 되어 "무엇이든지 원하는 대로 구하라 그리하면 이루리라!"고 가르치는 "소경된 인도자"(마23:24)를 따른다. 그리고 "주시옵소서"만 연발하면서 세상의 모든 것들을 다 구하고 있다.

---

115 • "소경이 소경을 인도하는 자로다. 만일 소경이 되어 소경을 인도하면 둘이 다 구덩이에 빠지리라"(마15:14). 여기서 '구덩이=지옥=화' 를 안고 사는 목숨의 삶은 '혼돈, 혼미한 심령' , 즉 '모른다' 의 상태이다.

'선악과' 와 '생명과'

선악을 알게 하는 열매는 선악과요, 생명을 알게 하는 열매는 생명과라! 하나님께서는 에덴동산 가운데에 생명나무와 선악을 알게 하는 두 나무를 두셨다.[116] 그런데 '가운데', '중앙', '중심' 은 **한 군데**이지 여러 군데가 아니다. 그러니까 생명과와 선악과는 둘이 아니라 **하나**이다. 그런데 우리가 하나의 관점으로 이루어진 성경을 육신의 생각으로 보면 모든 말씀이 기복으로 보이고, 영의 눈으로 보면 하늘의 뜻으로 깨닫게 된다. 그래서 성경을 선악과적 차원으로 해석해서 그 말씀을 먹으면 "정녕 죽는다" 는 말이다.

그러면 말씀에 대해 살펴보면, 과(果)는 씨요, "씨는 하나님의 말씀이다" (눅8:11). 아직까지 선악과를 아담의 사과(Adam's Apple)이라고 생각하면서 성화에서 볼 수 있듯이 에덴동산에서 그 과일을 입으로 먹는 것을 상상한다면, 그 사람은 아직 선악과를 '말씀' 으로 알지 못한 것이다. 이 선악과는 입으로 들어가는 것이 아니요, 심비에 새겨져야 할 말씀이므로 성경을 바르게 깨달아야 읽을 수 있다. 만약 성화에서처럼 선악과를 하와가 입으로 먹었다면, '선악과를 먹으므로 말미암아 죄가 인간에게 전가되었다' 는 **기독교의 죄와는 아무런 관계가 없다.** 왜냐하면 "입으로

---

116 • "여호와 하나님이 그 땅에서 보기에 아름답고 먹기에 좋은 나무가 나게 하시니 동산 가운데에는 생명나무와 선악을 알게 하는 나무도 있더라" (창2:9).

들어가는 모든 것은 배로 들어가서 뒤로 내어 버려지는 줄을 알지 못하느냐”(마15:17)고 했기 때문이다. 이와 같이 에덴동산에서 하와가 선악과를 입으로 먹었다면 오늘날 기독교가 존재할 수 없을 것이다. “입에 들어가는 것이 사람을 더럽게 하는 것이 아니라 **입에서 나오는 그것이 사람을 더럽게 하는 것**”(마15:11)이라고 했기 때문이다.

위에서 말한 바와 같이 선악과와 생명과는 입으로 먹는 것이 아니요, 귀로 듣는 것도 아니요, 심비에 새겨지는 것이다. “씨는 하나님의 말씀”(눅8:11)이요, “뿌리는 자는 하나님의 말씀을 뿌리는 것이라”(막4:14). 이 씨가 밭(땅)[117] 에 뿌려져, 이 땅(너희)이 “먹으면 정녕 죽으리라!” 하신 그 선악의 열매(말씀)를 먹어서 “공허하고 혼돈하며 흑암의 상태”(창1:2)에 있다. 그래서 하나님이 “이 세상을 사랑하사, 흑암에 있는 혼돈하고 공허한 세상들(우리들)을 정돈되게 하시고, 흑암의 상태를 빛(생명)의 상태로 만들겠다”는 말씀이 성경의 창세기 1장 1절부터 요한 계시록 끝까지의 말씀이다.

그래서 성경의 맨 끝인 “주 아멘 예수여 어서 오시옵소서!”(계22:20)가 성경 첫 장의 “태초에 하나님이 천지를 창조하시니라”(창1:1)의 태초인 것이다. 이것을 모르면 “주 하나님이 가라사대 나는 알파와 오메가라. 이제도 있고 전에도 있었고, 장차 올 자요 전능한 자라 하시더라”(계1:8)와 “나는 알파와 오메가요, 처음과 나중이요, 시작과 끝이라”(계22:13)고 하신 그분의 말씀을 어찌 알겠는가! 시작이 끝이요, 끝이 바로 시작인 것을…… 씨는 열매요, 열매는 또한 씨라!

---

117 • “밭은 세상이요”(마13:38). “너희는 하나님의 밭이요”(고전3:9). 즉, 너희는 하나님의 밭이요 세상이며 땅이다.

도적같이 임하시는 주님

주님은 왜 도적같이 임하시는가? 인자는 구름을 타고 오시기 때문에 그 구름을 아는 자는 "주의 날이 밤에 도적같이 이를 줄을 너희 자신이 자세히 앎이라"(살전5:2)와 같이 그 인자의 임하심을 자세히 알고 있다. 그러나 구름을 타고 오시는 인자를 모르는 교인들은 오늘도 저 먼 하늘만 쳐다보면서 "우리 주님은 언제 오시렵니까?" 하면서 그날을 학수고대하고 있다. 그리고 신학교에서도 우리는 '재림의 주님'을 기다려야 한다고 가르치기에 '주님이 재림하셨다' '아니다 우리는 주님의 재림을 기다려야 한다' 라고 격론하고 있다.

주님의 재림을 기다려야 한다는 자들이나, 주님의 재림이 이루어졌다고 논쟁하는 자들의 말을 들어보면 둘 다 소경들임을 알 수 있다. 두 소경이 코끼리를 만지면서, 자신이 만진 부분으로 코끼리의 모습을 격론하는 것과 같다. 왜냐하면 구름을 타고 임하시는 인자는 올리워 가심을 본 그대로 오시기 때문에 구름 속으로 올리워 가신 그 부활의 그리스도 영을 영의 눈으로 보지 못한 자들은, 지금 이 순간 자신의 옆에 와 계셔도 그 주님을 알지 못한다.

엠마오 도상(눅24:13)에서 주님을 만났던 제자(생전에 주님을 따라 다니며 동거 동락했던 제자)들이 어찌하여 부활의 그리스도 영이신 주님을 몰라볼 수 있는가! 그렇다. 부활의 영이신 그 주님은 제자들 수준의 눈으로는 알 수가 없었다. 오늘날도 마찬가지다. 주님을 믿는다고 그렇게 수십 년간 교회 생활을 하면서 "한번 비췸을 맛보고 성령에 참예한 바 되고 하나님의 선한 말씀과 내세의 능력을 맛보고"(히6:4~5) 수준의 눈으로는 저 "구름을 타고 오시는 인자"(계1:7)를 볼 수가 없다. 인자의 임하심은 그야말로 "주의 날이 밤에 도적같이 이를 줄을 앎이라"(살전5:2)이다. 왜냐하면 자칭 '빛의 아들들'이라고 하고 "저희가 평안하다. 안전하다(성령 충만하다)"(살전5:3)면서 주님이 재림하실 때 자신들만은 구원받는다고 생각하고 있다. 하지만 저희들은 모두 어두운 상태에 있기 때문에 구름을 타고 오시는 그 주님을 영접치 못한다.

그러나 영안이 열린 형제들에게는 그 "주의 날이 자세히 알게 임하신다"(살전5:2)고 하신다. 그리하여 그날에는 "내가 아버지 안에, 너희가 내 안에, 내가 너희 안에 있는 것을 너희가 알리라"(요14:20)는 말씀처럼 되어지는 것이다. 이 인자의 임함은 "저는 진리의 영이라. 세상은 능히 저를 받지 못하나니 이는 저를 보지도 못하고 알지도 못함이라. 그러나 너희는 저를 아나니 저는 너희와 함께 거하심이요 또 너희 속에 계시겠음"(요14:17)이라!

여기서 도의 초보에 있는 자들은 의문이 생길 것이다. "하나님이 세상을 이처럼 사랑하사 독생자를 주셨으니 이는 저를 믿는 자마다 멸망치 않고 영생을 얻게 하려 하심"(요3:16)이라고 말씀해놓고서 어찌 이 '진리의 영'을 세상은 능히 저를 받지도 못하고, 보지도 못하고, 알지도 못한다고 하시는가! 사랑의 하나님께서 이게 무슨 말씀인가? 사랑의 하나님이시기에 '그날'은 아무에게나 열어주시지 않는다. 아니, 하나님께서 열어주시지 아니하는 게 아니라 저희들이 성경이 가르쳐주신 대로 따르지 아니하고, 저희 욕심에 이끌려 성경을 마음대로 풀어먹기 때문에, 저희가 소경이 되었다는 것이다. 그러고도 저희는 '안다', '본다.'고 하니 그저 죄가 있을 뿐이라!

이렇게 저 구름을 타고 임하시는 인자를 "볼지어다. 구름을 타고 오시리라. 각인의 눈이 그를 보겠고 그를 찌른 자들도 볼 터이요, 땅에 있는 모든 족속이 그를 인하여 애곡하리니 그러하리라 아멘"(계1:7)이라 하신다. 여기서도 찌른 자들도 본다고 하니 예수님을 창과 못으로 찌른 자들을 말하는 줄 알고 있다면 여전히 소경들이다. 그때 그 당시에 예수님을 찌른 자들은 이미 썩어 눈이 없어진 지가 오래되었다. 그렇다면 그들이 설령 본다고 하더라도 영의 차원으로 본다는 말이다. 그렇다. 그렇게 영의 차원으로 본다면 당신도 이 구절을 읽는 순간 영의 차원으로 이 구절을 깨달아야 한다.

그래서 "구름을 타고 오시라"고 하신 말씀도 저 하늘 저 구름이 아니라 영의 차원으로 깨달아야 할 것이다. 그렇다. 당신은 일평생 주님을 너무너무 사랑만 하고 공경만 했지, 그 주님을 한 번도 찌른 일이 없기 때문에 여기서 '찌른 자들'은 당신과는 아무런 상관없는 자들이라고 생각한다. 그렇기 때문에 "저희는 보아도 보지 못하리라"(마13:13)하신 말씀이 저희에게 응해버려서 보아도 보이지 않게 된다. 그러므로 "믿음은 모든 사람의 것이 아니라"[118]고 하셨던가! 아직도 주님께서 재림하실 때 하늘에서 천군 천사의 나팔소리와 함께 슈퍼맨처럼 구름을 타고 임하시는 꿈을 꾸고 있다면, 또는 그런 환상에 젖어 있다면, 그 꿈속에서 이제는 깨어나시라고 권하고 싶다.

---

118 • "또한 우리를 무리하고 악한 사람들에게서 건지옵소서 하라. 믿음은 모든 사람의 것이 아님이라"(살후3:2); "만일 우리 복음이 가리웠으면 망하는 자들에게 가리운 것이라"(고후4:3); "그런즉 어떠하뇨. 이스라엘이 구하는 그것을 얻지 못하고 오직 택하심을 입은 자가 얻었고 그 남은 자들은 완악하여졌느니라. 기록된 바 하나님이 오늘날까지 저희에게 혼미한 심령과 보지 못할 눈과 듣지 못할 귀를 주셨다 함과 같으니라"(롬11:7~8).

예수님을 찌른 자는 로마 군병들인가? 사도바울인가?

로마 군병들은 무슨 이유로 예수님을 찔렀는가? 성경에는 "그중 한 군병이 창으로 옆구리를 찌르니 곧 피와 물이 나오더라"(요19:34) 라고 전한다.

물과 피에 대한 근거를 다음 장절에서 찾아볼 수 있다.

"사람이 물과 성령으로 나지 아니하면 하나님의 나라에 들어갈 수 없느니라"(요3:5). "물은 예수 그리스도의 부활하심으로 말미암아 이제 너희를 구원하는 표니 곧 세례라. 육체의 더러운 것을 제하여 버림이 아니요, 오직 선한 양심이 하나님을 향하여 찾아가는 것이라"(벧전3:21). "이것은 죄 사함을 얻게 하려고 많은 사람을 위하여 흘리는 바 나의 피 곧 언약의 피니라"(마26:28). "내 살은 참된 양식이요, 내 피는 참된 음료로다"(요6:55). "이는 물과 피로 임하신 자니 곧 예수 그리스도시라. 물로만 아니요, 물과 피로 임하셨고, 증거하시는 이는 성령이시니 성령은 진리니이다. 증거하는 이가 셋이니 성령과 물과 피라 또한 이 셋이 합하여 하나이니라"(요일5:6~8).

즉, 물과 피와 성령은 하나라는 말이다.

우리의 꿈에도 소원은 물과 피와 성령세례를 받는 것이 아니겠는가? 그래서 로마 군병이 예수님을 찌른 것이 아니라, 로마 군병이 찌르기 전에 내가 그분을 찔러야 하지 않겠는가? 내가 만약 로마 군병이 예수님을 찌른 그 모습을 바라보고만 있다면, 그 예수님의 물과 피의 세례는 로마 군병에게 임했을 것이다. 예수님의 세례는 나와는 아무런 관계가 없다.

그렇기 때문에 바울 사도도 율법 아래서 하나님을 너무나 잘 섬기던 시절에 하나님을 참람케 하는 제자들을 가만히 두지 않았다. 그 하나님을 섬기는 제자들을 죽이려고 하나님의 이름으로 다메섹으로 쫓아갔다.

“사울아 사울아 네가 어찌하여 나를 핍박하느냐 하시거늘 대답하되 주여 뉘시오니이까 가라사대 나는 네가 핍박하는 예수라”(행9:4~5). 사울은 자신이 사울일 때에 예수님을 핍박했다. 그때는 이미 예수님이 돌아가신 후였지만, 예수님은 “사울아 사울아 네가 어찌하여 나를 핍박하느냐?”라고 하셨다. 그렇다. 내가 사울일 때, 그 예수는 내가 주님을 핍박할 때까지 나를 기다리신다. 나에게 창에 찔려 물과 성령으로 세례를 주시기 위해서……. 사울은 이렇게 예수를 핍박했기 때문에 물과 피와 성령세례를 받아 바울 사도가 되었다.

우리는 '여자여!' 이다

여자가 성령으로 잉태하여 낳은 아들의 이름이 '예수'다.[119] "여자가 아들을 낳으리니 이는 장차 철장으로 만국을 다스릴 남자라 그 아이를 하나님 앞과 그 보좌 앞으로 올려가더라"(계12:5). 그렇다. 죄사함을 받기 위해서 우리의 구주이신 예수님을 영접하고자 하는 우리들을 예수 신랑을 기다리는 신부들이다. 그러기에 우리는 **여자**이다. 이 여자가 예수 신랑을 만나 성령으로 잉태하여 믿음의 아들을 낳으면, 해산한 여인이 되어 구원을 얻는다.

"여자들이 만일 정절로써 믿음과 사랑과 거룩함에 거하면 그 해산함으로 구원을 얻으리라"(딤전2:15). 또한 "여자가 해산하게 되면 그 때가 이르렀으므로 근심하나 아이를 낳으면 세상에 사람 난 기쁨을 인하여 그 고통을 다시 기억치 아니 하느니라"(요16:21).

그렇다. 성경은 내가 나를 낳는 것을 **거듭났다**라고 말한다.

"사람이 거듭나지 아니하면 하나님의 나라를 볼 수 없느니라"(요3:3). "사람이 물과 성령으로 나지 아니하면 하나님의 나라에 들어갈 수 없느니라. 육으로 난 것은 육이요, 성령으로 난 것은 영이니 내가 너에게 거

119• "이 일을 생각할 때에 주의 사자가 현몽하여 가로되 다윗의 자손 요셉아 네 아내 마리아 데려오기를 무서워 말라. 저에게 잉태된 자는 성령으로 된 것이라. 아들을 낳으리니 이름을 예수라 하라. 이는 그가 자기 백성을 저희 죄에서 구원할 자이심이라 하니라"(마 1:20~21).

듭나야 하겠다 하는 말을 기이히 여기지 말라"(요3:5).

그렇다. 우리 기독교인들은 내가 나를 낳아야만 한다. 그것도 나의 의로 나를 낳으면 안 된다. 물과 성령으로 낳아야 한다. 즉, 예수가 나와 함께 십자가에 죽을 때 물과 피를 흘리셔야 한다. 그래야만 성령으로 태어난 자인 거듭난 '나'가 거듭나기 전의 '나에게' '여자여'라고 '나를' 부를 수 있다. 그래서 **육으로 난 나**와 **영으로 거듭나서 새롭게 태어난 나**가 존재하게 되는 것이다.

그런데 이렇게 영으로 거듭난 '나', 즉 속나는 거듭나기 전에도 내 안에 존재하고 있었다. 이 속나, 참나가 창세전부터 내 속에 존재하고 있었지만 겉나인 정과 욕심이 강해서 속나가 힘을 못 쓰고 있었다. 이런 육성이 강한 상태의 나를 죄 아래 종노릇하고 있었던 시절이라고 성경은 말하고 있다. 또한 나의 소돔, 애굽 시절이라고 한다. 그러므로 애굽을 "주께서 십자가에 못 박히신 곳"(계11:8)이라고 하신다. 그렇다. 나의 정과 욕심을 십자가에 못 박아 시체가 되어진 곳이 바로 나의 애굽이다. 여기서 내 안에 있는 예수와 함께 죽고 다시 태어난 자의 이름을 '예수'라 한다. 2,000년 전에 마리아가 낳은 유대 청년의 이름이 '예수'가 아니다. 그래서 '죽은 자 안에서 부활하신', 즉 나의 애굽에서 죽고 나의 애굽에서 다시 살아나신 것이다. 그러니까 '나의 주님'이 된다.

그렇다. 앞으로 돌아가서 여자가 '아들'을 낳으면 그 여인은 '여자'의 신분에서 **사람**이 되고, 이 사람의 아들을 **인자**라고 부른다. 창세기 여섯째 날의 '사람'을 우리는 '구름' 또는 '증인들'이라고 한다. 이 인자(사람의 아들)가 '그날'에는 구름(증인)을 타고 임하신다. 여자가 아들을 낳으면 그 이름은 '예수'요, 사람이 아들을 낳으면 그 이름은 '인자'라! 예수는 그 여자의 '생명'이요, 인자는 그 사람의 '영생'이다. '생명'은 값없이 거져 주는 '은혜'요, '영생'은 그 은혜의 빚을 갚는 '하나님의 일' 이다. 하나님의 일은 "마지막 날에 다시 살리는 이것"(요6:39)이니라. 그렇다. 산 자를 다시 살리는 일이다. '죽은 자' 를 살리는 것은 아들 **예수의 일**이요, '산 자' 를 다시 살리는 일은 **인자의 일**이다.

여자가 '자기 의' 로 아들을 낳았는데, 성령으로 낳은 줄로 착각하는 여인이 있으니, 그 여인을 성경은 **음녀**라고 부른다. 이 음녀가 "앉은 물은 백성과 무리와 열국과 방언들"(계17:15)이라.

이 음녀가 하는 말 좀 들어보라! "우리가 음란한 데서 나지 아니하였고, 아버지는 한 분뿐이시니 곧 하나님이시도다"(요8:41). 그렇다. 자기들은 음란한 데서 나지 않았고, 출신은 택함 받은 자, 즉 아브람의 자손들이고, 그러기에 자신들이 부르는 "하나님 아버지는 오직 한 분뿐이시다" 라고 말한다. 그런데 예수님은 그들에게 "너희는 너희 '아비 마귀' 에게서 났으니"(요8:44)라고 말씀하고 계신다. 이렇게 '마귀 아비' 를 '하나님 아버지' , '여호와 하나님' 이라고 부르는 자가 '음녀들' 이라고 한다.

이 음녀들이 나아가서 **사람** 노릇하면서 열심히 종교 생활을 한다. 이들이 너무나 열정적으로 종교 생활을 하기 때문에 때로는 상식 이하의 행동을 서슴지 않는다. 그래서 세상 사람들로부터 '예수쟁이들' 이라는 지탄도 많이 받는다. 이들을 성경은 "물 없는 구름들" [120]이라고 한다. 이들은 모두가 자기 몸을 기르는 목자들이지, 양을 지키는 목자가 아니기에 하나님을 경외하고 하나님을 섬긴다고 하지만, 자기중심적인 종교인들이다. 그들의 자칭 양들, 즉 그 무리 안에 있는 백성과 방언과 열국들은 자기 목적을 달성하기 위한 양들이다. 또한 그 음녀들 밑에 있는 양들이라고 착각하고 있는 '염소들' 도 자기 목적을 달성하기 위해 하나님을

---

120 • "저희는 자기 몸을 기르는 목자요, 바람에 불려 가는 물 없는(아닌) 구름이요"(유1:12).

섬기는 자들이다. 모두가 욥과 같은 종교인들이다.

'내가 나의 온 몸과 정성을 다하여 하나님을 섬기고 경외하오니 나의 모든 형편을 다 잘 알고 계시는 하나님께서 내가 원하는 모든 것을 잘 해결해주실 줄 믿습니다' 라고 밤낮으로 기도하는 자칭 기도의 일꾼들이다. 이렇게 열정적인 음녀들이 "여자의 남은 자손 곧 하나님의 계명을 지키며 예수님의 증거를 가진 자들과 싸우려고 바다 모래 위에 선 자들" (계12:17)이다. 이자들을 성경은 '적그리스도들' 이라고 부른다. 자칭 예수를 잘 안다고 하는 자들이며, 이 세상 누구보다도 하나님을 잘 섬긴다고 하는 자들이다. 혹 당신은 이런 쪽에 있는 사람은 아닌가?

이 글을 읽으면서도 이 글의 내용이 무슨 말인지 잘 이해하지 못하는 자들은 의심해보라. 이 말은 모두가 성경의 말씀인데, 성경의 말씀이 이해되지 않는다면 당신은 어느 나라에 속한 사람인가? 성경을 평생 옆구리에 끼고 살지만, 당신은 성경 밖에 속한 사람이다.

지극히 높으신 이는 어디에 계시는가?

당신은 다음 성경 구절을 묵상해본 적이 있는가?

"지극히 높으신 이는 **손으로 지은 곳에 계시지 아니하시나니** 선지자의 말한 바 주께서 가라사대 하늘은 나의 보좌요, 땅은 나의 발등상이니 너희가 나를 위하여 무슨 집을 짓겠으며 나의 안식할 처소가 어디뇨"(행 7:48~49). "**너희가 하나님의 성전**인 것과 하나님의 성령이 **너희 안**에 거하시는 것을 알지 못하느뇨"(고전3:16).

결론적으로 말하면, 하나님의 성령이 거하는 '내 안' 이 바로 '하나님의 거룩한 성전' 이다. 성경은 이렇게 정확하게 말씀하고 계시는데, 어찌하여 오늘의 교회들은 그렇게 크고 사치스러운가! 교회 종탑을 세우는 데 몇억 원, 교회의 파이프 오르간을 설치하는 데 몇억 원이 들고, 교회 바닥과 벽면의 대리석을 모두 이태리 수입 대리석으로 공사한다. 이런 생각들은 모두 도대체 어디에서부터 출발한 것인가? 예수의 성령에서 나온 영의 생각들인가? 아니면 짐승의 생각에서 출발한 정과 욕심들인가? 우리들이 그렇게 입술로는 하나님을 위한다고 하면서 유대 성전을 짓기에 혈안이 될 것을 하나님이 자세히 아시고, 성경에 정확히 기록해 놓으셨다. "지극히 높으신 이는 사람의 손으로 지은 곳에 계시지 아니하신다"(행7:48).

오늘날, 건물 성전이 참교회인 교회들(성도들)이 모이는 장소 개념 이상의 신비한 공간으로 몰고 가서, 유대 성전처럼 강조해 커지고 사치스러웠다. 이에 대해 말씀하시는 하나님의 경고를 교회들(성도들)은 귀를 기울여야 한다. 그런 유대 교회에 있는 자들은 '마음의 산'으로 도망하라. "멸망의 가증한 것이 거룩한 곳에 선 것을 보거든(읽는 자는 깨달을진저) 그때에 유대에 있는 자들은 산으로 도망할"(마24:15~16)지어다. 이 말씀의 의미는 거룩한 성전인 내 심령 안에 멸망의 가증한 것이 차지하여 섰다는 것이다.

그 멸망의 가증한 것은 무엇일까? 바로 '마귀 하나님'이 여호와 하나님인 것처럼 속이고, 하나님의 성전이 되어야 할 그 성전을 차지한 것을 말한다. 이 '마귀 하나님'은 성경의 모든 말씀을 기복주의로 받아들이게 한다. 왜냐하면 그들 안에는 정과 욕심으로 가득 차 있기 때문이다. 그렇기에 그들의 입에서 나오는 말들은 모두가 비슷하다. "내가 하나님을 믿습니다", "제 형편을 다 잘 아시지요", "해결해주실 줄 믿습니다", "무엇이든지 주시옵소서" 등 좀 더 고상하게 발전하면 욥과 같은 종교적 의인이 되는 것이다. 몸과 마음과 정성을 다하여 하나님을 평생 섬기고 경외하는 그런 의인이 되는 것이다. 자신에게 어떤 고통과 어려움이 닥쳐도 절대로 하나님을 원망치 아니하는, 그런 의인의 경지까지 이르는 **종교적 의인**이 된다.

바울 사도가 도의 초보 단계에 있을 때 그는 누구보다도 하나님을 경외하고 섬겼다. 그러기에 그 종교적 열정이 스데반 집사를 죽이고도 식지 아니하여, 하나님을 욕되게 하는 "이단의 괴수인 예수"[121]의 제자들을 죽이려고 다메섹까지 달려간 것이 아닌가? 이런 상태를 "거룩한 곳에 가증한 것이 섰다"고 말한다. 하나님을 그렇게 사랑한다고 하면서도 하

---

121 • "우리가 보니 이 사람은 염병이라 천하에 퍼진 유대인을 다 소요케 하는 자요 나사렛 이단의 괴수라"(행24:5).

나님께서 보낸 자, 독생자 예수를 제대로 보지 못한다. 그러면서도 저희들은 '잘 안다', '잘 본다' 고 말한다. 그렇게 함으로써 저희는 "거짓의 아비"(요8:44)가 되었다. 예수님은 이 거짓의 아비들에게 "내가 진리를 말하므로 나를 믿지 않는다(오히려 죽이려 한다)"(요8:45)라고 말씀하신다. 이런 자들을 정확하게 분별할 수 있는 방법을 하나님은 말씀하신다. "하나님께 속한 자는 하나님의 말씀을 듣나니 너희가 듣지 아니함은 하나님께 속하지 아니하였음이로다"(요8:47).

바울 사도가 하나님을 잘 섬긴다고 열정이 하늘을 찌를 때는 사실 하나님께 속하지 아니한 때이다. 의인 욥도 마찬가지다. 자신이 어떤 고통을 받더라도 하나님을 원망치 않는 상태는 아직 하나님께 속하지 않은 상태다. 이렇게 마귀 하나님께 속하여 사람의 손으로 지은 성전을 하나님이 거하는 성전인 줄 알고 섬긴다. 그 유대 성전 안에 열심히 거하는 자들은 당신의 그 거룩한 곳에 멸망의 가증한 것이 선 줄을 알아라! 이렇게 먼저 이러한 자신의 상태를 깨달아야 도망갈 산을 찾을 수 있다. 그러면 과연 성경에서 말하는 이 산은 어떤 장소를 말하는 것인가? 아니면 어느 누구를 말하는 것인가?

성경이 말하는 '산' 의 의미는 다음과 같다. 산은 "암탉"(마23:37)이요, 암탉은 하늘이다. 그 하늘엔 "구름"(히12:1)이 있고, 그 구름 속엔 "무지개"(창9:13)가 있다. 그 "인자는 그 구름을 타고 큰 능력과 큰 영광으로"(마24:30) 오시리라. 인자가 구름을 타고 오실 "그날" 에, 하늘은 천군 천사의 나팔소리가 울릴 것이요, "각인의 눈이 그를 볼 것이요, 찌른 자들도 자세히"(계1:7) 보게 되어진다. 그런 "주의 날이 도적같이"(살전5:2) 오리니 "그날에는 하늘이 큰 소리로 떠나가고 체질이 뜨거운 불에 풀어지고 땅과 그중에 있는 모든 일이 드러나리니 우리는 그의 약속대로 의에 거하는 바, **새 하늘과 새 땅**"(벧후3:12~13)이 열리게 된다. 이 상태가 바로

‘당신’ 인 줄 깨닫는 지금 이 순간, 당신은 “주 아멘 예수여 오시옵소서” (계22:20)가 되어진다. 일점일획도 빠뜨림 없이 요한계시록이 당신에게 임한 것이다.

말씀은 말씀 그대로 그 자리에서 보라!

성경의 말씀을 더하거나 빼거나 나의 수준으로 말하지 말라!

"지극히 높은 곳에서는 하나님께 영광이요, 땅에서는 **기뻐하심을 입은 사람들** 안에 평화로다"(눅2:14).

크리스마스 즈음에, 대형 플랜카드에 적힌 "하늘에는 영광, 땅에는 평화"가 아니다. 높은 곳과 지극히 높은 곳이 다르고, 하늘에 영광과 하나님께 영광도 다르다. 땅도 그냥 땅이 있고, 기뻐하심을 옷 입은(덧입은) 땅도 있다. 여기서는 그냥 땅이 아니요, 기뻐하심을 덧입은 땅을 말한다. 그 기뻐하심이 '누구' 인가? 바로 **그리스도**이시오, 바로 당신 안에 **당신**이다. 그렇게 기뻐하심을 입은 땅이 되어져야만 진정한 평화를 알 능력이 있다.

그 평화야말로 무소유의 평화요, 온 우주를 다 가져버린 완전한 소유의 평화요, 상대가 아닌 절대의 평화요, 곧 무(無)라! 무(無)는 공(空)이요 공(空)은 물이요, 물은 곧 하늘이다. 기뻐하심을 입은 그 땅은 평화요, 그 땅은 곧 하늘이다. 그 하늘은 곧 땅이다. 이것이 바로 천상천하 유아독존(天上天下 唯我獨存)이요, 독생자(獨生者), 즉 예수가 아니던가!

물! 물은 태초라! 그 물은 바로 하늘이라!

모든 목숨의 태초는 물 가운데서 탄생된다. 우리 인간들도 그러하다. 우리 인간들의 목숨도 어머니의 모태에서 시작된다. 그 어머니의 모태 배 속의 상태가 바로 물과 물 사이에 존재하는 상태이다.

"하나님이 가라사대 물 가운데 궁창이 있어 물과 물로 나뉘게 하리라 하시고 하나님이 궁창을 만드사 궁창 아래의 물과 궁창 위의 물로 나뉘게 하시매 그대로 되니라"(창1:6~7). "하나님이 궁창을 하늘이라 칭하시니라 저녁이 되며 아침이 되니 이는 둘째 날이라. 하나님이 가라사대 천하의 물이 한 곳으로 모이고 뭍이 드러나라 하시매 그대로 되니라"(창1:8~9). 그렇다. 우리들의 존재인 뭍, 즉 땅도 그 물 안에 존재하고 있었다. 그 땅이 땅으로 드러나기 전에도 물과 물 사이에 존재하고 있었다. 그 땅들인 '궁창'을 '하늘'이라 부른다. 그 땅들이 '하늘'이라고 부른 그 **하늘도 또한 윗물**이요, (사실 윗물과 아래 물이 따로 있는 것은 아니지만) **물통**이다. 우리 땅들은 그 하늘의 거대한 물통이 없이는 존재할 수 없다. 우리는 물 사이에서 태어난 목숨의 상태에서 생명의 상태로, 땅의 상태에서 하늘의 상태로 변화되었다. 이러한 상태를 "함께 일으키사 그리스도 예수 안에서 함께 **하늘에 앉히시니**"(엡2:6)라고 말씀하시며, 이것이 바로 "하나님 안에(ἐν θεός)"요, "그리스도 안에(ἐν Χριστός)"이다. 또한 "내 이름으로"요, "내 이름 안에서"이다.

이렇게 다시 거듭난 상태가 바로 '독생자'의 상태요, 이 독생자의 외치는 소리가 "천상천하 유아독존(天上天下 唯我獨存)"이요, "나는 스스로 있는 자"(출3:14)이다. 이것이 바로 우리의 태초요, 우리의 본체요(이 본체가 진리요), 이것이 바로 물이 물로 돌아간 상태다. "증거하는 이는 성령이시니 성령은 진리니라. 증거하는 이가 셋이니 성령과 물과 피라. 또한 이 셋이 합하여 하나이니라"(요일5:7~8). 귀 있는 자[122]는 물이 성령이요, 성령이 물이며, 물이 피요, 피가 말씀이라는 것을 알게 되어진다. 이 말씀이 곧 하나님이시요, 이 말씀이 곧 진리이시다. 그러므로 물이 또한 말씀이신 것을 안다. 그 물속에는 우주의 모든 메시지가 담겨 있다. 그 물속에 담겨 있는 하나님의 메시지를 우리는 들을 줄 알아야 한다.

122 • 깨달은 자요, 거듭난 자이다.

170 당신은 부활했는가?

하나님과 물질의 관계

과연 하나님과 물질은 관계가 있는가? 결론을 먼저 얘기하자면 관계가 전혀 없다. 만약 하나님과 물질을 어떤 방법으로든지 관계를 맺게 하면, 그 집단은 잘못된 집단이다. 하나님은 하늘 차원의 관계요, 물질은 땅의 차원의 관계이다. 이 둘의 관계는 서로 물과 기름 같아서 섞일 수가 없다. 그런데 종교라는 굴레 속에서 물질과 종교를 결합시킨다. 그리고 종교를 빙자하여 수많은 교인들의 물질을 끌어 모아 **부동산 종교 재벌들**이 엄청나게 탄생하고 있다.

그러나 그 뒷면에는 그 종교를 모르고 쫓고 있는 수많은 신도들이 피를 흘리며 고통을 당하고 있다. 단도직입적으로 말하면 그렇게 고통당하고 있는 신도들에게도 문제는 있다. 어떻게 얻은 물질인데 그 물질을 확인도 하지 않고, 확신도 없으면서 "복을 몇 배로 받는다", 아니면 "문제가 해결 된다"는 등의 말에 현혹되어 스스럼없이 바칠 수 있는가! 이것은 신도 자신의 욕심에 눈이 가려 귀중한 물질을 바치는 것이다.

다시 말하면 그 물질의 주인인 교주가 하나님이라면 하나님의 복권을, 부처님이면 부처님의 복권을 산 것이다. 그렇기 때문에 어떻게 보면 둘의 배(욕심)가 맞아 떨어진 것이다. 그래서 수많은 종교 집단 안에는 종교를 갖지 않고 정상적으로 살아가는 세상 사람들보다 더 욕심덩어리들이 모여 있다.

어떤 종교든지 교리나 교주를 물질로 연관시키면, 그 종교는 잘못된 종교이다. 기독교의 '십일조' 헌금도 내 수입의 10분의 1을 내는 것이 아니다. 나 자신이 하나님이 기뻐 받으시는 영적인 사람으로 거듭나서 변화되어진 나의 내적인 상태가 참 십일조요, 헌물이다. 이것이 바로 하나님이 원하시는 '하나님의 양식'이다. 이런 알곡을 하나님의 곳간에 채워드려라! "그리하면 너에게 복(복의 근원 하나님)을 넘치게 부어주시리라"(말3:10). 너희가 드릴 영적 예배는 "너희 몸[123]"을 하나님이 기뻐하시는 거룩한 산제사로 드리라"(롬12:1)고 말씀하신다.

그러면 교회는 어떻게 운영될까? 그런 것이 걱정되면 건물 교회를 짓지 말라. 교회가 기업인가? 모든 것을 하나님이 다 운영하신다면서 인간들이 왜 걱정하는가? 이것이 어찌 하나님의 교회인가?

모든 종교인들이여! 당신은 하나님을 물질이나 나의 열심으로 거래를 하고 싶겠지만 하나님은 그것들과 거래하시지 않는다. 그런 땅의 차원을 하나님은 모른다. 나의 물질이나 나의 열심은 세상 교회나 세상 절이나 무속 종교에서만 통한다.

---

123 · 몸은 육체가 아닌 그리스도와 한 몸이 된 '말씀육신'의 삶을 말한다.

음식에 짠맛을 내는 것은 소금이다. 그러나 성경에서의 소금은 음식의 맛을 내는 물질이 아니요, 방부제 역할을 하는 그런 물질도 아니다. 그러므로 "너희는 이렇게 혼미하고 혼탁한 세상에 소금과 같은 모범적이며, 자기 몸을 불사르는 헌신적인 삶을 살아라!" 는 말씀이 아니다. 그런 윤리 도덕적인 삶은 이 사회에 정상적으로 살아가는 사람이라면 누구나 살아가야 하는 기본적인 자세이다. 특별히 종교인들에게만 요구되는 종교적인 삶의 자세는 아니다.

"너희 속에 소금을 두고 서로 화목하라"(막9:50)는 말씀에서 소금은 우리 안에 있는 두 사람을 서로 화목되게 하는 어떤 **존재**를 말한다. 우리 안에 있는 속사람과 겉사람을 서로 화목되게 하기 위하여 화목제물로 우리에게 오신 분이 누구인가? "저는 우리 죄를 위한 화목제물이니"(요일2:2)라는 구절은 바로 **예수 그리스도**를 말씀하고 계신다.

구약에서도 소금에 대해서 많은 언급을 하였다.

"네 모든 소제물에 소금을 치라"(레2:13). "하나님의 **언약의 소금**을 네 소제에 빼지 못할지니 네 모든 예물에 소금을 드릴지니라"(민18:19, 대하13:5).

그렇다. 하나님께서는 소금을 치지 아니한 소제물은 흠향하지 않으신다. 바로 당신의 아들 예수 그리스도의 본 형상이 아니면, 그 아버지는 영접치 아니하신다. 그러므로 우리들은 예수 그리스도를 영접하여 우리 안에 있는 두 존재인 겉사람과 속사람을 서로 화목하게 하여 소금(언약)

이 되어져야 한다. 이렇게 소금이 되어진 자라야만 아버지께서 소제물로 받으신다.

다시 말하면 성경에서의 소금은 '십자가 사건이 자기 안에서 이루어진 자(언약의 말씀)' [124]를 말하고 있으므로 "너희는 세상의 소금"(마5:13)이라는 말씀은 '너희는 너희 안에 있는 두 존재인 겉사람과 속사람을 예수 그리스도로 말미암아 하나되게 하여 한 새사람을 만들어 화평을 이룬 자' 라는 의미이다.

---

124 • "이는 이 둘로 자기 안에서 한 새사람을 지어 화평케 하시고 십자가로 이 둘을 한 몸으로 하나님과 화목하게 하려하심이라"(엡2:15~16).

174 당신은 부활했는가?

소금과 소금 같은 역할

"너희는 세상(땅)의 소금이다"(마5:13).

이 말씀은 "너희는 이 세상에서 소금과 같은 삶을 살아라" 또는 "소금과 같은 역할을 하라"는 말씀이 아니다. 이와 같이 해석을 하니까 엄청나게 헌신적인 종교인의 삶과 사회에서 칭찬받는 모범적인 삶이 요구된다. 어떻게 보면 지극히 종교적인 의(義)를 요구하게 되는 것이다. "이 모든 것(계명)을 다 지켰사오니 아직도 무엇이 부족하나이까"(마19:20) 하는 부자 청년처럼……. 그러나 이런 부자 청년의 상태를 요구하는 말씀이 아니다. 이 부자 청년은 결국 예수를 영접치 아니하여 생명(生命)과 영생(永生)과는 관계가 멀어져 버렸기 때문이다.

다시 말해서, "너희는 세상의 소금이다"라는 말씀의 의미는 '당신 자신 안에 (언약의) 소금을 가져서 자기 안에 있는 두 사람, 즉 **겉 사람과 속 사람을 하나 되게 하여 화목케 하라**'는 것이다. "너희 속에 소금을 두고 서로 화목하라"(막9:50)는 말씀에서 보면 네 안에 있는 두 존재를 먼저 화목하게 하는 것이 "너희는 세상의 소금이 되어진 상태이다" 당신 집안이 먼저 화목해져야만 다른 사람들에게도 봉사할 수 있는 것이 아닌가!

무덤 안에서의 부활과 죽은 자 안에서의 부활

예수는 '무덤에서' 부활하셨는가? 아니면 '죽은 자 안에서' 부활하셨는가? 예수가 아리마대 요셉이 파놓은 돌무덤에서 부활하셨다면 그 부활은 유대 청년 예수 자신만의 부활이지 온 기독교 교인들의 부활과는 관계가 없다. '예수 그리스도'는 죄로 말미암아 죽었던 '내 안'에서 부활하셔야만 내 부활의 주님이신 '그리스도 예수'가 되신다. 나는 언제 죄로 말미암아 죽었는가? 나의 죄는 무엇인가? 성경은 다음과 같이 말한다.

"너희가 세상 초등학문에서 예수와 함께 죽었거든"(골2:20). "내가 율법으로 말미암아 율법을 향하여 죽었나니"(갈2:19). "육신의 생각은 사망이요"(롬8:6). "그리스도 예수의 사람들은 그 정과 욕심을 십자가에 못 박았느니라"(갈5:24). "욕심이 잉태한즉 죄를 낳고, 죄가 장성한즉 사망을 낳느니라"(약1:15).

그렇다. 나의 **죄**는 바로 **나의 정과 욕심의 상태**를 말한다. "내가 예수를 믿어 이생에서도 모든 일이 잘되고 죽어서도 천국에 가야지" 하는 그런 욕심의 상태가 바로 죄의 상태이다. 이런 죄인의 상태에서는 예수께서 그리스도로 부활할 수가 없다. 내가 기복주의로 믿었던 그 예수를 내가 철저히 못 박고, 창으로 찌르고, 채찍질해서 물과 피를 다 쏟게 하고, 죽여버려야만 한다. 이것이 나의 참회개이다.

이런 사건이 내 안에서 일어나야만 그리스도 부활의 사건이 내 안에서 일어난 것이다. 또한 이런 정과 욕심을 십자가에 못 박아버려야만

'예수 그리스도' 께서 '그리스도 예수' 로 내 안에서 부활하신다. 이런 부활이야말로 "나는 부활이요, 생명이다" (요11:25). 죄와 허물로 말미암아 죽었던 내 안에서 다시 살아나신 그리스도 예수, **그리스도 영의 부활**[125] 사건이다.

이 부활의 사건을 **믿음**이라고 한다. 그래서 믿음은 "믿습니다"와 같은 의지적인 믿음이 아니다. 믿지 않으려야 믿지 않을 수 없는, 내 안에서 일어난 처절한 회개의 사건이며, 철저한 현실적인 사건이기에 믿어질 수밖에 없다. 그래서 믿음은 "내가 당신을 믿습니다"라는 '능동태'가 아니라, 나의 의지와 전혀 관계가 없이 믿어지는 '수동태' 의 믿음이다. 그러기에 "믿음은 바라는 것들의 실상(실체)" (히11:1)이다. 그래서 "믿으십시오, 믿으시기 바랍니다"라는 말은 '믿음' 의 상태를 경험치 못한 자들의 말이다.

초등학교 6학년 때 수학여행을 경주로 갔다. 그때 본 그 경주의 불국사와, 석굴암은 아직도 생생하게 자리 잡고 있다. 이런 것이 바로 내 안에서 일어난 실제 사건이다. 그러므로 '믿음' , '부활' 도 이와 같이 영원불변하는 **내 안에서의 사건**이다.

그렇다. 아직도 예수가 무덤에서 부활하셨다고 믿는 교인은 부활절 행사에나 열심히 참여하라. 기복주의 예수를 믿는, 도의 초보였던, 나의 죽었던 상태에서 회개하여 부활의 그리스도를 영접한 교인은 **365일** 온 날들이 **부활절**이다.

---

125 • "그러나 이제 그리스도께서 죽은 자 가운데서 다시 살아 잠자는 자들의 첫 열매가 되셨도다" (고전15:20).

마귀를 대적하라 그리하면 너희를 피하리라!

우리 안에 갈등은 어디서 나는가! 우리 안에 다툼은 어디서 나는가! 이런 것들은 "너희 지체 안에서 싸우는 정욕으로 좇아 난 것이다"(약4:1). 이렇게 정과 욕심으로 모든 것을 구하기 때문에 아무리 주의 이름으로 구하여도 받지 못한다.[126] 그렇다. 하늘의 것은 정욕으로는 구하여도 얻지 못한다.

그러나 땅의 것은 정욕으로 열심히 구하고 노력하면 얻어질 수도 있다. 그러기 때문에 많은 기복주의 교인들이 생겨나는 것이다. "무엇이든지 구하면 해결된다"고 말하고 있으니까 말이다. 이렇게 땅의 것들을 구하는 자들을 성경은 간음하는 여자들[127]이라고 한다.

이렇게 내 지체 안에서 끊임없이 일어나는 정욕들은 수많은 거짓 탈을 쓰고, 시시때때로 변하는 수많은 겉나를 만들어낸다. 이렇게 내 지체 안에서 만들어지는 수많은 겉나는 장소와 때와 만나는 대상에 따라 수없이 변장을 하면서 내 안에 존재하고 있다. 이렇게 많은 겉나는 들짐승 중에서 가장 간교하기 때문에 나의 차원에서는 그들의 계교(計巧)를 알 능력이 없다. "뱀이 들짐승 중에서 가장 간교하더라"(창3:1). 이 뱀의 하수인이 바로 마귀가 아닌가! 그렇기 때문에 내 안에 있는 수많은 **겉나의**

---

126 • "구하여도 받지 못함은 정욕으로 쓰려고 잘못 구함이라"(약4:3).
127 • "간음하는 여자들이여 세상과 벗 된 것이 하나님의 원수임을 알지 못하느냐"(약4:4).

주체가 바로 **마귀**인 것이다.

내가 인지하는 이 세상의 모든 것들이 내 지체 안에 있는 겉나 속에다 들어있지 아니한가! 이런 겉나를 '세상'이라고 한다. 마귀는 이 세상을 다스릴 권세를 합법적으로 받은 것이다. 마귀가 언제 세상, 겉사람을 다스릴 권세를 하나님으로부터 받았는가? "선악을 알게 하는 나무의 실과는 먹지 말라. 네가 먹는 날에는 정녕 죽으리라"(창2:17)라는 말씀을 보면 마귀는 합법적으로 하나님께로부터 선악과를 먹은 상태의 세상인 겉나를 다스릴 권세를 부여받았다. 그렇기에 마귀가 예수에게 천하만국을 보이며 "이것은 내게 넘겨준 것이므로 나의 원하는 자에게 주노라"(눅4:6)고 말할 수 있다.

마귀도 하나님께서 부리는 영이므로 마귀는 하나님의 명령대로 자기의 일을 열심히 하고 있다. 이 세상에서도 수많은 교인들에게 선악과를 먹여 눈을 멀게 만들어, 생명과를 먹지 못하게 방해하고 있지 않는가!

과(果)는 씨요, "씨는 하나님의 말씀이라"(눅8:11). 이렇게 성경의 말씀을 땅의 차원, 육적인 차원, 세상의 차원으로 풀어 기복주의 말씀으로 먹이므로 내 지체 안에 있는 속사람, 속나는 점점 죽어가고 있다. 그러나 겉나, 육적인 나, 종교적인 열정만 커져서 내 안에 수많은 간교하고 교활한 "너희들"만 풍성하게 되어진다. 그래서 야고보 사도는 오늘도 우리들에게 이렇게 외치고 있다. "마귀를 대적하라, 그리하면 '너희들'을 피하리라!" 내 안에 있는 수많은 나라요, 성읍과 백성과 방언들 이런 것들이 바로 내 안에 존재하고 있는 수많은 거품과 같은 망상들이며, 나를 정(情)하게 내버려두지 아니하는 정욕들이다.

이렇게 거짓 선지자들은 선악과를 먹여 정욕이 불붙게 만들어 "예수를 믿으면 온 집안이 구원을 얻고, 온 집안이 평온해지고, 모든 하는 일이 만사형통해지고, 구하고자 하는 것이 있으면 기도로 간구하면 모든 것이 다 이루어진다"고 가르치니까 그들 안의 있는 정욕들이 잠시, 잠깐이라도 잠잠할 때가 있겠는가! 그래서 이 산 저 산, 이 교회 저 교회들이 북새통을 이룬다. 내 안에 있는 수많은 너희들의 욕구를 채워주기 위해서 생명과의 말씀을 선악과의 말씀으로 변질시켜 먹이고 그들을 죽게 만든다. 그들을 깔고 앉아, 자기들의 배만 채우는 음녀 교회들아! 이젠 풀어놓아 다니게 하라!

그러나 사실 이런 교회들을 풀어놓아봤자, 소경들이 되어서 보지도 못하고, 무릎에 힘이 없는 앉은뱅이라 서지도 못하고, 듣지 못하는 귀머거리라서 생명과를 주면 '저 말은 너무 어렵도다' 하고 돌아서버린다. 그리고 음녀에게 받아먹던 독주를 계속 요구한다. 그래서 종교주의적 행함의 열정으로 계속 가는 것이다. 그 행함의 열정이 자칭 신앙심이 돈독한 신앙인 줄 착각하면서 말이다.

성경적 행함은 종교적 외적 행함과 신앙(神仰)적 내적 행함이 있다. 이와 관련해 성경을 살펴보면 다음과 같은 구절에 행함이 나온다. 첫째, 아브라함이 행함으로 아들 이삭을 얻었다면 자랑할 것이 많이 있을 것이나, 하나님 앞에서는 없을 것이라는 로마서 4장 2절.[128] 둘째, 행함으로 구원을 얻을 자는 아무도 없을 것이라는 로마서 3장 20절.[129] 셋째, 행함 없는 믿음은 죽은 믿음이라는 야고보서 2장 26절. 이 구절 가운데 첫째, 둘째의 행함과 셋째의 행함의 뜻을 분별하지 못하는 교인은 죽은 자이다. 첫째, 둘째는 '자기의 의(義)'로 하는 행함이며, 셋째의 행함은 '하

---

128 • "만일 아브라함이 행위로써 의롭다 하심을 얻었으면 자랑할 것이 있으려니와 하나님 앞에서는 없느니라"(롬4:2).

129 • "그러므로 율법의 행위로 그의 앞에 의롭다 하심을 얻을 육체가 없나니 율법으로는 죄를 깨달음이니라"(롬3:20).

나님의 의(義)'로 하는 행함[130]이다. 즉, 자기의 열심(행함)으로 이삭을 얻은 것이 아니며, 자기의 열심(행함)으로는 구원을 얻지 못한다는 말씀이다. 또한 하나님의 의(義)로 하는 행함이 아니면 "내게 있는 모든 것으로 구제하고 또 내 몸을 불사르게 내어줄지라도"(고전13:3) 그것은 죽은 믿음이라는 뜻이다. 즉, "내가 네 행위를 아노니 네가 살았다 하는 이름은 가졌으나 죽은 자로라"(계3:1)이다.

이렇게 살았다 하나, 죽은 사데 교회 교인들이여! "마귀[131]를 대적하라. 그리하면 '너희들'을 피하리라"(엡4:7). 너희는 먼저 '너희들'인 수많은 겉사람을 피하라. 그리하면 마귀가 너희들에게 시중들기 시작할 것이라. 그날에는……

---

130 • 믿음이 온 후의 내적 행함으로 말미암은 외적 행함, 즉 '수동능동태'의 행함이 없으면 죽은 믿음이다. '수동능동태'의 행함은 "이제는 내가 산 것이 아니요, 내 안에 그리스도께서 사신 것이라"는, 그리스도로 말미암은 행함이다.

131 • 정과 욕심을 정확하게 깨달아라.

풀어놓아 다니게 하라!

당신은 종교라는 이름을 가진 어떤 집합체에 묶여 있지는 않는가? 세상의 어떤 종교든지, 모두가 사람의 **길흉화복**에 중심을 두고, 그 길흉화복으로 사람들을 묶어놓는다. 내가 실체가 무엇인지도 모르는 그 길흉화복에 이끌려 종교라는 집단 속으로 이끌려가고 있다. 이 세상의 이치를 깨닫게 하는 참종교라면 적어도 욕심 많은 인간들의 무지에서 나온 길흉화복에 대해서 바르게 가르치고 인도해야 한다. 그런데 오늘날 그런 종교는 찾아보려고 해도 찾아볼 수가 없다. 오히려 성경이나 경전이 **행위법**으로 더욱 더 묶어버린다.

당신은 당신이 속해 있는 그 종교가 가르치는 대로 행하지 못했을 때, 당신의 마음이 불안하고 초조해져본 적이 없는가? 만약 당신의 마음이 불안해진다면, 그 종교는 당신의 또 다른 멍에가 되어버린 것이다. 내가 짊어지고 있는 이 멍에가 너무 무거워서 종교라는 이름 아래 짐을 풀어놓으려고 하지만 그 종교는 나의 멍에를 받아주기는커녕 나의 어깨 위에 더 큰 멍에를 올려놓는다.

이 세상 종교들아! 나를 풀어놓아 다니게 하라!

새벽 기도는 만사를 해결해준다?

나의 밤이 가장 깊은 때는 언제인가? 내가 나의 존재에 대해서 가장 궁금할 때가 언제인가? 나는 어디서 와서 어디로 가며, 온 곳이 있으면 가는 곳도 있으련만…….

밤의 가장 깊은 정점이 **새벽**이라! 저녁이 되어 해가 지면 새벽의 시작이다. 새벽, 새벽, 새벽……. 이렇게 새벽이 깊어져 **아침이 되기** 전이 가장 깊은 밤이라! 그래서 새벽은 밤이 가장 깊은 상태와의 분깃점이다. 즉, 성경적 새벽이란 나의 가장 깊은 밤의 상태를 말하고 있다. 성경에서의 밤은 '모른다'를 말한다. '무지', 그야말로 내가 나를 모르는 상태라! 성경에서의 밤은 이 세상을 주관하는 하늘의 해와 달과는 아무 상관이 없다.

당신은 혹시 이런 질문들을 해보지는 않았는가? 왜 내가 돈을 벌어야만 하는가, 물질과 나는 어떤 관계인가, 내가 물질의 주인인가, 물질이 나의 주인인가, 물질이 나를 끌고 가는가, 내가 물질에 끌려다니는가? 종교에 의지 의탁하려고 했는데 어느새 그 종교가 나를 종속시키고 나를 종 삼고 있지는 않는가, 그 종교의 교리가 또 나를 자유롭지 못하도록 나의 발목에 족쇄를 채우고 있지는 않는가.

"무엇인지는 모르지만 모든 것을 잘되게 해주신다"고 하는데, 오히려 혹을 떼려다가 다시 다른 혹 하나를 더 붙인 꼴이 되었다. 그렇다면 종교와 나는 어떤 관계인가? 내가 속해 있는 종교의 가르침대로 행치 못하여 내 마음이 불편하다면, 그 종교는 당신에게 멍에가 된 것이다. 이렇게 이것도 모르겠고, 저것도 모르겠고, 이 만사의 모든 것들과 나의 관계를 모두 알지 못하여 답답한 상태를 '밤'이라고 한다.

여기서 이런 상태를 깨닫고, 이 모든 만물들과의 관계를 알고 싶어 몸부림치는 상태가 바로 '깊은 밤'이다. 이런 깊은 밤이 지나면 나의 새벽이 이른다. 나의 이른 새벽 여명에는, 내가 무릎을 꿇고 나의 모든 형편을 구걸하는 육신적인 기도를 드리지 않는다.

지금 내 안에서 나의 샛별이 떠오르고 있는 순간이다. 그러므로 그 빛나는 나의 새벽 별을 맞이하는 천지가 개벽하는 순간, 그 자체가 내 기도의 상태이다. 그렇다. 나의 새벽 기도는 이 우주 온 천지가 어둠에서 광명을 얻는 순간이요, 온 만물들과의 관계를 깨닫게 되는 순간이다. 그러니까 이보다 더 큰 기도가 어디 있으며, 이보다 더 큰 경이로운 해결이 어디 있겠는가!

기도란 나의 육적인 욕심을 구하는 것이 아니라, 속사람이 육적인 욕심을 기도하는 나의 겉사람을 깨닫게 하기위하여 '참사람에게 간구하는 것'이다. 다시 말해서, 육적인 내가 욕심으로 기도하는 목적이 무엇인지 모르는, 그것을 하염없이 따라가는 겉사람의 밤 때문에 고통스러워하는 것이 무엇인지 알려고 간구하는 것이다. 이렇게 당신이 당신의 새벽을 깨우면 새벽 미명의 밤하늘에 빛나는 **샛별**[132]이 바로 당신이다.

"샛별이 너희 마음에 떠오르기까지 너희가 이것을 주의하는 것이 가하니라. 먼저 알 것은 경의 모든 예언은 사사로이 풀 것이 아니니."[133] 아

---

132 • "내가 또 그에게 샛별을 주리라" (계2:28).

133 • "또 우리에게 더 확실한 예언이 있어 어두운 데 비취는 등불과 같으니 날이 새어 샛별이 너희 마음에 떠오르기까지 너희가 이것을 주의하는 것이 가하니라. 먼저 알 것은 경의 모든 예언은 사사로이 풀 것이 아니니 예언은 언제든지 사람의 뜻으로 낸 것이 아니요 오직 성령의 감동하심을 입은 사람들이 하나님께 받아 말한 것임이니라!" (벧후 1:19~21).

직 너희 마음에 샛별이 떠오르지 아니한 자들은 성경의 말씀을 함부로 사사로이 풀지 마라! 너희가 그리스도를 땅으로 끌어내리려느냐? 이렇게 하나님의 말씀을 자신의 차원대로 함부로 풀어먹는 사람이 바로 하나님의 성령을 훼방하는 자들이다. 성령훼방죄는 사함 받을 길이 없다.[134]

이 무지한 자들아! 너희는 어찌 마귀는 겁내면서 사함 받을 길 없는 하나님의 진노는 겁을 내지 않는가? 모르는 것이 바로 마귀의 속성이라! 이 빛나는 샛별은 너희 마음에 떠오르는 샛별이지, 저 어두운 공중의 밤하늘에 떠오르는 샛별이 아니다. 성경이 말하는 밤, 새벽, 샛별과 기도를 모르고 함부로 쓰지 말아야 한다. 그리고 내가 기도하고 싶을 때 무릎을 꿇고 나의 것과 남의 것과 온 인류의 것인 세계 평화를 구하여도 나의 소원함으로 행하는 모든 행함은 이미 기도가 아니다. 귀 있는 자는 성령이 교회들에게 하시는 말씀을 들을지어다!

---

134 • "그러므로 내가 너희에게 이르노니 사람의 모든 죄와 훼방은 사하심을 얻되 성령을 훼방하는 것은 사하심을 얻지 못하겠고" (마12:31).

하나님의 아들은 먹는 떡이 다르다

"사람이 떡으로만 살 것이 아니요, 하나님의 입으로 나오는 모든 말씀으로 살 것이라 하였느니라 하시니"(마4:4)

"이것은 하늘로써 내려온 떡이니 조상들이 먹고도 죽은 그것과 같지 아니하여 이 떡을 먹는 자는 영원히 살리라"(요6:58)

당신은 이 구절을 묵상해본 적이 있는가?

하나님의 아들이라면 하나님의 입으로 나오는 하나님의 말씀의 떡을 먹어야 영원히 살 수 있다.

그렇다면 오늘날 자칭 하나님의 아들이라는 사람들에게 묻고 싶다.

당신은 하나님의 입을 만난 적이 있는가? 하나님의 입을 만나야만이 그 입으로 나오는 생명의 말씀을 들을 수 있지 않겠는가!

오늘날 이 세상에서 수많은 교인들을 끌어모아놓고 "예수를 믿으면 무엇이든지 해결된다"고 말하고 있는 자나, 수입 대리석으로 만든 강단 위에서 자칭 하나님께서 보낸 자라고 하며, 성경의 말씀을 자기 마음대로 해석하여 자기 이익을 취하는 자들의 입에서 나오는 그 설교는 과연 하나님의 말씀인가?

사람의 입에서 나오는 말은 아무리 좋은 말이라도 '귀' 라는 곳을 통하여 들리게 되어 있다. 그러나 하나님의 말씀은 우리의 귀를 통해서 들리는 말이 아니다. 그리고 우리가 굶식을 한다든지, 아니면 절실히 기도하다보면 비몽사몽간에 들었다는 그런 희미한 나의 주관적인 말씀은 더더욱 아니다. 하나님의 입으로 나오는 말씀은 우리들의 청각으로는 들을 수가 없는 그야말로 **말 아닌 말**이다. 하나님은 영이시니 영의 말들을 어찌 육신의 귀로 들을 수 있으리오. 만약 육신의 귀로 들었다면 그것은 분명 **사람의 말**이요, **거짓 영들의 말**이라.

다메섹에서 바울 사도에게 나타나시어 말씀하신 그 하나님의 말씀은 바울 사도와 함께 있었던 사람들에게는 그 소리가 들리지 아니하였다. "내가 대답하되 주여 뉘시니이까 하니 가라사대 나는 네가 핍박하는 나사렛 예수라 하시더라. 나와 함께 있는 사람들이 빛은 보면서도 나더러 말하시는 이의 소리는 듣지 못하더라"(행22:8~9). 이 소리를 사도바울께서 "십사 년 전에 셋째 하늘에 이끌려가서 '말할 수 없는 말(말 아닌 말)'을 듣고 왔다"[135]고 고백하신 말 아닌 말이다. 이렇게 말 아닌 말이 하나님의 입으로 나오는 '참말씀'이요, '생명의 말씀'이요, '영생의 말씀'이라! 이 말들은 귀 있는 자들만이 들을 능력이 있는 말씀이라. "귀 있는 자들은 성령이 교회들에게 하시는 말씀을 들을지어다"(계2:29).

이렇게 "하나님의 입으로 나오는 말씀으로만 살리라"(마4:4)고 고백하는 자들만이 말 아닌 말씀으로 말미암아 깨끗함을 입었으며, **참말씀 세례**인 **성령세례**[136]를 입었다. 또한 하나님의 입을 정확하게 안다! 이런 자만이 "하나님께서 보내신 자"(요6:29)라고 말할 수 있다. 인자는 구름을 타고 오신다고 했던가. 이런 자라야 말 아닌 말씀인 성령으로 제자를 삼으시는 아버지와 아들과 성령의 이름 안에서 하나가 되는, 역사를 창

---

135 • "내가 그리스도 안에 있는 한 사람을 아노니 십사 년 전에 그가 셋째 하늘에 이끌려 간 자라 (그가 몸 안에 있었는지 몸 밖에 있었는지 나는 모르거니와 하나님은 아시느니라) 그가 낙원으로 이끌려 가서 말할 수 없는 말을 들었으니 사람이 가히 이르지 못할 말이로다"(고후12:2~4).
136 • 성령세례란 말 아닌 말로 영의 귀로 들려지는 말씀 세례를 말한다. 육신의 귀로 듣는 것은 성령세례가 아니다.

조하시는 하나님의 아들이시다.

　“그러므로 너희는 가서 모든 족속으로 제자를 삼아 아버지와 아들과 성령의 이름 안에서 세례를 주고 내가 너희에게 분부한 모든 것을 가르쳐 지키게 하라”(마28:19).

삼층천 하늘은 어디에 있나?

당신은 사도바울 선생께서 십사 년 전에 이끌려가신 그 삼층천을 알고 있는가? 그 삼층천을 맛보아야 "그가 몸 안에 있었는지 몸 밖에 있었는지 나는 모르거니와"(고후12:2)를 알 수 있다. 이렇게 **내가 나를 모르는 상태**(속나가 인지함)에서 들리는 하나님의 말씀이 바로 **말 아닌 말씀**(고후2:2)이시다. **네가 네 몸 안에 있는 상태**(겉나가 인지함)에서 들리는 하나님의 말씀은 **마귀 하나님의 말씀**(요8:44)이라!

"너희는 너희 아비 마귀에게서 났으니 너희 아비의 욕심을 너희도 행하고자 하느니라"(요8:44). 마귀 하나님의 말씀은 내가 하나님의 자녀가 되고 싶은 욕심, 구원을 받고자 하는 욕심, 천국을 가고자 하는 욕심, 목회를 하고자 하는 욕심, 땅끝까지 내 몸을 불사르며 전도하고자 하는 욕심 등을 부추긴다.

내가 내 몸 안(속나, 그리스도 안)에 있는지, 내 몸 밖(겉나, 그리스도 밖)에 있는지가 분별이 되지 아니하면 당신은 아직 당신의 샛별이 당신의 마음에 떠오르지 아니한 자요, 아직 날이 새지 아니하여 깜깜한 밤중에 있는 자이다.[137] 아직 성령의 감동이 무엇인지 모르므로 경의 말씀을 사사

137 • "우리에게 더 확실한 예언이 있어 어두운데 비추는 등불과 같으니 날이 새어 샛별이 너희 마음에 떠오르기까지 너희가 이것을 주의하는 것이 가하니라. 먼저 알 것은 경의 모든 예언은 사사로이 풀 것이 아니니라. 예언은 언제든지 사람의 뜻으로 낸 것이 아니요, 성경의 감동하심을 입은 사람들이 하나님께 받아 말한 것이다"(벧후1:19~21).

로이 풀고 있다. 즉, 자신의 느낌과 주관대로 성경을 풀고 있다. 그래서 성경의 같은 한 귀절의 말씀도 설교하는 사람마다 다르다. 이것이 바로 자신의 수준대로 자신의 말 즉 "탐심을 인하여 지은 말" [138]을 한다는 것이다.

이런 상태에 있는 자들은 아직 "처음의 땅과 처음의 하늘과 처음의 바다" [139]도 알지 못한다. 바다도 없으니 고기 잡을 일이 없구나! '처음 땅과 처음의 하늘'을 모르니 '새 하늘과 새 땅'은 어찌 알 수 있으리오! 땅과 하늘을 공간적인 장소 개념으로 보는 것이 처음 땅과 처음 하늘이다. 땅(겉사람)도 '나'이고 하늘(속사람)도 '나'이므로 땅과 하늘은 나의 내적인 상태를 말하는 것이다. 이 둘이 서로 구별되어 있다가 하나로 되어지는 것이 새 하늘과 새 땅이 되어진 것이다.

"그날"(요14:20)에는 "하늘이 큰 소리로 떠나가고 체질(초등학문. 기복신앙)이 뜨거운 불에 풀어지고 땅과 그 중에 있는 모든 일이 드러나리라"(벧후3:10). 이렇게 그날이 밤에 도적같이 임하니까 아직 새벽이 오지 아니하여 밤중에 있는 자들은 아무리 새벽기도를 열심히 하여도, 그 샛별이 마음 안에서 떠오르지 아니한다. 그래서 "믿음은 모든 사람의 것이 아님이라"(살후3:2)고 말씀하신다.

처음 하늘이 불, 즉 생명의 말씀으로 깨달아서 다 풀어지고, 큰 소리로 떠나간 자만 새 하늘과 새 땅[140]을 바로 보게 된다. 이 "새 하늘과 새

---

138 • "저희가 탐심을 인하여 지은 말을 가지고 너희로 이를 삼으니 저희 심판은 옛적부터 지체하지 아니하며 저희 멸망은 자지 아니하느니라"(벧후2:3).
139 • "내가 새 하늘과 새 땅을 보니 처음 하늘과 처음 땅이 없어졌고 바다도 다시 있지 않더라"(계21:1).
140 • "하나님의 날이 임하기를 바라보고 간절히 사모하라. 그날에 하늘이 불에 타서 풀어지고 체질이 뜨거운 불에 녹아지려니와 우리는 그의 약속대로 의에 거하는 바 새 하늘과 새 땅을 바라보도다"(벧후3:12~13).

땅"이 바로 하늘로부터 내려오는 거룩한 성 새 예루살렘(계21:2)이요, 이 예루살렘 성안에서만 하나님의 입으로 나오는 말씀을 들을 수가 있다. 이 '새 하늘'이 바로 바울 사도가 십사 년 전에 끌려 올려가신 **셋째 하늘**(고후12:3), 즉 **삼층천**이다.

광야에서 세례요한이 "천국(天國)이 가까이 왔으니 회개하라"고 외칠 때 그때 회개하여 천국, 즉 하늘나라를 만나야 처음 땅과 처음 하늘도 알 수 있다. 그리고 그 처음 땅과 처음 하늘을 제대로 알면 삼층천 하늘도 제대로 알 수 있다. 그런데 당신들은 광야 교회에 이미 들어왔다고 하면서 "우리는 구원받았다"고 자긍하여 회개하지 아니하고, 밤낮 교회 안에서 "주시옵소서"만 외치고 있으니……. 어찌 당신들이 광야에서 외치는 세례요한의 외침을 들을 수 있으리오! 내 안에서 외치는 세례요한의 외침을 들을 수 없으니 어찌 하늘나라를 만날 수 있으리오!

말씀! 말씀을 외치는 교회들!

요즈음 세간에는 "하나님의 '참진리' 를 전파하고 있는 교회가 있다" 는 소문을 듣고 많은 교인들이 그 말씀을 들으려고 모여들고 있다. 이제 병 고치고 기적을 일으키는 많은 교회들은 식상해졌는가? 그래서 다시 "참말씀으로 돌아가자!" 고 해서 '말씀' , '말씀' 하고 외치는가!

"태초에 말씀이 계시니라. 이 말씀이 하나님과 함께 계셨으니 이 말씀이 곧 하나님이시라!" (요1:1)

이 구절에서 보듯이 하나님은 곧 말씀이시다. **말씀 육신이 되어 우리 안에 거하시매** 우리가 그 영광을 보니 아버지의 독생자의 영광이요 은혜와 진리가 충만하더라" (요1:14). 이 말씀은 "말씀으로 돌아가자!" 고 외치는 자들이 자주 인용하는 구절이다.

그런데 예수 그리스도는 2,000년 전에 현현하신 유대 청년이 아니라, 그리스도 예수로서 **말씀 육신이 되어 우리 안에 거하신 말씀**' 이므로, 교회의 유전이나 풍조를 믿지 말고, 말씀 육신이 되어 우리 안에 거하신 '말 아닌 말씀' 을 믿어야 한다.

그런데 교회의 유전이나 풍조에 의하면, "모태 신앙(信仰)인들은 이미 구원을 얻은 자" 이다. 이 모태 신앙(信仰)인들은 교회의 행정에 적극 참여하고, 주일은 말할 것도 없이 철저히 성수한다. 그리고 철저히 십일조 헌금을 드리며, 다른 헌금도 힘에 부치게 최선을 다한다. 이처럼, 열심히 교회에 출석하여 대표 기도도 잘하고, 성경 구절도 많이 알고 있는 교인 이라면 두말할 것도 없이 구원받은 교인이라고 단정 짓는다. 이것이 오늘날, 교리나 장로의 유전과 풍조를 좇는 교인들의 생각이다.

그러나 말씀을 외치는 교회는 이렇게 상식적인 교회들의 구원관을 과감히 타파하고, 그런 교회관을 잘못되었다고 외치며, 그것들은 성경에서 예수님께서 바리새인과 서기관들에게 말씀하신 것과 같이 "세상 풍조요, 장로의 유전을 좇는 자들"이라고 단정한다. 그리고 말씀을 바르게 알지 못하면 어둠에 속한 자들이라고 매도한다. 이렇게 비판하며 '말씀, 말씀'을 외치는 교회가 세상에 또 화제가 되고 있다.

그러나 이렇게 외치는 교회의 말씀 내용을 들여다보면, 그 교회도 역시 '말씀, 말씀' 하면서 '성경의 글자'에 묶여 있으며, 성경의 글자가 하나님의 말씀인 줄 착각하고 있다. 성경의 글자를 눈으로 읽을 때, 당신 심령의 귀로 하나님의 말 아닌 말씀을 들을 수 있어야 한다. 하나님의 말씀은 글자 아닌 말씀이며, 바울 사도가 삼층천에 올라가서 들으셨던 말 아닌 말씀이다. 이 말 아닌 말씀이 곧 말씀 육신의 말씀이요, 이 말씀이 진리의 말씀이시다. 그러므로 "아버지의 말씀(하나님의 말씀)은 진리"(요 17:17)이시다.

이 세상의 모든 진리가 우리들의 귀에 들리게 말하고 있는가? 그 진리의 소리는 내 심령의 귀가 열려져서 그 심령의 귀로 들리는 것이다. 이것이 바로 진리의 소리요, 이 소리가 바로 성경의 소리이다. 그러므로 "성령은 진리"(요일5:7)이다.

이 심령의 귀가 열려지기 전에는 "너희는 잠잠하라. 너희 마음에 샛별이 떠오르기 전에는 더 확실한 예언에 대하여 주의하라. 너희가 먼저 알 것은 경의 모든 예언은 사사로이 풀 것이 아니니, 성령의 감동하심을 입은 사람들이 하나님께 받아 말한 것"이다.

'말씀, 말씀' 하면서 "성경은 다 짝의 말씀이 있습니다. 땅의 말씀과 하늘의 말씀인 짝이 있으니, 그 짝을 잘 찾아서 맞추어 먹어야 합니다.

성경에서 말하는 구름과 하늘과 땅 등등의 표현은 우리가 실제로 알고 있는 세상의 것들을 말하고 있는 것이 아닙니다" 등의 말로 자칭 성경은 비밀의 말씀이라고 '말씀, 말씀'을 외치고 있다.

그리고 "오늘날 우리가 이 말씀으로 빛의 자녀가 되었으며, 이렇게 비밀의 말씀을 풀어먹고 이 말씀을 가진 자가 되어져야 천국 백성이 되고, 죽어서도 천국에 갑니다"라고 떠들어댄다. 여기서 말하고자 하는 것은 이렇게 '말씀, 말씀' 하면서 말씀으로 돌아가자고 외치는 자들 또한 이 '말씀'이 저희들에게는 올무가 되어 성경 말씀에 묶여 헤매고 있다는 것이다.

'말씀, 말씀'을 외치는 자들이여! 너희가 먼저 "말씀 육신"[141]이 되어져야 한다. **말씀이 육신이 되어지는 것이 아니라**, 말씀도 아닌, 육신도 아닌 그야말로 **말씀 육신**이신 **성경** 곧 **진리**가 되어져라!

하나님의 말씀은 성경의 글자가 아니므로, 그 글자 속에 담겨 있는 '하나님의 메시지'가 바로 우리가 먹을 생명의 양식이다. 성경의 단어, 글자도 하나님의 뜻을 담은 그릇에 불과하다. 우리는 그 그릇과 용기를 먹는 것이 아니다. 그것들이 무엇을 뜻하는 것인가를 성경 속에서 헤매고, 찾고, 연결하는 것 또한 아니다. 그 그릇 안에, 그 단어 안에 담겨 있는 '말 아닌 말씀'이신 '에너지(능력)'를 먹을 수 있어야 한다. 그것은 성경 장절을 잘 찾고, 원어 성경을 해석하며 연결시킨다고 해서 깨달아지는 것이 아니다. 그런 노력조차도 또 하나의 **자기 의(義)의 바벨탑**을 쌓는 것이다.

---

141 • "말씀이 육신이 되어 우리 안에 거하시매 우리가 그 영광을 보니 아버지의 독생자의 영광이요, 은혜와 진리가 충만하더라"(요1:14). '말씀이 육신이 되어'는 오역이다. '말씀 육신이 되어'가 맞는 말이다.

우리가 먼저 해야 할 일은, 내가 지은 첫 성전의 돌을 돌 하나도 돌 위에 남김없이 다 무너뜨려야 한다. 그런데 무너뜨린다고 하면서 자꾸만 쌓고 있다. '말씀, 말씀'을 외치면서 그 말씀이 또 다른 나의 멍에가 되고 있다. 아주 고급스런 바리새인이 되어가고 있다. 우리는 언제까지 이렇게 속고만 있을까!

'말씀, 말씀'을 안다고 하는 자들이여! 당신이 먼저 너의 본토 친척 아비 집을 떠나고, 당신이 먼저 십자가에 달려 죽어야만 한다. 죽지 아니한 자는 부활을 경험해보지 못한 자요, 죽어보지 아니한 자는 믿음을 모르는 자이다. 죽어본 사건이 내 안에 없는 자는 "예수의 흔적" [142]이 없는 자이다.

이런 자들이 지식으로만 좀 다르게 해석하여 '말씀, 말씀' 하며 설교하고 있으니까, 그 아래에서 듣는 자들 또한 부활을 경험치 못한 자들이요, 믿음이 오기 전의 자들이다. 이런 자들이 "옳소! 옳소!, 아멘! 아멘!"을 연발하고 그 녹음 테이프를 가지고 거리로 돌아다니고 있다. 어찌하여 너희들도 너희 조상이며 선배인 바리새인들과 꼭 같은 행동을 하고 있는가!

---

142 • "이 후로는 누구든지 나를 괴롭게 말라 내가 내 몸에 예수의 흔적을 가졌노라"(갈6:17). '가졌노라'의 뜻은 십자가 사건을 가졌다는 말이다

만물을 살게 하신 하나님

"만물을 살게 하신 하나님 앞과……"(딤전6:13)이라는 구절이 나온다. 모든 만물이 언제는 죽었던가? 내가 모태에 있을 때에도 살아 있었고, 내가 모태 배 속에서 태어난 후 지금까지도 만물은 살아 있었다. 지금도 나와 함께 살고 있다. 그런데 그 만물이 언제 죽었는가! 그 만물이 죽은 사건이 있어야만 살게 하신 사건도 있을 것이 아닌가!

나와 내 안에 있는 만물들과의 관계를 모르는 상태, 즉 서두에 말한 것처럼 이 세상의 모든 만물을 지식적, 철학적으로 잘 안다고 하는 그런 나의 세계 속에 있을 때는, 그 모든 만물은 내 안에서 죽은 상태로 존재하고 있었다. 그래서 지식적, 철학적으로 "본다(안다)고 하니 그저 죄가 있다"(요9:11)고 하시며, 죄란 '모른다'의 상태라고 말씀하신다. 내가 일방적인 지식으로 알고 있는 만물은 나의 상대방인 만물의 입장에서 나를 볼 때, "너는 나(만물)에 대해서 몰라도 너무 모른다. 너는 나(만물)와의 관계를 그렇게 소극적으로, 아니 한 조각조차도 제대로 알지도 못하면서 아는 척하는가?"라고 나에게 말하고 있다.

이렇게 만물과 나의 관계를 내가 모르는 상태일 때에, 그 만물은 내 안에서 죽어 있을 때이다. 이때가 내가 목숨, 즉 육적인 생각의 차원 아래 있을 때이다. 이 목숨[143]을 영적으로 버릴 때가 내가 영적으로 죽을

---

143 • 버려야 할 목숨은 육·혼적 차원의 목숨, 즉 기복신앙, 육신의 생각, 정과 욕심이다.

때요, 이 목숨을 버리면 다시 새 목숨[144]을 얻을 것이다. "나(참나, 그리스도 예수)를 위하여 자기 목숨을 잃는(버리는, 깨닫는) 자는 얻으리라"(마 10:39). 다시 얻은 그 목숨은 하나님께서 다시 살리신 목숨이요, 이 목숨이 바로 생명이요, 이 생명이 바로 영생이라! 이것이 진아(眞我)를 만난 것이요, 거듭남이 아니겠는가!

진리이신 하나님이 **나를 다시 살리신 그날**이 바로 하나님께서 죽었던 만물을 다시 살리신, 살게 하신 그날이다. '그날' 이 바로 **나의 창세**이다. 만물이 정확하게 만물다울 때, 즉 **'내가 만물이다'** 는 것을 알 때가 바로 창조요, 창세요, 태초가 아닌가! 이렇게 창세가, 태초가 이루어진 영안으로 성경의 창세기를 보라! 그러면 창세기가 우주 과학적인 우주 창조를 이야기한 책이 아니란 것을 깨달을 것이다.

아직까지 에덴동산을 찾고 있는가? 아직까지 노아의 방주 부스러기를 찾고 있는가? 아직까지 저 이스라엘의 예루살렘이 당신 신의 성지인가? 아직까지 당신의 메시야인 당신의 구주는 2,000년 전의 유대 청년 예수이신가? 한 발자국 더 나아가 그 유대 청년 예수가 십자가에 돌아가셨다가 다시 부활하신 유대 청년의 형상을 가진 그 예수 그리스도를 당신의 구주로 삼는가?

이 모든 것이 다 종교니라! 거듭나서 눈을 떠라! 그리하면 만물이 보이리니, 그러면 만물을 살리신 너의 하나님을 만나리라!

---

144 • 얻은 새 목숨은 거듭난 영의 목숨, 즉 나는 길이요, 진리요, 생명이신 그리스도 예수를 깨달은 목숨이다.

반성과 회개 Ⅱ

반성은 **수평적 발전**이요, 회개는 **수직적 차원의 변화**이다. 세상을 떠들썩하게 했던 대도 C모 씨의 사건을 우리는 기억한다. 그 사람이 중형을 선고받고 형을 치르면서 교도소 안에서 죄를 뉘우치고, 아주 모범적인 수형 생활을 한다면서 세간에 알려지기 시작했다. 그 사람이 이렇게 되게 된 배후에는 훌륭한 목사님이 계셨다고 하면서 온 기독교계가 떠들썩했다. 대도 C모 씨가 훌륭한 목사님을 만나서 "사람이 새롭게 거듭났다"는 말이다. 온 교회가 그 사람의 선처를 탄원하여, 그 사람은 목사님의 구명 운동에 힘입어 형량을 사면받고서 출소했다. 온 교계가 하나님의 은총과 하나님의 역사하심이라고 대대적으로 환영했다. 그리하여 그 교회에서 집사 직분까지 주었고, 더 나아가서 영적으로 다시 태어난, 거듭난 그 새사람에게 좋은 경제력까지 갖춘 여자 분을 소개해 결혼까지 하게 인도해주었다. 그 후에 두 사람 사이에 어린 생명까지 태어났다. C모 씨는 온 교회를 순회하면서 간증 집회에 몸이 열이라도 모자랄 지경으로 바빴다. 그러다가 한참 후 좀 잠잠하다 했는데, 느닷없이 신문에 C모 씨가 일본에서 또 절도 행각을 하다가 일본 경찰에 잡혔다는 것이다.

일언패하고, 당장 생각나는 것은 '그 사람이 영적으로 거듭나서 새사람이 되었다' 고 하면서 한 여인을 중매하여 결혼까지 하게 만들었는데, 그 둘 사이에 아기까지 낳은 그 여인의 심정은 어떠했겠는가? 보상이 문제이겠는가마는 그 여인의 심정을 누가 어떻게 본래의 상태로 씻어줄 수 있겠는가! 자칭 영적 지도자인 목사 당신이 그 여인의 인생을 책임질 수 있단 말인가? 이렇게 무책임한 일을 서슴없이 행하고 있으니까, 어찌 세상 사람들이 영적인 지도자라고 따를 수 있겠는가! 대도 C모 씨는 순간적으로 반성하는 것처럼 보였지만 제대로 반성하지 아니한 상태였다. 문제는 영 분별 능력을 가진 영적인 지도자라는 목사가 이런 상태를 볼 줄 모르고, 감히 회개라는 엄청난 수준의 단어를 그자에게 사용했다는 사실이다.

성경적 **회개**의 수준은 성경에서 아주 정확하게 보여준다. 그것은 바로 바울 사도의 회개 사건이다. 사울이었을 때 그는 "유대인 중에 유대인"[145]이요, "나는 유대인으로 길리기아 다소에서 났고, 이 성에서 자라 가말리엘의 문하에서 우리 조상들의 율법의 엄한 교훈을 받았고, 오늘 너희 모든 사람처럼 하나님께 대하여 열심하는 자"(행22:3)이었던 사울이 다메섹에서 하나님의 음성을 듣고 난 후에 사울은 이전의 자기의 화려한 모든 이력서를 "분토"[146]처럼 버렸다. 그런 모든 것들이 똥처럼 의미 없는 것들이라는 것을 깨달았다는 말이다. 그 이후에 바울 사도는 "개처럼 토하였던 것을 다시 먹거나 돼지처럼 씻었던 물에 다시 눕는 일"(벧후2:22)은 결단코 없었다. 이것이 바로 성경적인 회개이다.

거듭남이란, 다시 태어남이란, 회개란 이전의 상태로 되돌아가고 싶

---

145 • "내가 팔 일 만에 할례를 받고 이스라엘의 족속이요 베냐민의 지파요 히브리인 중의 히브리인이요 율법으로는 바리새인이요 열심으로는 교회를 핍박하고 율법의 의로는 흠이 없는 자로라"(빌3:5~6).

146 • "그러나 무엇이든지 내게 유익하던 것을 내가 그리스도를 위하여 다 해로 여길 뿐더러 또한 모든 것을 해로 여김은 내 주 그리스도 예수를 아는 지식이 가장 고상함을 인함이라 내가 그를 위하여 모든 것을 잃어버리고 배설물로 여김은 그리스도를 얻고"(빌3:7~8).

어도 되돌아 갈 수 없는, 완전히 다른 차원으로 달라져지는 것이다. 다시 말해서 '짐승'의 상태에서 '사람'의 상태로 탈바꿈해버린, 이미 이전의 나를 분토처럼 느끼고, 교만하고, 안다고 했던 내가 상상만 해도 역겨워지는 상태이다.

그러나 '반성' 차원은 참고, 억누르고, 견디면서, 나에게 스스로 최면까지 걸면서 지속적으로 훈련하면, 마치 설거지한 구정물을 가만히 오랫동안 두면 모든 찌꺼기는 밑으로 가라앉고, 맑은 물만 눈에 보인다. 그 물은 일시적으로 맑은 물같이 보이나, 주위 환경의 변화가 오면 본래의 구정물 상태로 모습을 드러낸다. 우리 기독교의 신앙도 처음에 "한번 비췸을 얻고, 하늘의 은사를 맛보고, 성령에 참여한 바 되고, 하나님의 선한 말씀과 내세의 능력을 맛보고"(히6:4~5)처럼 정과 욕심에서 벗어나는 것 같으나, 곧바로 다시 종교적인 정과 욕심으로 변신해버린다.

우리는 처음에 내 속에 거하던 정과 욕심이 신앙적 허울을 쓴 정과 욕심으로 바뀌면, 그만 그 죄에게 속고 만다. 그다음부터는 "내가 하나님의 일을 열심히 하기 위해서 구하는 것이지, 나의 욕심으로 구하는 것이 결단코 아닙니다"가 되는 것이다. 바울이 사울이었을 때 내가 "예수의 제자들을 다 죽이려는 것은 오직 하나님의 일을 위해서입니다. 나의 유익을 위해서는 결단코 아닙니다"의 그런 시절인 것과 같다.

"욕심이 잉태한 즉 죄를 낳고, 죄가 장성한 즉 사망을 낳느니라"(약1:15) 이 구절의 욕심이나, '종교적 의'인 '하나님을 위해서'라고 하는 그 욕심은 둘 다 같은 욕심이다. 구원받기 원하고, 천국 가기를 원한다면, 이 모든 것이 다 종교적 욕심이다. 이와 같은 모든 상태가 수평적인 '반성'의 차원이지, 성경이 말하는 '회개'의 차원과는 거리가 멀다. **반성은 땅의 차원**이요, **회개는 하늘의 차원**이다.

그래서 '감정 충만'과 '성령 충만'은 전혀 다르다. 반성 차원인 감정 충만은 눈물 콧물이 다 쏟아지지만, 회개 차원인 성령 충만은 억장이 무너져 할 말이 없어져버린다. 그저 어이가 없고, 멍하다고나 할까! 감정 충만은 하늘을 훨훨 나는 것 같고, 세상의 모든 것들이 또 다시 새삼스럽게 아름답게 보인다. 그러나 성령 충만은 은혜에 빚진 자가 되어서 그런지 그냥 허탈하고 허망하고, 그저 공(空)할 뿐이다. '둘'이 있을 때는 열정이 있지만 '하나'가 되어버리면 '열정'이란 것이 필요가 없고, 있을 의미조차도 없다. 이런 없음(無)의 상태가 바로 한 치의 틈도 없이 꽉 차버린 '만(滿)'의 상태라! 회개란 공(空)이요, 무(無)요, 만이라! 흰색으로 틈이 없이 꽉 차버린 종이를 백지라고 부르던가?

말씀을 지키는 자와 말씀을 이루는 자

말씀을 지키는 자는 부자들이요, 부자 청년이다. 성경에는 이런 부자 청년이 "주께 와서 가로되 선생님이여 내가 무슨 선한 일을 하여야 영생을 얻으리이까?" (마19:16)라고 물었다 기록되어 있다.

이 부자는 무슨 선한 일을 해야만 영생을 얻는 줄로 알고 있다. 그러나 성경은 그렇게 말씀하고 있지 않다. "율법의 행위로 그의 앞에 의롭다 하심을 얻을 육체가 없나니 율법으로는 죄를 깨달음이니라" (롬3:20). 이 말씀에서 보듯이, 어떤 행위로든지 하나님 앞에서는 의롭다 함을 얻을 육체가 없다. 이 부자는 많은 선한 행위를 하기 전에 먼저 죄를 깨달아야만 한다. 순서가 바뀌었다. 이렇게 순서가 바뀌었어도 이 청년은 "살인하지 말라, 간음하지 말라, 도적질하지 말라, 거짓 증거 하지 말라, 네 부모를 공경하라, 네 이웃을 네 몸과 같이 사랑하라 이 모든 것을 내가 지키었사오니 아직도 무엇이 부족하니이까?" (마19:18~20)라고 예수님께 반문한다. 그렇다. 죄를 깨닫지 못하고도 온 율법을 다 지킬 수 있다. 그것은 죄를 아직 깨닫지 못했기 때문에 말씀을 다 지켰다고 과감하게 말할 수가 있는 것이다.

율법은 **지킬 수 없는 법**이다. 행위로는 지킬 수 없지만, 이 법을 '온전히 이룰 수' 는 있다. "살인하지 말라" 는 율법을 주신 것은 "나는 살인하지 아니했습니다" 혹은 "나는 그 말씀을 다 지켰나이다" 라는 대답을 듣기 위해서가 아니다. 이 말씀을 듣고 깨달아서 그 말씀의 뜻을 온전히 '자기 안에서 행하는 자가 되어져라' 는 명령이다. 이 말씀이 이루어진 자는 대답이 필요 없다. 그런 상태로 살면 된다. 그렇게 사는 것이 행위요, 성경이 말하는 하나님 자녀의 삶이다. 하나님의 자녀는 모든 만물을 살리는 하나님의 일을 하며 살게 되어져있다.

그렇다면 "살인하지 말라"는 율법을 어떻게 해야 지키는 것이 아니라 이루는 것인가? 내 안에 거하는 '죄'를 먼저 깨달으면, 누가 누구를 살인하고 있는지 알게 된다. 이것을 먼저 깨닫지 못하면 부자 청년과 같이 열심히 말씀대로 살면서 "주여! 믿습니다. 주의 뜻대로 열심히 증거하며, 땅끝까지 전도하면서, 오늘도 쉬지 않고 기도합니다. 긍휼히 여겨주시옵소서!"라고 외치는 자들이 되고 만다. 지금 이런 자들이 자칭, 하나님의 말씀을 잘 지킨다고 하는 자요, 바로 살인하는 자들이다. 이런 종교적인 자기의 의(義)가 자기 안에 있는 '참나', '속사람'을 살인하고 있는 것이다. 이런 종교적인 나의 의(義)로 말미암아 거듭나야 할 하나님의 속사람은 살인당하고 있다.

이런 부자 청년은 '내가 하나님을 잘 알고 있고, 내가 지금 말씀대로 열심히 잘 살고 있으니까 우리 하나님께서 영육 간에 축복을 나에게 주셨어. 이렇게 물질 축복도 넘치게 주신 것이야' 라고 욥과 같은 생각을 하고 있다. 그런데 성경은 이런 하나님을 버리라고 말하고 있다.

'이런 나의 하나님을 왜 버리는가! 모든 종교인들이 이런 축복의 하나님을 만나지 못해서 안달이 났는데, 이런 하나님을 버리고 예수 당신을 좇으라고요?' 그러니까 예수님의 말씀인 생명의 말씀을 듣고 근심하며 돌아갈 수밖에……. 이런 부자는 생명의 말씀을 듣고 "이 모든 것을 내가 다 지켰사오니 아직도 무엇이 부족하니이까?"(마19:20) 하는 자기 모든 소유를 다 팔아야만이(돌 위에 돌 하나 남김없이 첫 성전을 헐라!) 하늘의 보화를 가질 수 있다. 이렇게 해야만 바로 거듭남의 역사가 일어난다는 말이다. 즉, 내가 나를 '살리는' 역사가 일어난다.

　"살인하지 말라"는 말씀을 이루는 것, 온전케 하는 것은 "살려라", 즉 "내가 나를 살려라", "산 자가 되어져라"는 말이다. 부자 청년처럼 죽은 자가 되지 말고 산 자가 되어져서, 부자 청년처럼 죽은 자들을 살리라는 말이다.

　"탐하지 말라"는 말은 바울 사도처럼 "나는 부요한 자요, 가난에 처할 수도 있고, 부에 처할 수도 있는 '자유자'가 되어져라"는 말이다.

　"간음하지 말라"는 말씀은 "내가 길이요, 진리요, 생명"(요14:6)이라고 하신 예수 신랑만을 바로 맞이하라는 것이다. 부자 청년처럼 이 말씀, 저 말씀 쫓아다니면서 '자기 복음'을 만들어 자기 의에 빠지지 말라는 말이다.

　예수님께서 부자 청년에게 "나를 따르라"고 말씀하실 때, 그 부자 청년이 예수님을 따르지 못한 이유는 이미 수많은 '말씀 신랑들'이 여자 상태의 부자 청년 안에 들어와 간음하고 있었기 때문이다. 율법은 이렇게 수많은 '말씀 신랑들'과 함께 간음하고 있으면서도, '나는 하나님을 잘 섬기고, 말씀을 잘 지킨다'고 하는 상태의 나를 깨닫게 해주는 법이지, 행위로 지키라고 우리에게 주신 법이 아니다.

　그래서 "말씀을 다 지켰다"고 하는 자나, "어찌 우리가 말씀대로 다 살 수가 있습니까? 오직 주님만 향하고 열심히 살 뿐이지요"라고 하는 자들이나, 둘 다 똑같은 자들이다. 말씀을 행위로 지키거나, 지키지 못했다고 하는 자들이 다 행위적 신앙(信仰)을 가진 부자들이다. 목숨만 있고 생명이 없는 죽은 자들이다.

출가하라!

당신은 본토 친척 아비 집을 떠났는가? 당신은 형제자매를 모두 버렸는가? 버리지 아니하면 능히 예수님의 제자가 될 수 없다.

이 사실을 성경은 다음과 같이 말씀하고 있다. "내가 온 것은 사람이 그 아비와, 딸이 어미와, 며느리가 시어미와 불화하게 하려 함이니 사람의 원수가 자기 집안 식구니라. 아비나 어미를 나보다 더 사랑하는 자는 내게 합당치 아니하고 아들이나 딸을 나보다 더 사랑하는 자도 내게 합당치 아니하고"(마10:35~37).

"무릇 내게 오는 자가 자기 부모요, 처자요, 형제요, 자매와 및 자기 목숨까지 미워하지 아니하면 능히 나의 제자가 되지 못하고"(눅14:26).

"예수께서 가라사대 내가 진실로 너희에게 이르노니 나와 및 복음을 위하여 집이나 형제나 자매나 어미나 아비나 자식이나 전토를 버린 자는"(막10:29).

또 다른 부분에서도 이와 비슷한 구절들이 많이 있다. 이런 모든 구절들이 이해가 되지 않아서 엉뚱하게 잘못 해석하거나, 윤리 · 도덕적으로 끌고 가서 결론을 내리면 큰일 난다. 우리 교인들은 찬송가를 부를 때마다 "제자 되길 원합니다"라고 얼마나 많이 부르짖는가! 예수님의 제자가 되려면 모두 다 버리고 미워해야 하는가? 엄청난 난관에 부딪히게 된다.

성경을 사사로이 해석하는 설교자들이여! 위 말씀들을 잘못 해석하고 설교하여, 유교권 안에 있는 완고한 집안에서는 예수 믿는 사람들을 고운 시각으로 보지 아니하고, 천하의 상놈들로 본다. 영감을 받아 말씀을 해석하고 설교하는 자들이 어찌하여 이렇게 하나님을 욕되게 하는가! "성경의 말씀은 사사로이 풀지 말라"고 말씀하셨는데도 설교하는 자들이 자칭 '영감을 받았다'고 하면서 자기 수준대로 사용하고 있는 것이 현실이다.

그런데 성경은 우리가 우려하는 것과는 전혀 다른 내용이다. 이런 구절들은 불가(佛家)에서 말하는 '출가(出家)'의 의미가 아니다. 불가에서 도의 초보의 출가는 '머리를 깎고, 자기가 살던 집을 떠나라'는 말이지만, 성경에서의 '출가(출애굽)'는 내가 살고 있는 육신의 집, 즉 **정과 욕심의 집을 떠나라**는 말이다. 그 집안에 함께 살고 있던 아비, 어미, 형제, 자매, 딸, 며느리, 시어머니, 친척. 그리고 나의 밭, 땅, 이 모든 나의 영적인 집안 식구들이 나의 정과 욕심을 움직이던 **나의 원수들**이다. 이런 것들에게서 떠나라는 말이다. 이런 것들이 내가 육정(육신의 생각. 욕심)으로 태어난 나의 본토, 친척, 아비 집이다. 이것이 도의 초보일 때는 나의 소중한 목숨들이다. 이 목숨을 잃어버려야 한다.

당신은 진정 "무엇을 먹을까, 무엇을 마실까, 무엇을 입을까"(마6:31) 걱정하며, "주여! 해결해주시옵소서! 해결해주실 줄 믿습니다"라며 죄의 종노릇하던 애굽 교인의 상태에서 그 모든 정과 욕심(본토, 친척 아비 집)을 버리고, 아무것도 없는 빈 들 광야로 나와야 한다. 당신은 교회에 나와서 먼저 목숨[147]을 구하려고 해결사인 예수님을 만나기 전에 당신의 목숨을 먼저 버려라! 그리하면 당신의 참목숨을 얻을 것이다. 당신은 예수를 믿어서 당신이 원하는 것을 먼저 해결받기를 원하기 전에 당신의

---

147 • 목숨은 우리의 육체를 위해 요구하는 모든 정과 욕심을 일컫는 말이다.

모든 것을 원하는 그 욕심을, 그 마음을 먼저 십자가에 못 박아야 한다.

"자기 십자가를 지고 나를 좇지 않는 자도 내게 합당치 아니하니라. 자기 목숨을 얻는 자는 잃을 것이요, 나를 위하여 자기 목숨을 잃는 자는 그 목숨을 얻으리라"(마10:38~39)가 모두 우리 안에 있는 정과 욕심을 일컫는 말이며, "사람의 원수가 자기 집안 식구니라"(마10:36). 그렇다. 나의 원수는 내 속에 거하는 '정과 욕심' 이다. 이 정과 욕심이 나의 원수이다.

그리고 "아비나 어미를 나보다 더 사랑하는 자는 내게 합당치 아니하고 아들이나 딸을 나보다 더 사랑하는 자도 내게 합당치 아니"(마10:37)하다는 말씀도 우리들의 육적인 관계인 부모와 딸과 아들을 말하는 것이 아니다. 만약 이 말씀을 "하나님은 질투의 하나님이시니까", 또는 계명을 들먹이면서 "이 세상의 어떤 것보다 먼저 하나님을 사랑해야 되니까"라고 해석한다면, 정말 하나님을 욕되게, 망령되게 하는 자들이다. 만약 이 구절이 그런 뜻이라면 기독교는 이단 중에 첫째 가는 이단이다.

또한 바울 사도는 "너희 부모를 주 안에서 순종하라. 이것이 옳으니라. 네 아버지요, 네 어머니를 공경하라. 이것이 약속 있는 첫 계명이니 이는 네가 잘되고 땅에서 장수하리라"(엡6:1~3)라고 말씀하셨다. 이 말씀도 육신의 부모를 말하는 게 아니라, 영적인 부모인 하나님 아버지와 어머니를 말한다. 그러기에 "사람들의 원수는 네 집안 식구니라"(마10:36)는 말씀 안에 "아비나 어미를 나보다 더 사랑하는 자는 내게 합당치 아니하고 아들이나 딸을 나보다 더 사랑하는 자도 내게 합당치 아니하니"라는 말씀이 포함되어 있다. 즉, 네 안에 거하는 정과 욕심이 나의 원수이며 이 정과 욕심으로 "믿습니다"라고 하는 그 믿음의 부모, 형제, 자매, 아들, 딸들인 **겉사람**(육신의 생각)을 말하고 있다. 이런 것들이 모두 본토 친척 아비 집이며 이런 것들 속에 있었던 그곳이 바로 애굽 시절이다. 이런 도의 초보의 상태, 즉 선악과를 먹던 애굽 시절을 십자가에 못 박으라는 말이다. 그런 목숨을 먼저 버려라!

이 **정과 욕심의 목숨**을 더 풍성히 얻고자 하는 육신의 교인들은 **영의 목숨**을 잃을 것이다. 예수 그리스도를 만나기 위하여 본토 친척 아비 집인 육신의 집을 버리고 자기 십자가를 지고 그 십자가에 자기를 매달아 죽이면 다시 새로운 자기 "목숨을 얻으리라".[148] 이렇게 자기 십자가에 정과 욕심을 십자가(생명과의 말씀)에 매달아 죽여버린 후에 다시 얻은 목숨이 바로 **부활의 목숨**이다. 다시 새 생명을 얻은 **산 자의 목숨**이다. 죽지 않으면 다시 살 수가 없다.

그러므로 수많은 교인들이여! 살려고 하지 말고, 죽으려고 힘써라! 가지려고 하지 말고, 버리려고 힘써라! 정과 욕심의 육신의 자리에 안주하려고 하지 말고, 본토 친척 아비 집을 떠나라! 출가(出家)하라! 어디로? 광야로! 왜? 세례 요한의 외침을 들으려고……. 그 광야에서 세례요한의 외침을 듣고 거기서 당신이 애굽을 떠나올 때, 당신의 어깨에 메고 나온 당신의 십자가를 세우고 그 십자가에 당신이 올라가 매달려 죽어라! 그리하면 살리라!

아침[149]은 해[150]가 떠서 그 무엇을 '찾을' 때이며, 쟁기를 들고 밭으로 나아가 자기 밭을 '갈' 때요, 저녁[151]이 되면 아침에 수고한 것들이 그 사이에 다시 '섞이고', '서로 뒤섞여' 혼돈된다. 그래서 또다시 빛이 나타나야만 그 빛으로 말미암아 다시 '구별' 되어지고, 그 빛이 '계몽'[152]하여 소경 된 눈을 뜨게 한다.

이 빛을 "말씀은 곧 하나님이시다"[153]라고 하며, 그 하나님이 '만물'을 지으셨다고 하셨다. 그 '만물'이 바로 '생명'이요, 그 생명은 짐승 차원이 아닌 사람 차원의 "사람들 안에서 빛나는 빛"(요1:4)이라 하셨다. 그 빛이 당신 안에서 빛나고 있지만, 어둠이 깨닫지 못하고 있다.

성경은 "빛이 어두움에 비춰되 어두움이 깨닫지 못하더라"(요1:5)고 했고, 이것을 "자기 땅에 오매 자기 백성이 영접치 아니하였"(요1:11)다고 했다.

당신이 빛의 자녀요, 낮의 자녀라면, 그 빛이 당신 안에서 당신의 어

---

149 • 아침의 의미는 '갈다', '찾다' 이다.

150 • "그 성은 해나 달의 비췸이 쓸데없으니 이는 하나님의 영광이 비취고 어린 양이 그 등이 되심이라"(계21:23)에서 해는 그리스도 예수를 의미한다.

151 • 저녁의 의미는 '섞다', '교환하다' 이다.

152 • 빛, 낮, 날의 상태이다.

153 • "태초에 말씀이 계시니라 이 말씀이 하나님과 함께 계셨으니 이 말씀은 곧 하나님이시니라"(요1:1).

두움을 걷어버려 눈을 뜨게 하고, 공허하고 혼돈된 땅의 상태인 당신을 자기 백성 삼으시려고 오신 그분을 영접하였으리라! 그분이 바로 깜깜한 밤중에 있는 당신을 새벽이 되게 하고 아침이 되게 하신다. 그래서 자기 밭을 열심히 땀 흘리며 갈아서 밭의 채소를 먹을 수 있게 하기 위하여 오늘도 쉬지 않고, 내 안에서 나를 비추고 계신다. "내 아버지께서 이제까지 일하시니 나도 일한다"(요5:17) 아버지와 아들은 내가 나의 본체를 깨달을 때까지 내 안에서 함께 길이 참으시며 일하고 계신다.

"땅이 네게 가시덤불과 엉겅퀴를 낼 것이라. 너의 먹을 것은 '밭의 채소' 인즉"(창3:18), "무릇 산 동물은 너희의 식물이 될지니 채소같이 내가 이것을 다 너희에게 주노라(창9:3)"고 하시며, "땅이 그 위에 자주 내리는 비를 흡수하여 밭 가는 자들의 쓰기에 합당한 채소를 내면 하나님께 복을 받고 만약 가시와 엉겅퀴를 내면 버림을 당하고 저주함에 가까워 그 마지막은 불사름이 되리라"(히6:7)고 하셨다.

가시와 엉겅퀴를 내는 자들이 바로 자기들은 하나님을 잘 믿고 있으며, 하나님의 거룩한 백성들이라고 자부하는 자들이다. 그러면서도 아직도 이방인들처럼 "무엇을 먹을까, 무엇을 마실까, 무엇을 입을까 염려"(마6:25)하고 있으며, 무엇이든지 구하면 만사를 다 해결해주시는 줄 안다. 그리고 저 먼 하늘을 쳐다보며, 천국 가기를 학수고대하고 있다.

하나님을 잘 섬긴다는 자들, 안식을 열심히 지키는 자들, 열심히 구제하는 자들인 바리새인들의 질문을 들어보라! " 바리새인들이 하나님의 나라가 어느 때에 임하나이까 묻거늘"(눅17:20).

예수님은 이렇게 대답하신다.

"예수께서 대답하여 가라사대 하나님의 나라는 볼 수 있게 임하는 것이 아니요, 또 여기 있다 저기 있다고도 못하리니 하나님의 나라는 너희 안에 있느니라"(눅17:20~21).

아직까지 내 안에 있는 천국의 상태를 경험하지 못한 자들은 "그리스도 도의 초보[154]를 버리고 죽은 행실을 회개함과 하나님께 대한 신앙과 세례들과 안수와 죽은 자의 부활과 영원한 심판에 관한 교훈의 터를 다시 닦지 말고 '완전'한 데 나아갈"(히6:1~2)지어다.

여자여! 자칭 교인들이여! 내 말을 믿으라. "이 산에서도 말고, 예루살렘에서도 말고, 즉 이 교회에서도 말고, 저 기도원에서도 말고 너희가 아버지께 예배할 때가 이르리라!"(요4:21) 예배할 때가 이르지 아니했는데 너희들이 잘 안다고 열심히 하는 것은 "너희는 알지 못하는 것을 예배"(요4:22)하고 있는 것이다. 그러니까 너희의 예배는 아직 이방인들이 드리는 예배라.

"대저 이방인의 제사(예배)는 귀신에게 하는 것이요, 하나님께 하는 것이 아니니 나는 너희가 귀신, 즉 알지 못하는 것을 예배하게 조종하는 정과 욕심과 교제하는 자 되기를 원치 아니하노라!"(고전10:20).

이 모든 종교 행위가 죽은 행실이다. 그리고 자칭 부활했다고 하나, '산 자의 부활'이 아니라 "죽은 자의 부활"(히6:2)이요, '하나님을 모르는 부활'이라! 이런 그리스도의 초보자들도 그 종교 행위 안에서 "한번 비췸을 얻고 하늘의 은사를 맛보고 성령에 참예한 바 되고 하나님의 선한 말씀과 내세의 능력을 맛본 자들"(히6:4~5)이다. 그 도의 초보에 맛 들려 죽는지 사는지 모르고 열심히 하나님과 모든 사람들을 사랑[155]하고 있다고 한다.

---

154 • 도의 초보들의 행실은 바리새인들의 신앙과 같이 죽은 행실들이다. 주일성수, 새벽 기도, 십일조, 구역예배, 열심으로 전도하기 등이다.
155 • "내게 있는 모든 것으로 구제하고 내 몸을 불사르게 내어 줄지라도 사랑(하나님은 사랑이시라)이 없으면 내게 아무 유익이 없느니라"(고전13:3).

하나님이 계시지 아니한 믿음은 거짓 믿음이요, 자기의 욕심이요, 자기 의(義)라. 이런 상태에 빠지면 참선지자의 말을 듣지 아니한다. "당신의 그런 상태가 그리스도 도의 초보 단계이다"라고 말하면 인도하려는 선지자를 향하여 돌로 치고, 입혀주는 새것을 발로 짓밟고 찢어버린다. 왜냐하면 처음 맛본 그 기복에서 업그레이드된 상태가 너무너무 감미로웠기 때문이다. 그런데 이것은 하나님께서 당신에게 주셨다고 생각하는 그리스도 도의 초보의 첫사랑이다. 이 도의 초보의 첫사랑은 잊어버려라. 그리고 참된 첫사랑을 회복하라!

성경에서 말하는 첫사랑은 아들의 사랑이요, 그리스도의 사랑이다. 끝 사랑은 아버지의 사랑이라! 아들의 사랑인 첫사랑은 기복 예수가 아니요, 율법을 통해 죄를 깨닫게 해준 십자가의 사건[156]이다.

"귀 있는 자들은 성령이 교회들에게 하시는 말씀을 들을지어다"(계 2:29). "그러므로 네가 어떻게 받았으며 어떻게 들었는지 생각하고 지키어 회개하라. 만일 일깨지 아니하면 내가 도적같이 이르리니 어느 시에 네게 임할는지 네가 알지 못하리라"(계3:3). "네가 나의 인내의 말씀을 지켰은즉 내가 또한 너를 지키어 시험의 때를 면하게 하리니"(계3:10). "내가 이미 얻었다 함도 아니요, 온전히 이루었다 함도 아니라. 내가 그리스도 예수께 잡힌 바 된 그것을 잡으려고 좇아가노라. 형제들아, 나는 아직 내가 잡은 줄로 여기지 아니하고 오직 한 일, 즉 뒤에 있는 것은 잊어버리고 앞에 있는 것을 잡으려고 푯대를 향하여 그리스도 예수 안에서 하나님이 위에서 부르신 부름의 상을 위하여 좇아가노라"(빌3:12).

이렇게 회개하여 첫사랑을 회복하고 끝 날, 일곱째 날, 그날까지 이룬

---

156 • "대저 젖이나 먹는 어린아이처럼 그리스도의 초보에 안주하지 말고 하나님의 의의 말씀

자들에게 그리스도 예수는 이렇게 말씀하신다.

"끝 날까지 지키어 이겨라! 이기는 그에게 내가 내 보좌에 함께 앉게 하여주기를 내가 이기고 아버지 보좌에 함께 앉은 것과 같이 하리라"(계 3:21). "그날에는 내가 아버지 안에, 너희가 내 안에, 내가 너희 안에 있는 것을 너희가 알리라"(요14:20). "아버지께서 내 안에, 내가 아버지 안에 있는 것같이 저희도 다 하나가 되어 우리 안에 있게 하사 세상으로 아버지께서 나를 보내신 것을 믿게 하옵소서. …… 곧 내가 저희 안에, 아버지께서 내 안에 계셔 저희로 온전함을 이루어 하나가 되게 하려 함은 아버지께서 나를 보내신 것과 또 나를 사랑하심같이 저희도 사랑하신 것을 세상으로 알게 하려 함이로소이다"(요17:21~23). 이 말씀처럼 하나님과 한 몸, 한 떡, 한 영이 되어진 상태이다.

날과 낮

헬라어로는 날도 '헤메라(ἡμέρα)' 요, 낮도 '헤메라' 이다. 성경에서는 '날' 과 '낮' 이라는 말이 같다. 성경에서의 '날' 이라는 개념 속에는 '밤' 이라는 개념은 없고, 오직 '낮' 과 '날' 만이 존재한다. 그러니까 영어의 날(day) 개념이 아니며, 시간(time) 개념이 아니다.

성경에서의 **날**은 시간과 공간을 초월한 어떤 **존재의 상태**를 말한다. 그래서 성경이 말하는 수많은 '날' 이나 '낮' 이라는 말은 시(時)·공(空)을 초월한 말이므로 우리들의 지·정·의 개념, 즉 지식적 차원에서는 전혀 이해할 수 없다. 성경의 말은 영의 말이지 혼적인 차원의 말이 아니다. 그러므로 혼적인 우리들의 수준으로 성경을 접하면, 실제 성경이 우리들에게 전하고자 하는 내용이 엉뚱한 내용으로 전달된다. 왜냐하면 영의 눈으로 봐야 하는데 지식의 차원인 육의 눈으로 성경을 보니까 엉뚱한 육신의 방향으로 갈 수밖에 없다.

성경의 모든 이야기는 우리들의 지식과 상식의 차원을 훨씬 벗어난 저 건너편의 말씀이다. 땅의 차원의 말씀이 아니라 하늘의 차원의 말씀이다. 그래서 "너희는 보아도 보지 못하며 들어도 듣지 못하며 깨닫지 못함이니라"(마13:13)거나 "믿음은 모든 사람의 것이 아님이라"(살후3:2)고 말하고 있다.

"아니! 왜 우리들이 보아도 보지 못할까? 우리들도 다들 배울 만큼 배웠는데……. "하나님은 사랑"(요일4:8)이라고 하시면서 누구나 다 보면 알 수 있게 해놓으시지……. 왜 '너희' 와 '저희들' 을 구별되게 하시는가?' 이것이 바로 성경과 우리들의 깊은 구렁이다.

우리들의 지식은 '날' 과 '낮' 의 개념이 분명 달라야 한다. 그리고 '낮' 의 아들' 과 '빛의 아들' [157]도 분명 개념이 달라야 한다, 그러나 여기서 보면 '빛' 이나 '낮' 이나 같은 개념으로 쓰이고 있다. 그렇다. 성경에서는 '날' 과 '낮' 과 '빛' 이 같은 말이다. 성경에서의 하루는 1일(one day)이 아니다. **"하루가 천 년 같고, 천 년이 하루 같은"** (벧후3:8) **하루**를 말하고 있다.

우리는 예수님께서 죽은 지 삼 일 만에 부활하셨다고 알고 있다. 그 삼 일도 우리들의 개념인 하루, 이틀, 삼 일 만에 부활하심이 아니라, 단수 삼 일을 말하고 있다. 우리들의 상식으로는 **단수 삼 일**이 있을 수 있는가? 그러나 이 삼 일은 우리들이 '예수가 그리스도이신 것과 그 그리스도가 예수이신 것' 을 정확하게 깨닫는 차원이며, 구약의 율법 차원이다. 율법이 "돌 하나도 돌 위에 남지 않고 다 무너뜨려야" (마24:2) 죽은 자 안에서, 즉 구약의 셋째 날 안에서 죽고 신약의 넷째 날 안에서 부활하실 수가 있다. 구약의 셋째 날은 곧 신약의 넷째 날이다.

수많은 교인들이여! 당신은 예수 신랑을 만나려고 교회에 나왔는가? 하나님 아버지를 영접하시기 위하여 교회에 나왔는가? 수많은 교회들이여! '날' 과 '낮' 과 '빛' 의 아들들이 되어 해와 달의 비췸이 쓸데없는 그 성, 그날들이 되어지소서! "그 성은 해나 달의 비췸이 쓸데없으니 이는 하나님의 영광이 비취고 어린양이 그 등이 되심이라" (계21:23) 아! 거기는 밤, 즉 무지, 혼돈이 없음이라!

---

157 • "형제들아 너희는 어두움에 있지 아니하매 그날이 도적같이 너희에게 임하지 못하리니 너희는 다 빛의 아들들이요, 낮의 아들이라. 우리가 밤이나 어두움에 속하지 아니하나니" (살전5:4~5).

아버지의 말씀은 진리니이다

당신은 다음 구절을 묵상해본 적이 있는가?

"저희를 진리로 거룩하게 하옵소서. 아버지의 말씀은 진리니이다" (요17:17)

이 말씀은 진리는 아버지의 말씀이시니 저희를 말씀으로 거룩하게 해달라는 뜻이다. '거룩'은 말씀으로 이루어지는 것이지, 어떤 행위의 모양이 아니다. 거룩의 뜻은 '구별'하다, 즉 구별할 수 있는 능력을 '거룩'이라고 말한다. '무엇을', '누구를' 구별하는 것을 말하는가? '말씀'을 구별할 줄 아는 능력, '선악과'와 '생명과'를 분별할 줄 아는 능력을 '거룩'이라고 한다.

성경에 "씨는 하나님의 말씀"(눅8:11)이요, "밭은 세상이요, 좋은 씨는 천국의 아들들"(마13:38)이라 했고, "우리는 하나님의 동역자들이요, 너희는 하나님의 밭이요, 하나님의 집이니라"(고전3:9)고 했다. 또한 "좋은 씨를 뿌리는 자는 인자(사람의 아들)"(마13:37)요, "인자는 아버지 하나님의 인 치신 자"(요6:27)요, "인자는 안식날의 주인"(마12:8)이시며 "그때에 인자가 구름을 타고 큰 권능과 영광으로 오는 것을 사람들이 보리라"(막13:26)고 했다.

씨는 하나님의 말씀이요, 이 말씀은 진리요, 이 진리는 거룩이요, 거룩한 이는 한 분이시다. 이 거룩이신 인자는 구름을 타고 오신다. 우리가 선악과와 생명과를 분별하지 못하면, 구름을 분별하지 못할 것이요, 이 구름을 분별하지 못하면 인자를 만날 수 없다.

소경들이여! 회개하여 실로암 연못에 가서 눈을 씻어라! "눈을 들어 너의 밭을 보라"(요4:35)는 말씀에서 나의 영적인 상태가 변화되어야 밭을 볼 능력이 있다. 눈을 들어 너의 밭을 보라! 그리하면 성경이 생명과로 보이리라! 성경은 하나님의 말씀이며, 하나님의 말씀은 진리이므로, 진리는 복잡하지 아니하고 간단명료하다.

창세기 1장 1절에서 2장 3절에 성경의 모든 말씀이 다 기록되어 있다. 창세기 2장 4절부터는 그 앞의 창세기 1장 1절에서 2장 3절의 말씀을 풀어서 설명하신 것이다. 그것을 구약과 신약으로 풀어서 설명하신 것이다. 구약의 설명은 첫째 날에서 셋째 날까지요, 넷째 날부터는 신약의 설명이다. 구약은 하나님의 설명이요, 신약은 그의 아들에 관한 설명이다! 이 신약의 끝은 요한계시록 22장 20절이요, 이 계시록 22장 20절은 창세기 1장 1절의 시작이라! "나는 알파요 오메가라." 이 비밀이 허락되어진 자에게는 보일 것이요, 허락치 아니한 자는 보아도 보지 못한다.

이에 이사야 선지자가 묻기를 "주여! 어느 때까지니이까?"[158]하였다. 왜 여호와 하나님께서는 자기가 선택하신 이스라엘 백성을 이사야 선지자를 보내어 고침을 받고, 돌아오지 못하게 하셨는가?

이스라엘 백성인 교회들이여! 자긍하는 백성은 하나님께서 원가지에 붙어 있더라도 잘라 버리신다. 자긍하지 말라. 안다고 하니 그저 죄가 있도다.

당신은 성경이 어떻게 구성되어 있는지 알고 있는가? 본다고 하니 그

---

158 • "여호와께서 가라사대 가서 이 백성에게 이르기를 너희가 듣기는 들어도 깨닫지 못할 것이요 보기는 보아도 알지 못하리니 이 백성의 마음으로 둔하게 하며 그 귀가 막히고 눈이 감기라 하라. 염려컨대 그들이 눈으로 보고 귀로 듣고 마음으로 깨닫고 다시 돌아와서 고침을 받을까 하노라"(사6:9~11).

저 죄가 있도다. 당신은 무엇을 보고 있는가? 저 하늘을 보고 있는가? 이미 택함받았다는 자와 이미 구원을 얻었다는 자들은 이사야 선지자의 말씀이 바로 너희에게 응해 버린 것이다.

소경 된 자들이여! 그리스도의 초보를 버리고 진리의 말씀인 생명과의 말씀으로 거듭나라! 이 진리의 말씀으로 거듭난 자가 바로 "어린양의 혼인 잔치에 청함을 입은 자들"이 "복자(福者)들"이며 "이 사람들이 하나님의 참되신 **말씀들**"(계19:9)이다. 여기서 이 사람들이 바로 **호이 로고이**(οι λόγοι, 말씀들)이다. 이 '호이 로고이'가 "아멘 주 예수여 오시옵소서"(계22:20)하는 **참말씀들**(성경들)이라! 이 참말씀들(계22:20)이 바로 **태초들**이라!

"태초에 하나님이 천지를 창조하시니라"(창1:1).

"태초에 말씀이 계시니라 이 말씀이 하나님과 함께 계셨으니 이 말씀이 곧 하나님이라"(요1:1).

"그가 태초에 하나님과 함께 계셨고"(요1:2). "만물이 그로 말미암아 지은 바 되었으니 지은 것이 하나도 그가 없이는 된 것이 없느니라"(요1:3).

뱀은 흙을 먹고 사는가?

"여호와 하나님이 뱀에게 이르시되 네가 이렇게 하였으니 네가 모든 육축들과 들의 모든 짐승보다 더욱 저주를 받아 배로 다니고 종신토록 흙을 먹을지니라"(창3:14)

당신은 이 구절을 묵상해본 적이 있는가? 내가 성경을 처음 접했을 때 이 뱀이 정말로 산과 들에 돌아다니는 그 뱀인 줄 알았다. 그리고 그 뱀이 정말 흙을 먹고사는 줄 알았다. 그래서 산과 들에서 뱀을 만나면 끝까지 추격하여 잡아 죽였다. 지금 생각하면 정말 우스운 이야기이다. "너는 흙이니 흙으로 돌아갈 것이니라"(창3:19). 성경에서의 흙은 여기서 말하는 '너' 이다. 여기서 '너' 는 누구인가?

창세기에서 보면 **'너'** 의 탄생은 다음과 같다.

"여호와 하나님이 흙(σάρξ , 싸르크스)으로 사람을 지으시고 생기를 그 코에 불어 넣으시니 사람이 생혼(ζάω ψυχή , 푸쉬케)이 된지라"(창 2:7). 즉, '흙(티끌, 없다, 화풍지수, 육체)+생기(호흡)=생혼(육의 사람)' 이다. 그리고 "여호와 하나님이 동방에 에덴동산을 만드시고 그 지으신 사람을 거기에 두셨다"(창2:9). 즉, '아담=흙(육)+생기=생혼+여호와 하나님(에덴동산, 영(πνεῦμα , 푸뉴마), 영의 사람)' 이다.

그런데 이 말씀에서 "거기에 두시고"가 중요한 부분이다. 거기가 어디인가? 바로 **에덴동산**이다. 다시 말해서 어떤 장소 개념이 아니라, 흙으로 만든 생혼과 하나님의 관계가 맺어지는 상태, 즉 하나님을 영접한 상태를 말한다. 하나님을 영접한 상태는 요한복음에서 말씀하신 "그날"

(요14:20)이며, 에베소서에서의 "하늘에 앉히시니"(엡2:6)이다. 이런 상태가 에덴동산이며 여호와 하나님은 이 에덴동산의 주인이시다. 이 에덴동산의 주권을 에덴이 되어진 아담에게 모두 다 주셨다.[159] 아담이 에덴동산의 주인이 된 것이다.[160] 모든 만물들의 이름을 지어주는 권세를 가진 주인이 된 것이다. 하나님께서는 이렇게 모든 권세를 준 그 아담에게 교만하지 못하게 한 가지만 '지키라'는 명령[161]을 내리신다. 그 명령은 "네가 선악과를 먹는 날에는 정녕 죽는다"는 것이다.

그런데 아담이 선악과를 먹고 정녕 죽었는가? 아니다. 오히려 선악과를 먹은 아담의 눈이 밝아졌다.[162] 하나님께서 먹지 말라는 선악과를 먹으면 그때부터 하나님의 낯을 피하게 된다.[163] 그리고 또 하나님을 두려워하게 된다.[164] 이렇게 되어진 아담과 하와는 에덴동산에서 쫓겨나게 된다.[165] "정녕 죽으리라!"는 하나님의 말씀은 목숨이 끊어진다는 것이

---

159 • "여호와 하나님이 그 사람을 이끌어 에덴동산에 두사 그것을 다스리며 지키게 하시고"(창2:15).

160 • "여호와 하나님이 흙으로 각종 들짐승과 공중의 각종 새를 지으시고 아담이 어떻게 이름을 짓나 보시려고 그것들을 그에게로 이끌어 이르시니 아담이 각 생물을 일컫는 바가 곧 그 이름이라"(창2:19).

161 • "여호와 하나님이 그 사람에게 명하여 가라사대 동산 각종 나무의 실과는 네가 임의로 먹되 선악을 알게 하는 나무의 실과는 먹지 말라. 네가 먹는 날에는 정녕 죽으리라"(창2:16)!

162 • "이에 그들의 눈이 밝아 자기들의 몸이 벗은 줄을 알고 무화과나무 잎을 엮어 치마를 하였더라"(창3:7). 상대성이 생기므로 벗은 줄을 알게 된다.

163 • "그들이 날이 서늘할 때에 동산에 거니시는 여호와 하나님의 음성을 듣고 아담과 그 아내가 여호와 하나님의 낯을 피하여 동산 나무 사이에 숨은지라"(창3:8).

164 • "가로되 내가 동산에서 하나님의 소리를 듣고 내가 벗었으므로 두려워하여 숨었나이다"(창3:10). '벗다'의 상대성인 '입다'를 알게 된다. 즉, 두 마음이 생기므로 두려워하게 된다.

165 • "여호와 하나님이 에덴동산에서 그 사람을 내어 보내어 그의 근본된 토지를 갈게 하시니라"(창3:23).

아니라, 생명이 끊어진다는 말이다. **생명이 끊어진다**는 말은 하나님과의 관계성이 단절된다는 것이다. 즉, 하나님과의 관계성이 단절된 출에덴은 사람의 상태에서 짐승의 상태로 떨어져버린 상태이며, 타락한 상태이다. 이런 상태를 성경은 "너희의 허물과 죄로 죽었던 너희"(엡2:1) 또는 "죄의 종"(롬6:16)이라고 표현한다. 우리들이 목숨의 상태에서 정과 욕심으로 열심히 잘 살고 있는 세상적인 삶을 성경은 죽은 상태라고 말한다.

성경의 죽은 상태란, 하나님과의 관계성이 단절되어 나의 주인이신 하나님을 '모른다' 는 것이다. 내가 나의 주인이 누구인지, 나의 본토 고향이 어딘지도 모르고, 정과 욕심으로 육신의 삶을 열심히 사는 짐승 같은 사람이라고 한다. 이렇게 날마다 선악의 말씀만 먹고 눈이 밝아져서 육신에게 진 상태에서 욕심이 원하는 방향으로만 달려가는 "……을 주시옵소서", "……을 해주실 줄 믿습니다"라는 상태를 **흙의 상태**라고 한다. 성경에서의 '뱀' 은 바로 이 '흙' 을 먹고 산다.

성경에서 뱀의 일은 원래 하나님의 사람인 아담에게 선악과를 먹게 만들어 에덴에서 쫓겨나게 하고, 그 쫓겨난 자들의 마귀 하나님이 도리어 그 쫓겨난 자들에게 하나님으로 숭배받으며 계속 선악의 말씀을 먹게 만들어 눈을 멀게 한다. 그래서 생명과를 영원히 만나지 못하게 하여 생명의 부활이 아닌 **심판의 부활**로 태어나게 한다. 그래서 '생명의 부활' 로 다시 태어난 줄로 착각하게 만들어 그들을 계속 자기들의 양식으로 삼는다. 창세기에서의 뱀이 바로 "음녀"[166]요, 이 음녀가 바로 "큰 성

---

166 • "음녀의 앉은 물은 백성과 무리와 방언들이라"(계17:15).

바벨론"[167]이다. 계시록에서 큰 성은 "귀신의 처소와 각종 더러운 영[168]
이 모이는 곳이며, 각종 더럽고 가증한 새[169]가 모이는 곳" 이라고 한다.

성경에서의 뱀은 이렇게 에덴동산 밖에 큰 바벨론성전을 지어놓고
그 성전에서 날마다 묵은 술과 음녀의 포도주인 선악과의 말씀을 먹여
"나 구원받았네, 너 구원받았네" 하면서 서로 초청하여 말씀 잔치를 배
설한다. 그리고 '무엇이든지 내 이름으로 구하면 주신다' 는 그 말씀에
의지하여 무엇이든지 "주시옵소서, 주실 줄 믿습니다"만 연발하게 만든
다. 그로 인하여 소경들이 되어 하나님을 볼 수 없고, 앉은뱅이처럼 무릎
이 연약하여 그 음녀의 바벨론 성전을 벗어날 능력이 없다. 완전히 생명
이 없고, 목숨만 있는 흙의 상태가 된 것이다. 결국, 뱀의 양식이 되어버
린, 사람이 아닌 짐승의 상태가 된 것이다. 이렇게 **뱀의 양식**인 **흙의 상
태**를 성경은 도의 초보 상태요, 기복주의 예수교인들이요, 에덴을 다시
회복하지 못하고 에덴 밖으로 쫓겨난 유리방황하는 별들[170]이다. 또한
하나님과의 관계성을 회복하지 못한 자들이라고 한다.[171]

---

167 • "무너졌도다. 무너졌도다. 큰 성 바벨론이여. 귀신의 처소와 각종 더러운 영이 모이는
　　　 곳과 각종 더럽고 가증한 새의 모이는 곳이 되었도다" (계18:2).
168 • 더러운 영이란 땅의 것, 육신의 것, 정과 욕심과, 세상 것을 구하는 영들을 말한다.
169 • 새란 하늘을 나는 능력이 있는 짐승(사람)이다. 선악과의 말씀을 먹는 수준들의 소원은
　　　 내가 짐승이든 사람이든 간에 모르니까 저 하늘(차원)을 날 수 있었으면 하는 것이다.
　　　 가증한 새란 땅의 모든 것들과 영적인 영생까지도 해결해 준다고 하는 사람을 말한다.
170 • "자기의 수치의 거품을 뿜는 바다의 거친 물결이요, 영원히 예비된 캄캄한 흑암에 돌아
　　　 갈 유리하는 별들이라" (유1:13).
171 • "하늘의 별들이 무화과나무가 대풍에 흔들려 선 과실이 떨어지는 것같이 땅에 떨어지
　　　 며" (계6:13).

뱀은 여자의 원수인가?

"내가 **너**(뱀)로 여자와 원수가 되게 하고 너의 후손도 여자의 후손과 원수가 되게 하리니 여자의 후손은 네 머리를 상하게 할 것이요, 너는 그의 발꿈치를 상하게 할 것이니라 하시고"(창3:15).

이 말씀은 모두가 하늘인 영의 말씀이지, 땅의 차원인 지식적이고 상식적인 말이 아니다. 어찌 뱀[172]은 **여자**들만 공격하는가? 이 말 중에 남자라는 말은 한마디도 나오지 않는다. 뱀과 남자는 전혀 관계가 없다는 말인가? 그렇다. 구약 성경의 차원에서는 뱀과 남자와는 전혀 관계가 없다. 그리고 신약의 "신랑을 빼앗길 때가 오나니 그때는 금식하리라"(마9:15)에서 보면 금식 이후부터 남자의 상태가 나타난다. 신랑을 빼앗기는 날인 금식 이전의 도의 초보 때까지는 아직 여자의 상태다. 한번 더 강조하거니와 성경에서의 '금식'은 음식물을 먹거나 먹지 아니하는 것과는 전혀 상관이 없는 말씀이다.

성경에서의 여자[173]는 신랑인 예수가 아닌 그리스도를 만나야만 잉태의 큰 고통으로 자식을 낳게 된다. 이렇게 자식을 낳은 여자를 "여자여!"라고 부른다. "내가 너희에게 이르노니 여자가 낳은 자 중에 요한보다

---

172 • "옛 뱀, 큰 용, 마귀 사단이라고도 하는 온 천하(육신의 생각, 정과 욕심, 죄의 상태)를 꾀는 자이다"(계12:9).

173 • "또 여자에게 이르시되 네가 잉태하는 고통을 크게 더하리니 네가 수고하고 자식을 낳을 것이며 너는 남편을 사모하고 남편은 너를 다스릴 것이니라"(창3:16).

큰 이가 없도다. 그러나 하나님의 나라에서는 극히 작은 자라도 저보다 크니라"(눅7:28). 왜냐하면 하나님의 나라는 전부 남자가 낳은 자들이니까. 그리고 또 예수님께서는 마리아에게 "여자여! 나와 무슨 상관이 있나이까?"(요2:4)라고 하셨다. 여기서도 자신의 육신의 어머니께 "여자여!"라고 말씀하셨다. 이때의 "여자여!"란 말은 최고의 높임말이 아니다. 이렇게 그리스도의 신랑을 만나서 해산을 한 여인, 즉 자녀를 낳은 여인은 그 자녀가 그리스도의 장성한 분량까지 자라면 장성한 자가 되어진다. 그리하면 아들, 즉 씨로써의 자격이 되어져서 아들을 낳은 "해산한 여인은 구원을"(딤전2:15) 얻는다.

이 아들인 여자의 후손이 바로 '씨'가 된다. 앞서 인용한 성경 구절에서 이 씨가 바로 과(果)요, 이 과(果)가 바로 생명과이신 예수 그리스도이다. 이 예수 그리스도가 뱀의 머리를 상하게 하신다고 했다. 성경에서의 뱀은 이 여자의 후손인 자녀가 일어서서 아들이 되지 못하게 발꿈치를 상하게 한다. 여자가 낳은 자들 중에서도 자녀의 상태에서 아들의 상태로 자라나지 못하고, 유대 교회(세상 교회) 안에서 앉은뱅이가 되어 "하나님 감사합니다, 주여 감사하나이다"만 연발하고 있는 '감사주의' 교인들이 많이 있다.

의의 말씀을 먹지 못하여 무릎이 연약한 앉은뱅이 교인들이여! 나의 거룩한 곳에 가증한 것이 "무엇이든지 구하면 다 이루어주겠다"고 속일 때 "멸망의 가증한 것이 거룩한 곳에 선 것을 보거든 이때에 유대에 있는 자들은 산(생명의 말씀)으로 도망할"(마24:15~16)지어다. 그곳에 있으면 결국은 사망이다. 결국 그 뱀은 그 여자의 원수라!

참하나님과 마귀 하나님(참아버지와 마귀 아버지)

"너희는 너희 아비의 행사를 하는도다. 대답하되 우리가 음란한 데서 나지 아니하였고 아버지는 한 분뿐이시니 곧 하나님이로다"(요8:41).

당신은 이 구절을 주야로 묵상해야 한다. 하나님은 유일하신 분이라고 말로는 하면서도 온갖 종류의 하나님을 만들어 물질, 명예, 승진, 자식 잘되기를 위하여 섬기고 있다면 당신도 역시 바리새적 교인이다. 내가 부를 수 있는 온갖 종류의 상대적 하나님 아버지는 **마귀 하나님**이다. 그 하나님은 아직도 저 하늘 어딘가에 당신의 보좌에 좌정하고 계시는 하나님이시요, 내가 육신을 벗으면 갈 곳인 저 천국에서 나를 기다리고 계신다고 믿고 있는 아버지가 바로 **거짓 아비**요, **마귀 아비**인 것이다. 그러나 생명과의 교인들은 오직 온 만물 안에 생명으로 존재하시는 그분을 오직 하나이신 하나님이라고 한다.

3,000명의 교인들이 다 함께 "주여!"라고 외치면 각자 교인들의 3,000 주[174]가 화답할 것이다. 그 각각의 교인들마다 자신의 주가 다 따로 있다. 왜냐하면 그 교인들 안에는 진리가 없음으로 각각 제 것[175]으로 말하기 때문이다. 이렇게 저들은 모두가 욕심으로 출발했기 때문에 그 안에

---

174 • "비록 하늘에나 땅에나 많은 신과 많은 주가 있느니라"(고전7:5).

175 • "너희는 너희 아비 마귀에서 났으니 너희 아비의 욕심을 너희도 행하고자 하느니라. 저는 처음부터 살인한 자요, 진리가 그 속에 없으므로 진리에 서지 못하고 거짓을 말할 때마다 제 것으로 말하나니 저는 거짓말장이요, 거짓의 아비가 되었음이니라"(요8:44).

진리가 거할 수가 없다. 즉, "내가 진리를 말하므로 너희가 나를 믿지 아니하는도다"(요8:45). 아니, 진리가 무엇인지, 진리가 누구인지를 알 능력이 없다.

그러니까 아직까지 기도할 때마다 "주여!", "아버지!" 라는 단어가 입에서 떨어질 때가 없다. 이 단어가 들어가지 아니하면 기도가 되지 않는다. 오늘도 "주여! 라고 목이 터져라, 많이 부르짖어라! 그리하면 너희 아버지가 들으시고, 너희 애절한 간구를 행(行)하여주실 것이다! 즉, 기도를 이루어주실 것" 이라고 너희들에게 가르치고 있는 그 아비가 바로 거짓 아비요, 아비 마귀인 너희 하나님이시다. 이렇게 간절히 말하여도 너희가 듣지 아니함은 너희가 참하나님께 속하지 아니하였음이라![176] 이 구절이 바로 내가 참하나님께 속한 자인지, 마귀 하나님께 속한 자인지 분별할 수 있는 시험의 구절이다.

---

176 • "하나님께 속한 자는 하나님의 말씀을 듣나니 너희가 듣지 아니함은 하나님께 속하지 아니하였음이라"(요8:47).

생명의 부활과 심판의 부활

나는 '생명의 부활'을 했는가? '심판의 부활'을 했는가? 생명의 부활도 부활이요, 심판의 부활도 부활이다. 그런데 **"생명의 부활"**(요5:29, "의인의 부활")과 **"심판의 부활"**(요5:29, "악인의 부활")은 어떻게 다른가?

'심판의 부활' [177]은 자신이 심판의 부활을 경험하고서도, 생명의 부활을 경험한 줄 착각하고 있다는 사실이다. 왜냐하면 저희들은 생명의 부활의 차원을 전혀 경험치 못한 자요, 생명의 부활과 심판의 부활에 관하여 한 번도 들어본 적이 없는 까닭이다. 그러므로 생명의 부활과 심판의 부활의 차원과 그 수준을 전혀 알 길이 없다. 어떻게 교인이 되었건, 어떻게 신학대학을 가게 되었건……. 교회 안에서 이전에 한 번도 경험치 못한 상태를 경험하게 되면 성령을 받았다고 한다. 그런 사건을 일반적으로 교회에서는 주님을 '영접했다, 거듭났다, 부활했다'고 말한다. 이렇게 "한번 비췸을 얻고 하늘의 은사를 맛보고 성령에 참예한 바 되고 하나님의 선한 말씀과 내세의 능력을 경험한 사건"(히6:4)을 '생명의 부활'로 연결시킨다. 이런 수준의 차원들이 자칭 선지자라고 성경을 풀어 가르치고 있으니 어찌 그 아래에 있는 자들이 성령과 악령의 일을 분별할 수 있겠는가!

---

177 • "선한 일을 행한 자는 생명의 부활로, 악한 일을 행한 자는 심판의 부활로 나오리라"(요 5:29); "그들이 기다리는바 하나님께 향한 소망을 나도 가졌으니 곧 의인과 악인의 부활이 있으리라 함이라"(행24:15).

앞에서 외치는 자도 소경이요, 그를 따라가는 자들도 소경들이라! 이 둘 다 구렁에 빠져버린다.[178] 이런 상태를 성경은 "대저 젖을 먹는 자마다 어린아이니 의의 말씀을 경험치 못한 자"(히5:13)들이라고 말하고 있다. 이런 어린아이의 상태를 다 된 줄로 착각하고 떠들고 있는 자들이 바로 "심판의 부활"[179]로 부활한 자들이라! 심판의 부활로 부활한 자들이여! 거기서 "주여! 다 이루어주셔서 감사합니다. 감사합니다" 외치지 말고 다시 의의 말씀으로 나아가라!

그 "의의 말씀"[180]이 너희들을 진정 새롭게 하여 "생명의 부활"로 인도하신다. 그래서 우리가 아버지 하나님의 긍휼하심을 입어, 예수 그리스도께서 죽은 자인 내 안에서 부활하심으로 말미암아 우리가 거듭나게 된다. 이 생명의 부활은 죄와 허물로 죽은 내 안에서 살아나신 "그리스도의 부활"[181]이요, 꿈에도 소원은 "죽은 자의 소망"[182]이라! 누가복음에서 말씀하신 바와 같이 "저희는 다시 죽을 수도 없나니 이는 천사와 동등이요, 부활의 자녀로서 하나님의 자녀"(눅20:36)이므로, 현재 생명의 부활을 영접한 부활의 자녀들은 하나님의 일인 "선한 일을 행하는 자들"

---

178 • 지옥이며 보아도 보지 못하고 들어도 듣지 못하는 상태이다. 즉, '모른다' 이다.

179 • "죽은 자의 부활"(마22:31); "세례들과 안수와 죽은 자의 부활과 영원한 심판에 관한 교훈의 터를 다시 닦지 말고 완전한 데 나아갈지니라"(히6:2); "인자의 가심과 인자의 오심을 전혀 모르는 자들이라"(요6:62).

180 • "이 말씀은 어렵도다!"(요6:60). 그리스도 예수, 보혜사 성령의 장성한 자의 말이다. "대저 젖을 먹는 자마다 어린아이니 의의 말씀을 경험하지 못한 자요, 단단한 식물은 장성한 자의 것이니"(히5:13~14).

181 • "미리 보는 고로 그리스도의 부활하심을 말하되 저가 음부에 버림이 되지 않고 육신이 썩음을 당하지 아니하시리라 하더니"(행2:31).

182 • "바울이 그 한 부분은 사두개인이요, 한 부분은 바리새인인 줄 알고 공회에서 외쳐 가로되 여러분 형제들아 나는 바리새인이요, 또 바리새인의 아들이라. 죽은 자의 소망 곧 부활을 인하여 내가 심문을 받노라"(행23:6).

(요5:29)이다.

그러므로 생명의 부활이 바로 처음이요(첫째 부활[183]), 시작이요(더 좋은 부활[184]), **태초라**(큰 구원[185]).

---

183 • "이 첫째 부활에 참예하는 자들은 복이 있고 거룩하도다. 둘째 사망이 그들을 다스리는 권세가 없고 도리어 그들이 하나님과 그리스도의 제사장이 되어 천 년 동안 그리스도로 더불어 왕 노릇 하리라"(계20:6).
184 • "여자들은 자기의 죽은 자를 부활로 받기도 하며 또 어떤 이들은 더 좋은 부활을 얻고자 하여 악형을 받되 구차히 면하지 아니하였으며(히11:35).
185 • "우리가 이같이 큰 구원을 등한히 여기면 어찌 피하리요. 이 구원은 처음에 주로 말씀하신 바요, 들은 자들이 우리에게 확증한 바니"(히2:3).

마르다의 부활관

당신은 성경의 부활을 아는가? "마지막 날 부활에는 다시 살줄을 내가 아나이다"(요11:24). 여기서 마르다는 **목숨이 끝난 후 자기 몸이 부활**할 줄 아는 부활관을 가지고 있다. 마르다가 가지고 있는 부활의 상태는 성경이 말하고 있는 생명의 부활의 상태와는 너무나 다른, 자신만이 가지고 있는 '자기 복음차원의 부활관' 이다. 그리고 교회에서 일반적으로 많이 알고 있는 '장로의 유전적인 부활관' 이요, '육체의 부활관' 이다. 그런데 하나님은 분명히 이것은 '죽은 자의 부활' 이라고 말씀하신다. 나는 "죽은 자들의 하나님이 아니요, 산 자들의 하나님이시니라"(마22:32)라고.

그러면 '산 자들의 부활관' 은 어떠한가? "나는 부활이요, 생명이니 나를 믿는 자는 죽어도 살겠고"(요11:25)라는 말씀에서 "(목숨이) 죽어도 살겠고"가 아니라, 죽은 자[186]의 상태도 믿음이 있으면 이미 그 믿음이 나를 살리셨다는 말이다. 그러므로 현재 '내가' 살아 있음이라! 하나님은 이렇게 **현재 '내가' 살아 있는 자들**에게 '아버지' 라 부르심을 받으신다. 그래서 하나님은 산 자들의 하나님이시다. 현재 살아 있는 '산 자' 들이 바로 **무덤**[187]에서 부활한 자들이다. 이들은 육신의 생각을 십자가에

---

186 • 죽은 자란 현재 목숨은 있으나 영이 죽은 자를 말하며, 육체를 논하는 것이 아니다.

187 • 현재 목숨은 있으나, 영이 죽은 자의 상태, 즉 육신의 생각에 사로잡혀 있는 상태를 말한다.

못 박은 자들이요, 은혜의 빚을 탕감하는 삶을 사는 자들이다. 이렇게 그리스도의 고난을 내 육체에 채우며 사는 자들은 "현재 영원히 죽지 아니하는"(요11:26) **영존체**요, **부활체**이다. 이 사실을 당신은 믿느냐?

위에서 말한 바와 같이 이미 산 자들, 이미 부활한 자들에게는 '마지막 날 부활 때' 란 말이 필요 없다. '마지막 날 부활 때' 란 말을 쓰는 자들은 '마지막 날' 의 의미를 모르고 사용하고 있다. 즉, 자신들의 마지막 목숨의 때로 알고 있는 것이다. 오직 '자기 의적 종교인들' 이다. 그러니 어찌 생명이 있겠는가! 다들 죽은 자들이다.

성경에서의 **마지막 날**은 아들의 날이 아니라, **아버지의 날**을 말씀하고 계신다. 자신의 목숨이 끝나는 날과는 아무 상관이 없다. 마르다처럼 "내가 죽는 날(목숨의 끝) 마지막 날에 부활될 줄 아는"(요11:24) 교인들은 영원히 죽은 자들이라! 이렇게 죽은 자들도 멋진 신앙고백을 하고 있다. "주는 그리스도시요, 세상에 오시는 하나님의 아들이신 줄 내가 믿습니다"(요11:27)라고. 이렇게 모르면서, 안다고 입술로만 고백하는 자들에게 성경은 "차라리 너희가 몰랐더라면 좋았을 터인데, '안다고 하니 그저 죄가 있다' 고 하며 너희 아비가 바로 '죽은 자들의 아비' 인 **마귀 아비**니라!"라고 단죄한다.

운명을 만들어 살아가는 자와 운명을 미리 알고 사는 자

아브라함이 롯에게 "네 앞에 온 땅이 있지 아니하냐. 나를 떠나라. 네가 좌하면 나는 우하고, 네가 우하면 나는 좌하리라"(창13:9)고 했고, 롯이 택한 쪽은 "여호와의 동산 같고 애굽 땅과 같았더라"(창13:10).

이 말씀에서 운명을 미리 알고 살아가는 자는 아브라함인가? 롯인가?

당신은 당연히 아브라함이라고 생각하고 싶겠지만, 롯이 선택한 쪽이 바로 내가 원하는 쪽이며, '운명론적 삶'이다. 왜냐하면 내가 원하던 이 세상의 모든 것들이 다 거기에 있고, 천국의 영생까지 보장받는 곳으로 보였기 때문이다.

'죽은 자의 하나님'을 믿고 사는 자는 '운명을 미리 알고 살아간다'. 즉, 자기가 뿌린 대로 사는 '근심과 후회하는 고통의 삶'이다. 그러나 '산 자의 하나님'을 영접한 자는 '운명을 만들어 살아가고' 있다. 즉, '근심과 후회함이 없는 화평의 삶'이다. 죽은 자의 하나님을 믿는 자는 **운명론적 삶**을 살아가는 사람이요, 산 자의 하나님이 믿어진 자는 **창조적인 삶**을 살아가는 사람이다.

운명론적 삶이란, 예를 들면 주 예수를 믿으면 이 땅에서도 잘 먹고 잘살고 죽어서도 천국에 가는 그런 구원관을 입에 거품을 품으면서 "예수를 믿으십시오", "예수밖에는 구원이 없습니다"라고 오늘날 많은 교회들이 세상 사람들을 향하여 전도할 때 쓰는 선전 용어가 아닌가! 이렇게 많은 사람들에게 피해를 입히면서 떠들어대고 있다. 이것이 바로 오늘날 롯과 같은 눈으로 동쪽을 먼저 선택한 죽은 자들의 신앙(信仰) 모습들이다.

이들의 운명은 롯과 같이 운명이 정해져 있다. 피하려야 피할 수 없는 소돔 고모라성과 같은 신앙(信仰)적인 삶이 이미 정해져버린 운명적 삶이며, 운명을 미리 알고 살아가는 죽은 자의 하나님을 믿는 신앙(信仰)들이다. 이런 종교인들이 '어떻게 살 것인가?' 하는 것은 이미 성경에 모두 기록해놓았다.

그러나 창조적 운명을 사는 자들의 삶은 성경에 기록되어 있지 않다. 많은 믿음의 선조들의 삶은 예화로 기록되어 있지만, 나의 창조적 삶은 아직 기록되어 있지 않다. 그 창조적인 나의 삶은 **신(新)사도행전**이 되어져서, 산 자의 하나님을 믿는 모든 산 자의 심비에 기록될 것이다. 그러므로 사도행전의 사도들의 행전은 지금도 기록되는 중이다.

이렇게 창조되어지고 있는 '신사도행전'은 죽은 자의 하나님을 믿는 자들은 어둠에 있어 알지 못한다. 롯이 먼저 선택했기 때문에 그곳이 소돔 고모라성이 된 것이요, 만일 롯이 서쪽을 택했더라도 그쪽이 소돔 고모라성이다. 그러나 산 자의 하나님을 영접하고 살아가는 자는 어느 쪽이든지 모든 방향이 다 우편이요, 땅이든 하늘이든 내가 창조해서 살면 그 모든 곳이 다 천국이다. 하나님께서 지으신 모든 것이 선하시니라! 이것이 산 자의 능력이다. 죽은 자의 하나님을 믿지 말고, 산 자의 하나님을 가져라! 그리하여 자신의 운명을 만들어가는 창조적인 삶을 살아가자! 그대가 진정 목숨이 아닌 생명을 가진 자라면, 운명에 끌려다니는 노예와 같은 삶이 아닌, '대자유자'적인 창조의 삶을 살아갈지라!

오늘날이 그날인가?

그날은 미래인가? 현재인가? "그날에는 많은 사람이 나더러 주여 주여 우리가 주의 이름으로 선지자 노릇하며 주의 이름으로 귀신을 쫓아내며 주의 이름으로 많은 권능을 행하지 아니하였나이까 하리니 그때에 내가 저희에게 밝히 말하되 내가 너희를 도무지 알지 못하니 불법을 행하는 자들아 내게서 떠나가라"(마7:22~23).

이 구절에서 잘못된 부분이 무엇인가? 어느 부분이 잘못되어서 주님께서 그렇게 화를 내시며 밝히 말씀하시는가? 도대체 무엇이 불법을 행한 것인가? 모든 부분을 나의 뜻대로 한 것이 아니라, 모두 주의 이름으로 하지 아니했는가? 주님이 가르쳐 주신 대로 귀신을 쫓아내며, 권능을 행하지 아니했는가? 그런데 무엇이 불법인가? 모든 일을 주의 이름으로 했는데, 어찌하여 주님은 나를 도무지 알지 못한다고 하시는가?

예수님이 말씀하신 불법은 오늘날 많은 목사들이 꿈에도 소원인 능력이 아니던가? 오늘날 수많은 교인들이 학수고대하는 그런 성령의 능력이 아니던가? 성령의 능력이 아니고서야 어찌 그런 일이 일어나는가? 그런데도 어떻게 그 능력이 불법이란 말인가? 아니, "내가 자나 깨나 내 입에 '주여! 주여! 나의 주님!' 이라는 말이 떨어질 날이 없는데, 어찌 당신이 나를 모른다고 하십니까? 당신이 나를 불러서 병을 고쳐주시고, 나를 신학대학교를 보내어, 목사를 만들어 당신의 종으로 사용하고 계시면서, 어찌 당신이 나를 모른다고 하십니까? 아니, 당신께서 이 종에게 능력을 부어주어, 그 능력을 당신이 보내주신 자들에게 행하였건만 그

것이 어찌 불법이란 말입니까?"

이렇게 하나님께 들이대며 항의하는 지금 너희 상태가 **오늘날**이며,
바로 **그날**이다. 너희 그날이 '마귀의 날' 인지 모르는가? 이러한 오늘날
이 바로 너의 그날이다. 너의 그날이 성경의 오늘날이 되어 지금, 너에게
응해버렸다. 성경적 '그날' 은 시공을 초월한 날이요, 바로 '현재' 라! 그
러나 마귀의 그날은 불확실한 '미래' 의 시간적인 날이라!

불법을 행하는 자들아! 내게서 떠나가라!

"살인하지 말라." "탐하지 말라."

위의 율법들을 읽고 당신이 불법을 행하는 자들인지, 율법을 법 있게 쓰는 자인지 묵상해보라.

당신이 묵상한 결과가 성경에서 이야기하는 의미와 많이 다르다면, 당신은 불법을 행하는 자들에 속해 있다는 증거이다. 그렇다면 불법이란 무엇인가?

성경에서의 불법은 성경의 말씀을 영으로 먹지 아니하고, 육신적 차원인 지(知)·정(情)·의(義)와 상식으로 먹는 차원을 말한다. 다시 말해서 성경의 말씀을 생명과로 먹지 아니하고, 선악과로 먹는다는 말이다.

그러면 위에서 묵상한 율법에 대한 진정한 의미를 알아보자. 첫째, 율법을 법 있게 쓰는 자, 즉 율법을 깨달은 자들의 **'살인하지 말라'** 의 의미는 **'살려라'** 는 말씀이다. 그래서 "살인하지 말라"의 대답은 "예, 제가 모태(성모 마리아, 즉 여자의 태, 교회) 배 속에 다시 들어갔다가 이제 다시 태어났습니다. 이제 눈을 떠보니 나무 같은 사람이 걸어가는 것이 보이나이다. 이제 제가 하늘에 앉아 있는 것을 느낍니다. 이제 제가 창세기의 태초와 계시록의 알파와 오메가가 무엇인지 보이나이다" 이다. '살인하지 말라' 는 말씀의 완성은 '살리라' 라는 말이요, 이렇게 살인하는 상태에서 건짐을 받은 자가 바로 '산 자' 요, 이렇게 산 자가 바로 다시 '살리는 자' 가 되는 것이다.

다른 한편, 불법을 행하는 자에게서는 "나는 한 번도 살인하지 아니했습니다. 그러므로 그 말씀을 지켰나이다"라는 대답이 나온다. 그러나 예수님은 "지금, 네(겉나)가 나(그리스도 예수)를 죽이고 있으면서 그것을 모르고 있는 상태가 네가 나를 완전히 죽이는 것이다"고 말씀하신다. 다시 말해서, 겉나가 속나를 온전히 죽이고 있다는 사실이다. 영의 말씀을 육적인 차원으로 풀어 먹고 있으면서 "나는 말씀을 잘 알고 있다. 나는 정말 말씀대로 잘 살고 있다. 나는 정말 말씀을 철두철미하게 잘 지키고 있다"고 생각하기 때문에 '살인하지 말라'는 그 말씀을 완전히 죽이고 있는 것이다.

성경에 나오는 부자 청년처럼 "내가 무엇을 더 지켜야 하오리이까?"라고 예수님께 항변하고 있다. 이 부자 청년은 "이 세상에서 나보다 하나님의 말씀을 잘 지키며 행하는 자 있으면 나와보라"는 자신만만한 믿음의 소유자이다. 이처럼 당당하고 신실한 믿음의 소유자가 바로 불법을 행하는 자들이라! 내 안에 있는 속사람을 철저히 살인을 하고 있는 자이다. 이런 나의 상태가 바로 말씀훼방죄요, 성령훼방죄이다. 말씀이 성령이시니까. 달리 표현하면, 이 상태가 바로 예수님을 두 번 십자가에 못 박는 것이라! 이런 너희들이 어찌 하나님의 진노를 피할 수 있으리오! 당신의 속사람을 살리지 아니하고 다시 죽이고 있는 이 사건을 "예수님을 십자가에 다시 못 박는 것이다"는 말씀의 뜻과 같다고 해도, 그 말이 어떻게 이 말과 같은 말인지 알지 못한다. 귀가 둔하니까 알 능력이 없다.

둘째, **"탐하지 말라"**의 온전한 대답은 **"부요한 자가 되어져라"**이다. 여기서 부요한 자란 가난에도 처할 수 있고, 부요함에도 처할 수 있는, 자유 자행할 수 있는 부요한 자이다. 즉, 율법에도 처할 수 있고, 은혜법에도 처할 수 있는, 두 법을 온전히 이룬 자이다. 이런 자는 천지를 모두 소유한 자요, 온 천지를 소유하니 만(滿)이요, 만(滿)은 일체(一體)라. 이 일체(一體)는 공(空)이요, 공(空)은 무(無)요, 무(無)는 또한 유(有)라. 이것이 바로 진리요, 이 진리가 바로 생명이요, 생명이 또한 영생이라! 이 법이 바로 선한 법이라. 선한 법은 선한 이요, 이 "선한 이는 오직 한 분이시라"(마19:17). 하나는 또한 없음이다.

그러나 불법을 행하는 자들의 일반적인 대답은, **"예, 저는 한 번도 남의 것을 탐한 일이 없습니다"**이다. 그러나 성경은 "땅에 있는 지체를 죽이라. 곧 음란과 부정과 사욕과 악한 정욕과 탐심이니 탐심은 우상숭배니라"(골3:5)고 말씀하신다. 즉, 땅에 있는 지체의 생각이 탐심이라고 하신다. 그러면 당신 안에는 탐심이 전혀 없어서 이 율법을 지켰다고 할 수 있는가?

"화 있을진저 외식하는 서기관들과 바리새인들이여, 잔과 대접의 겉은 깨끗이 하되 그 안에는 탐욕과 방탕으로 가득하게 하는도다"(마23:25). "저희가 탐심을 인하여 지은 말을 가지고 너희로 이를 삼으니 저희 심판은 옛적부터 지체하지 아니하며 저희 멸망은 자지 아니하느니라"(벧후2:3). "이 같은 자들은 우리 주 그리스도를 섬기지 아니하고 다만 자기의 배만 섬기나니 공교하고 아첨하는 말로 순진한 자들의 마음을 미혹하느니라"(롬16:18).

위 장절에서 살펴본 바와 같이 그가 참선지자라면 영혼을 살리는 선한 일을 할 터인데, 어찌 자기 배만 불리는가? 그래서 성경에서는 "선한 이는 오직 한 분이시니라"(마19:17)고 말한다. 이 세상에 선한 이는 계시지만 행위적인 선한 일은 없다. 그러므로 행위적인 선한 일을 행하고자 하는 사람은 모두 선악과의 사람들이다. 이런 선악과의 사람들이 바로 '불법을 행하는 자들'이라! 이렇게 '불법을 행하는 사람들'이 바로 '적그리스도들'이다. '적그리스도들'은 그리스도를 누구보다도 잘 안다고 하는 자들이요, 이미 구원받은 자칭 '하나님의 자녀들'이라고 하는 자들이다. 불법을 행하여 구원을 받았으나 '심판의 부활'로 구원받은 자들이라!

"선한 일을 행한 자는 생명의 부활로 악한 일을 행한 자는 심판의 부활로 나오리라"(요5:29).

선한 일은?

　　성경이 가르치는 선한 일은 당신의 외적 행함이 아니요, 내적 행함을 말한다. 당신의 내적 행함은 당신의 겉사람이 당신의 속사람을 살리는 그 '일'을 말하며, 신학적인 용어로는 '내적 신비적 연합'이라고 한다. 이것이 바로 속사람의 한 나무와 겉사람의 한 나무인 두 사람의 두 나무가 그리스도 예수의 말씀으로 말미암아 결합되어 한 나무가 되어지는 십자가의 사건이다.

　　"그는 우리의 화평이신지라 둘로 하나를 만드사 중간에 막힌 담을 허시고 원수 된 것 곧 의문에 속한 계명의 율법을 자기 육체 안에 폐하셨으니 이는 이 둘로 자기의 안에서 한 새사람을 지어 화평하게 하시고 또 십자가로 이 둘을 한 몸으로 하나님과 화목하게 하려 하심이라"(엡2:14~16).

　　이와 같이 생명과이신 그리스도 예수로 말미암아 둘을 하나로 화목되게 하는 일을 성경은 '선한 일'이라고 말한다. 이렇게 내적 선한 일이 이루어진 사람은 당연히 선악과로 말미암아 죽은 자들을 살리는 외적인 선한 일을 하기 마련이다. 위에서 말한 바와 같이 내적인 사건이 이루어진 사람은 하나님의 영으로 인도함을 받는 자이므로, 외적인 행함 역시 하나님의 뜻대로 할 수밖에 없다.

　　"무릇 하나님의 영으로 인도함을 받는 그들은 곧 하나님의 아들이라"(롬8:14), "육신을 좇는 자는 육신의 일을 영을 좇는 자는 영의 일을 생각하나니"(롬8:5)라고 말씀하고 계신다.

　　그런데 내적인 선한 일이 이루어지기 전에 수많은 것을 행한 자칭 선한 일들은 모두가 믿음이 오기 전의 종교적인 행위이다. 그러므로 "복이 무엇인지 모르지만 그렇게 자칭 선한 일을 많이 행하면 복 받겠지"라는 심정으로 선악과 아래서 율법의 '자기 의'로 행한 일들이다.

"믿음이 오기 전에 우리가 율법 아래 매인 바 되고"(갈3:23), 또 "율법의 행위로 그의 앞에 의롭다 하심을 얻을 육체가 없다"(롬3:20). 이런 상태가 바로 "행함이 없는 믿음은 그 자체가 죽은 것"(약2:17)이라는 말씀이다. 그러므로 여기서 말씀하신 야고보 사도의 '행함' 역시 **내적인 행함**을 말하고 있다. 좀 더 설명하자면 "내 형제들아, 만일 사람이 믿음이 있노라 하고 행함이 없으면 무슨 이익이 있으리오. 그 믿음이 능히 자기를 구원하겠느냐"(약2:14)고 하시면서 그 **행함과 믿음과 구원의 관계**를 설명하고 계신다. 그렇다. 성경은 진리이며, 하나님의 말씀은 진리이므로 다를 수가 없다.

그리고 더 나아가 행함 없는 믿음을 **죽음**과 연결하여 말씀하신다. 성경에서 믿음과 구원과 죽음은 내적인 영적 사건을 말하는 것이지, 외적 행위의 결과와는 관계가 없다. 결국, 당신이 거듭나서 다시 사는 것은 외적 행위의 믿음, 구원, 죽음이 아닌, 기독교가 부르짖는 십자가 사건의 영접이요, 곧 우리들의 주님이신 그리스도 예수를 영접하는 내적인 신비적 연합을 말하는 것이다.

나무는 그 실과로 아느니라!

"그 실과로 나무를 아느니라"(마12:33).

"좋은 나무마다 아름다운 열매를 맺고 못된 나무가 나쁜 열매를 맺나니"(마7:17).

"내가 참 포도나무요, 내 아버지는 그 농부라. 무릇 내게 있어 과실을 맺지 아니하는 가지는 아버지께서 이를 제해버리시고 무릇 과실을 맺는 가지는 더 과실을 맺게 하려 하여 이를 깨끗케 하시느니라"(요15:1~2).

"예수께서 소경의 손을 붙드시고 마을 밖으로 데리고 나가사 눈에 침을 뱉으시며 그에게 안수하시고 무엇이 보이느냐 물으시니, 우러러보며 가로되 '사람들'이 보이나이다. '나무 같은 것들'의 걸어가는 것을 보나이다 하거늘 이에 그 눈에 다시 안수하시매 저가 주목하여 보더니 나아서 만물을 밝히 보는지라. 예수께서 그 사람을 집으로 보내시며 가라사대 마을에도 들어가지 말라 하시니라"(막8:23~26).

성경에서 **열매**란 그 나무에서 나오는 **말씀**을 말한다. 성경을 선악과의 말씀으로 풀어서 내는가? 성경의 말씀을 참생명과의 말씀으로 내는가? 아니면 선악과와 생명과의 말씀을 섞은 혼잡한 말씀으로 해석하는가? 섞은 술은 독주라! 사람을 더욱 혼미케 한다.

좋은 나무인 척 외식하는 나무들은 자신이 아직 율법에 사로잡혀 있기 때문에 사람들에게 잘 보이려고 엄청나게 행동을 조심한다. 그렇게 율법에 매여 사람들에게 경건하게 보이려고 노력하지 말고, 하나님께 조심하라! 너희가 '참나'의 종이라면 사람을 기쁘게 하랴, 하나님을 기쁘게 하라! 율법 아래 묶여 있는 자들과 한 부류가 되지 말고, 율법 아래 있는 자들에게 돌로 쳐 죽임을 당하라. 그것이 바로 하나님께서 참으로 보낸 자라! 높은 상좌에 올라 옷깃을 세우고 수많은 소경들에게 섬김을 받으라고 누가 너희를 종으로 보냈는가!

오늘날 많은 교인들이 그의 열매는 보지 아니하고 나무만 쳐다보고 달려가고 있다. 그의 열매를 보고 나무를 판단하라고 하였건만, 그의 열매를 보는 능력이 없어서 나무만 쳐다보고 그의 열매를 믿어버린다. 성경은 당신을 정과 욕심에 매인 바 된 소경이라고 했으니까 당신의 눈이 떠지기 전에는 "보인다, 본다"고 하지 말라는 말이다. 소경이 보면 얼마나 볼 것이요, 알면 얼마나 알겠는가!

예수님의 침을 눈에 바르기 전에는 어떤 나무가 "나는 좋은 나무입니다", "나에게 오면 좋은 실과를 맺을 수 있습니다", "이렇게 많은 소경들이 온 교회를 가득 메우고 있지는 않습니까?" 하더라도 그 나무를 쫓지 말라!

"나는 좋은 나무입니다. 이 세상에서 수많은 지식인들이 나를 참 영적 인도자로 추앙하고 있지 않습니까?" 하면서 앞면과 뒷면에 공간이 부족할 만큼 빽빽한 명함을 건네주면 그 명함은 보지도 말고 찢어 쓰레기통에 버리고 손을 씻어라! 설령 그 나무가 이 사회에서 인정받는 성직자나 지식인일지는 몰라도, 성경이 말하는 '좋은 나무'는 아니다.

또한 "나는 지식인 중에 지식인이요, 나는 나의 모든 것을 내어주는 선생의 삶을 사는 자요, 나는 나의 목숨까지도 내어주며, 나의 모든 삶은 그런 희생의 삶 그 자체입니다. 나는 매일매일 날마다 노숙자들과 함께 지내며 그들의 고통을 함께 나눕니다"라고 말하더라도, 그들이 사회운동가는 될 수 있겠지만, 영적인 나무는 아니다. 그래서 "내가 내게 있는 모든 것으로 구제하고 또 내 몸을 불사르게 내어줄지라도 사랑이 없으면 내가 아무 유익이 없느니라"(고전13:3)고 말씀하고 있다.

사회운동가도 사랑이 없이 그런 희생을 감수할 수 있다. 그렇다. 성경적 사랑은 몰라도 자기의 모든 것을 내어주어 구제하고 그것도 모자라 자신의 몸까지도 불사르게 내어줄 수 있다. 사회 운동가로서 정의에 불타서, 또는 종교인으로서 자기 의에 목말라, 자기 몸을 불사르게 내어줄 수도 있다. 이것도 사회의 좋은 행실이다. 그러나 성경은 이런 사랑을 사랑이라 하지 아니한다. 성경은 이런 나무를 보고 '좋은 나무' 라고 하지 않는다.

"세상의 어떤 선지자나, 어떤 사람이라도 저 나무처럼 살 수 있는 사람이 있으면 나와 보라"고 말하던 그 나무들이 얼마나 많이 세상을 놀라게 했던가? 그렇게 온 교계에서 구명 운동을 하면서 거듭났다던 집사 C 모 씨도 세상을 얼마나 놀라게 했는가! 일본까지 건너가서 절도 행각을 하다니……. 또한 좋은 일 한다고 텔레비전에서 떠들던 뻐꾸기마을도 우리를 얼마나 놀라게 했는가! 반성과 회개는 차원이 다르다. 이것을 구별 못하면 아직 당신은 소경이다. 인간이라면 누구나 이 세상에 살면서 죽을 때까지 나의 행한 일들을 반성하면서 살아야 한다.

그러나 성경의 회개는 이런 반성의 차원을 넘어선 다른 세계를 말하고 있다. 반성은 인간 됨됨이의 수양인 수평적 차원이요, 회개는 개과천선을 이루는 수직적 차원이다. 나무만 보고 열매를 볼 줄 모르면 수많은 사람들을 우매하게 만들고 온 교계를 농락한다. 그런 사건이 바로 소경된 인도자인 거짓 선지자들, 적그리스도들의 행실이다. 너희보다 배나 더 지옥 자식이 되게 만드는 적그리스도들의 자칭 선한 열매가 아닌가! 소경이 소경을 따라가면 둘 다 구렁텅이에 빠지고 만다.

소경된 인도자여! 자신부터 먼저 자신의 열매를 깨달아라! 앞을 보지 못하는 소경들이여!

"먹음직도 하고 보암직도 하고 지혜롭게 할 만큼 탐스럽기도 한 나무"(창3:6)의 실과를 따먹지 말라 그런 나무의 실과를 따먹는 날에는 소경에서 눈이 밝아져 몸이 벗은 줄을 알고, 무화과 나뭇잎을 엮어 치마를 만들어 입는다(창3:7). 이 말은 선악과를 먹으면 다른 세상이 펼쳐진다는 것이다. 즉, 소경된 상태에서 눈을 뜬 줄로 착각하고, 자신이 벗은 줄을 알게 되어, 무화과 나뭇잎인 종교 행위만 열심히 풍성하게 한다. 그 결과 교회들이 얼마나 물질이 풍성해졌는가? 그 무화과나무는 잎만 풍성하지 예수께서 오셔서 열매를 달라고 할 때에는 진정 열매를 내놓지 못한다(막11:13). 열매를 내놓지 못한 무화과나무는 예수께 저주를 받아 말라죽게 된다(눅13:7). 이렇게 종교 행위만 풍성하게 강요하는 나무를 보고 속지 말라. 결국 그 나무는 열매를 맺지 못한다.

그런 나무들은 "모르고 믿는 것이 복되도다! 성경을 너무 따지지 말라! 성경을 너무 영적으로만 보지 말라! 문제가 있으면 기도로 간구하라! 기도 외에는 이런 유(귀신)가 나갈 수 없느니라(막9:29)! 목회는 오직 무릎으로 한다. 무엇이든지 구하라!"고 외치며, 이 모든 것을 종교 행위로 끌고 간다. 성경은 분명 "믿음은 바라는 것들의 실상이요, 보지 못하는 것들의 증거니"(히11:1)라고 말하고 계신데…….

모르고 믿는 것은 사이비 종교이다. 보고 깨달으라고 주신 말씀을 주야로 묵상하지도 않고, 따지지도 말라는 것도 사이비 종교이다. 또한 영의 말씀이라 했는데도 굳이 육의 말씀으로, 기복주의 말씀으로 푸는 것은 무슨 심보인가? 성경이 보이지 아니하고 풀어지지 아니하면 자신이 아직 소경인 것을 깨달으라. 먼저 눈을 뜨려고 자신의 믿음의 온 재산을 다 팔아, 악하고 무지한 심령 교회를 다 정리해야 하지 않겠는가? 예수님의 생명의 말씀인 "침"(요9:6), "안약"(계3:18)부터 먼저 구해야 되지 않은가? 이것이 바로 내가 먼저 기도해야할 참 간구이다. "당신께서 참으로 보내주신 자를 볼 수 있는 능력을 나에게 주시옵소서"라고 말이다.

그리고 또 "무엇이든지 구하라! 그리하면 하나님께서 다 이루어 주신다"고 말하면서 이루어주심도 하나님의 뜻이요, 응답해주시지 않는 것도 하나님의 뜻이라고 매도해버린다. "그러므로 내가 너희에게 말하노니 무엇을 기도하고 구하는 것은 받은 줄로 믿으라. 그리하면 너희에게 그대로 되리라"(막11:24). "내 이름 안에서 아버지께 무엇을 구하든지 다 받게 하려 함이니라"(요15:16). 성경은 분명 '무엇이든지'라는 복수를 사용하지 않았다. '무엇'이라는 단수 명사를 사용하였다. 잎만 풍성한 너희 무화과나무들이 "무엇이든지"라고 말했지, 성경은 분명히 단수 '무엇'을 말씀하신다. "무엇을 구하라!"고 말이다. 무엇을 구하는 자는 생명(예수 그리스도)을 구하였기 때문에 생명을 받은 자이다.

그러므로 앞에서 언급한 "믿음은 바라는 것들의 실체"(히11:1)란 말씀에서 실상, 실체란 허공에 떠 있는 상상의 그림자가 아니요, 내 손안에 쥐어진 현실이요, 현금이다. 믿음을 이렇게까지 구체적으로 말씀해놓았건만 "믿으십시오, 믿으시기 바랍니다"라고 하니 도대체 무엇을 믿으라는 말인가? 2,000년 전 유대 청년을 예수로 믿으라는 말인가? 눈에 보여주면서 믿으라고 하여도 믿지 못하는 세상에……. 그렇다. 당신이 정과 욕심에 눈이 가려 있을 때 "무조건 믿으면 정과 욕심이 이루어진다"고 속이면 끌려가게 되어 있다. 이렇게 속이는 자가 바로 삯꾼이 아니고 무엇이겠는가?

많은 사람들이 다니는 역 앞에는 행인들 중에 욕심이 넘치는 자들을 유혹하는 야바위꾼들이 있다. 돈 얼마를 걸면 몇 배를 주겠다고 약속한다. 과연 그 야바위꾼이 정말 없는 자들을 위하여 몇 배의 돈을 주기 위하여 경찰들의 눈을 피해가면서 야바위판을 벌리고 있겠는가? 모두가 욕심쟁이들의 주머니에 있는 돈을 빼내기 위해서 그런 판을 벌리고 있는 자들이 아닌가! 그들의 속을 아는 자들은 십 배, 아니 백 배를 준다고 해도 그런 소굴에 들어가지 않는다. 욕심이 목까지 가득 찬 사람들이 그런 도적의 소굴을 기웃거린다.

오늘도 너희들이 하나님이 거하시는 거룩한 성전을 "도적의 굴혈"[188]로 만들고 있다. 만약에, 내 속에 욕심이 춤추지 아니하면 악한 나무가 "나를 믿으면 십 배, 백 배로 갚아준다"고 홀기더라도 그 유혹에 넘어가지 않을 것이다.

그래서 미혹은 내 안에서 춤추고, 유혹은 내 밖에서 춤춘다고 했던가! 이 두 존재가 만나면 사건이 일어난다. 그렇기 때문에 종교라는 탈을 쓰고 사건들이 얼마나 많이 일어나고 있는가! 이제는 "기도했으니 해결된 줄 믿으시고 하나님께 약속하신 헌금을 먼저 내십시오"라고 헌금을 강요하는 사건 등이 얼마나 많은가?

수많은 교인들이여! 성경에서는 좋은 나무의 경계가 따로 있다. 좋은 나무는 좋은 열매를 내는 나무를 말한다. 이제는 나무를 보고 판단치 말고, 오직 그 열매로 나무를 판단하라. 좋은 열매를 맺는 나무는 좋은 나무일 수밖에 없다.

좋은 열매가 바로 **생명과**요, **영생과**이다. 이것이 바로 영의 말씀인 '단단한 말씀'이며 '의의 말씀'이다. 나무를 보고 판단하지 말고 그 열매를 보고 판단해야 한다. 나무의 외적인 모든 행함이 그 나무의 열매와는 관계가 없다는 말이다. 그 나무가 설령 구부러지고 흠이 많아 보이지만 그 나무에서 나오는 열매가 생명과를 내면 그 나무의 뿌리는 정녕 다윗의 뿌리이다.

---

188 • "저희에게 이르시되 기록된바 내 집은 기도하는 집이라 일컬음을 받으리라 하였거늘 너희는 강도의 굴혈을 만드는 도다 하시니라" (마21:13).

소경의 눈으로 볼 때에 그 나무가 잘못된 나무로 보이는 것은 이 세상의 기준이지, 영적인 열매의 기준이 아니다. 영의 눈을 떠서 그 나무를 보면 그 나무는 정녕 '참포도나무' 이다. 마귀가 마귀처럼 우리들에게 역사하면 그 누가 마귀에게 속아 넘어가겠는가? 마귀가 우리들에게 다가올 때는 양의 옷을 입고 천사의 모습으로 우리들에게 역사한다. 그러니까 세상에 속한 자들은 모두가 속고 만다.

그러므로 열매 맺지 못하는 악한 나무들이여! 너희들이 갈 곳은 이미 정해져 있다. 영원히 꺼지지 아니하는 지옥 불, 즉 고통이 기다리고 있다. 아니, 지금 당신이 선악과인 율법에 묶여 있으면서도 "은혜법으로 구원받았다"고 알고 있고 성경이 말하는 좋은 나무와 좋은 열매가 무엇인지 모르고 있으니까 그 상태가 바로 지옥이라!

"경건의 모양은 있으나 경건의 능력은 부인하는 자니 이 같은 자들에게서 돌아서라" (딤후3:5).

"항상 배우나 마침내 진리의 지식에 이를 수 없느니라" (딤후3:7).

영적 예배란 가인의 제사가 아니라, 아벨의 제사를 말한다. 땅의 소산을 드리는 것이 아니라, 나를 잡아서 하나님께 드리는 것이 바로 영적 예배이다. 점과 흠이 없는 첫 태생의 양인 내가 겉나를 죽여 그의 속나를 하나님께 드리는 것이 영적 예배이다. 당신의 '세상 죄' 인 정과 욕심을 지고 가는 당신의 양을 잡아서 당신의 십자가에 매달아 겉나의 물과 피를 다 흘려야만 한다.

"자기 십자가를 지고 나를 좇지 않는 자도 내게 합당치 아니하다"(마 10:38)고 하셨고, "율법을 좇아 거의 모든 물건이 피로써 정결케 되나니 피흘림이 없은즉 사함이 없다"(히9:22)고 확언하셨다. 이와 같이 율법을 좇던 정과 욕심의 겉사람은 십자가의 피 흘림 사건이 없이는 정결케 되지 않는다.

2,000년 전 예수의 십자가 사건은 **예수의 죄 사함 사건**이다. 오늘날 **나의 죄 사함 사건**은 당신이 **당신의 십자가**에 매달려 당신 몸의 물과 피(정과 욕심)를 다 흘려야만 된다. 이렇게 말하면 "자신의 피 흘림의 사건이 없이 예수님의 피 흘린 사건을 그냥 입으로만 '믿습니다' 라고 시인하여 죄 사함 받고 구원 얻었다"고 아는 자들은 펄쩍 뛸 것이다. "예수님이 무슨 죄가 있기에 자기 죄 때문에 십자가에 매달려 돌아가셨느냐고……. 우리들의 죄 때문에 우리들의 죄를 대신해서 십자가에 돌아가셨지"라고 한다. 그리고 성경을 인용하여 "네가 만일 네 입으로 예수를 주로 시인하며 또 하나님께서 그를 죽은 자 가운데서 살리신 것을 네 마

음에 믿으면 구원을 얻으리니 사람이 마음으로 믿어 의에 이르고 입으로 시인하여 구원에 이르느니라"(롬 10:9~10)를 말할 것이다. 당신이 진정 당신의 양을 잡아서 하나님께 제사를 드린 자라면, 로마서 10장 9절과 10절의 의미를 정확하게 알 것이다.

"저희들은 모르는 것을 예배하고 우리는 아는 것을 예배하노니"(요 4:22). 이와 같이 영적 예배란 이렇게 당신의 정과 욕심을 십자가에 못 박은 자의 예배를 말한다. "그리스도 예수의 사람들은 육체와 함께 그 정과 욕심을 십자가에 못 박았느니라"(갈5:24). 이렇게 하나님께 제사드린 후에 하나님께서 다시 내게 돌려주신 생명의 몸으로 하나님의 일을 하게 된다. 하나님의 자녀는 하나님의 일을 하나니(요5:17) 아브라함도 이삭을 제물로 하나님께 드렸다. 그 후 하나님께서 다시 아브라함에게 이삭을 돌려주셨다. 이렇게 아버지께서 주신 줄 알고 아버지께 되돌려드리는 것이 예배요, 아버지께서는 이렇게 예배드리는 자들을 찾고 계신다. 그래서 아버지께서는 예배드리는 그 산 제물을 받으시고 흠향하신 후에 아버지의 살리는 일을 하라고 다시 돌려주신다.

그래서 "너희는 범사에 감사하라"(살전5:18)는 말씀을 하시며, 이 말씀의 뜻은 '좋은 것으로 되돌려드리라' [189]는 것이다. 여기서 '좋은 것' 이 바로 하나님께서 기뻐 받으시는 참십일조, 아벨의 양인 '당신의 몸(속나)'를 말하고 계신다. "그러므로 형제들아 내가 하나님의 모든 자비하심으로 너희를 전하노니 너희 몸을 하나님이 기뻐하시는 거룩한 산 제사로 드리라. 이는 너희의 드릴 영적 예배니라"(롬12:1).

---

189 • "모든 빼앗겼던 재물과 자기 조카 롯과 그 재물과 또 부녀와 친척을 다 찾아왔더라"(창 14:16); "아브라함이 그 얻은 것에서 10분의 1을 멜기세덱에게 주었더라"(창14:20); "조상 아브라함이 노략물 중 좋은 것으로 10분의 1을 저에게 주었느니라"(히7:4).

그런데 아직까지 땅의 소산을 십일조로 바치는 자들은 모두 죽은 자들이라! 가인의 후손들이라! "대저 이방인의 제사하는 것은 귀신에게 하는 것이요, 하나님께 제사하는 것이 아니니 나는 너희가 귀신과 교제하는 자 되기를 원치 아니하노니 너희가 주의 잔과 귀신의 잔을 겸하여 마시지 못하고 주의 상과 귀신의 상에 겸하여 참여치 못하리라"(고전 10:20~21).

성경은 이렇게 분명히 말씀하고 계시지만 오늘날 많은 교회들이 십일조는 레위 반차를 좇은 율법의 십일조를 드리고, 예배는 은혜법으로 드린다. 또 구원은 "믿습니다"의 고백으로 구원을 얻는, 즉 성령의 은혜법으로 제사를 드리고 있는 자들이라! 이렇게 제사하는 것, 예배드리는 것은 귀신에게 하는 것이다. 2,000년 전 유대 청년인 예수가 '나의 죄를 대신해서 십자가에 죽어주셨다' 고 믿는 그런 이방인들이 드리는 제사라!

크리스마스와 기름 부음

당신은 성경에서 말씀하시는 기름이 올리브 열매나 식용유라고 생각하는가? 주께 받은 것이 먹는 기름이라면 그 기름이 진리, 거짓말하는 자, 적그리스도와 무슨 상관이 있다는 말인가? 다시 성경을 들여다보라.

"모든 기름은 여호와의 것이니라"(레3:16).

"너희는 주께 받은 바 '기름 부음'이 너희 안에 거하나니 아무도 너희를 가르칠 필요가 없고, 오직 그의 기름 부음이 모든 것을 너희에게 가르치며 또 참되고 거짓이 없으니 너희를 가르치신 그대로 주 안에 거하라"(요일2:27).

"너희는 거룩하신 자에게서 '기름 부음'을 받고 모든 것을 아느니라. …… 또 모든 거짓은 진리에서 나지 않음을 인함이니라. 거짓말하는 자가 누구뇨. 예수께서 그리스도이심을 말 못하는 자가 아니뇨. 아버지와 아들을 말 못하는 자가 '적그리스도'니 아들을 말 못하는 자에게는 또한 아버지가 없으되 아들을 말할 수 있는 자에게는 아버지도 있느니라"(요일2:20~23).

성경에서는 거룩하신 자에게서 기름 부음을 받은 자는 모든 것은 안다고 말하고 있다. 그 모든 것은 무엇인가?

첫째, 진리를 안다고 말하고 있다. "내가 곧 길이요, 진리요, 생명이다"(요14:6). "아버지의 말씀은 진리니이다"(요17:17). "성령은 진리니이다"(요일5:6). 즉, 예수 그리스도와 성령과 아버지의 말씀을 깨달은 자이다. 다시 말해서 '기름 부음 받은 자'이다. 이 기름 부음이 헬라어로 말하면 '크리스마(χρῖσμα)' 이다. 그래서 크리스마에 인칭명사 '도스(τός)' 를 붙이면 '그리스도스(Χριστός)' 가 된다, 여기서 '그리스도들(Χριστιανός)' 은 깨달은 자들, 즉 기름 부음이 되어진 자들이며, 주기도문에서 말씀하시는 '하늘들' 이다. 이 하늘들이 "하늘들 안에 계시는 우리 아버지여!" 라고 말하며, "함께 일으키사 그리스도 예수 안에서 함께 하늘들 안에 앉히시사" (엡2:6)에서 하늘들 안에 앉힌 자들이다. 이렇게 하늘들이 되어진 자들이 바로 거룩하신 자에게 기름 부음 받은 자들, 즉 크리스마를 받은 자들이다. 하나님 아버지는 이런 자들에게 영광을 받으신다. 그래서 하나님은 산 자들의 하나님이시지 죽은 자들의 하나님이 아니시다. 우리 하나님 아버지가 계시는 곳은 이렇게 하늘들이 되어진 그 하늘들 안에 계신다. 아직 크리스마가 되어지지 아니한 죽은 자들은 지금 무슨 말을 하는지 이해가 되어지지 아니할 것이다. 진리, 즉 아버지의 말씀, 단단한 말씀, 의의 말씀, 영생의 생명과를 모르기 때문이다.

둘째, 거짓말하는 자가 누구인 줄을 안다는 말이다. 크리스마가 되어지지 아니한 자들의 입에서 나오는 모든 말들은 거짓말들이요, 이렇게 거짓말하는 자들이 바로 '적그리스도들' 이다. 이런 '적그리스도들' 은 예수가 어떻게 그리스도인지, 그 그리스도와 아버지의 관계는 어떻게 이루어지는지를 말하지 못한다. 안다고 해봐야 삼위일체론만 주장할 것이다. 자신들이 교리적으로 아는 지식의 삼위일체만 입에서 나오면 그 사람은 바로 죄인이다. 여기서 성경적 삼위일체론을 말하지 못한다는 것은 말할 수 있는 능력이 없다는 것이다.

성경에서 말하는 진정한 삼위일체는 "그날에는 내가 아버지 안에 너희가 내 안에 내가 너희 안에 있는 것을" (요14:20) 너희가 아는 것이다. 이 삼위일체를 말할 수 있는 능력이 바로 기름 부음이요, 크리스마이다. 이 크리스마가 되어진 '그날들' 이 바로 '크리스마스들' 인 것이다. 이렇게 기름 부음, 즉 말 아닌 '말씀 부음', '성령 부음'을 받은 '크리스마스들'이 바로 땅에서 기뻐하심을 입은 자들이다. "지극히 높은 곳에서는 하나님께 영광이요, 땅에서는 **기뻐하심을 입은 사람들 '안에'** 평화로다"(눅 2:14)의 지극히 높은 곳(하늘들)은 진리의 영이 거하는 곳이요, 도의 초보(세상)들은 저를 받지도 못하고 저를 보지도 못하고 알지도 못함이라! 그리고 평화는 기뻐하심을 입은 자들, 즉 하늘들 안에 '평화'이지 기뻐하심이 무엇인 줄도 모르는 모든 자들에게는 평화가 아니다. 성경에서 말하는 '기뻐하심을 입는' 차원이 어떤 차원인 줄을 모르니까 매년 크리스마스 때가 되면 '하늘에는 영광, 땅에는 평화'라고 아주 간략하게 써서 대형 현수막을 만들어 명동 거리와 큰 교회마다 사거리에 버젓이 걸어 놓고 있다.

너희들이 그렇게 성경의 말씀을 훼방하고서도 하나님의 진노를 피할 수 있겠느냐! 이제라도 성경, 말씀, 아들과 아버지를 모르면, 회개하여 세상적인 크리스마스를 경축하지 말고, 당신 자신이 크리스마스가 되어져라. 온 날들이 순간순간 모두 크리스마스 축제의 날이 되어지기를 아버지께 구하라! 그리하면 모든 것을 더 하시리라! 너희들이 영생을 구하면서도 너희들이 영생을 모른다. 영생은 "유일하신 참 하나님과 그의 보내신 자 예수 그리스도를 아는(깨닫는) 것"(요17:3)이라고 했음에도 불구하고…….. 안다는 것은 그리스도로 말미암아 깨달아지는 것이다.

성경에서 "읽는 것을 깨닫느뇨"(행8:30)라는 말씀은 '기름 부음'이 어떤 상태인지, 기뻐하심을 입은 상태가 어떤 상태인지, 크리스마스가 누구의 날을 말하는지 알지 못한다는 뜻이다. 그러면서 크리스마스 날에 개가 눈을 만나 날뛰듯이, 당신도 그렇게 감정적으로 날뛰고 있는 것이 아닌지 생각해보라! 육신의 때를 아껴라. 언제까지 그렇게 맹종·맹신 속에 있을 것인가!

성경을 읽는 자와 깨닫는 자

읽는 것은 읽는 것이요, 깨닫는 것은 깨닫는 것이다. 읽는다고 모두가 깨닫게 되는 것은 아니다. 읽는 것은 어디까지나 땅의 차원인 겉사람, 즉 자신의 지·정·의 차원으로 읽는 것이다. 깨닫는다는 것은 속사람, 즉 하늘의 차원으로 아는 것이다. 땅의 차원은 '내가 하나님을 믿습니다.' 이고, 하늘의 차원은 '당신으로 말미암아 믿어집니다' 이다. 다시 말해서, '내가 믿습니다' 의 **능동태의 믿음**이 아니라, '믿기 싫어도 어쩔 수 없이 믿어집니다' 의 **수동태의 믿음**을 말한다.

일반적으로 "주님(예수)을 믿으십시오"와 그리고 또 교회에서 아주 잘 쓰는 말인 "믿으시기 바랍니다"와 기도할 때 "믿습니다"의 수준들은 모두 자기 의적인 믿음인 능동태적 믿음이요, 도의 초보인 선악과 수준의 믿음이다. 그러기 때문에 이런 수준의 믿음은 모두가 기복주의에 바탕을 두고 있다. 내가 믿고 있는 나의 교주이신 예수님 혹은 하나님이 나의 모든 욕구를 해결해주시는 해결사 교주가 되어야만 된다. 그렇게 해주시는 그 능력을 "믿습니다"이다. 이 세상에서의 모든 나의 삶과 죽은 후 사후 세계에서의 천국 보장까지를 "믿습니다"하는 것이다.

이런 종교적 차원이 바로 땅의 차원, 선악과적인 차원, 도의 초보적인 차원이다. 또한 아직까지 성경을 읽는 차원이요, 성경을 읽을 때마다 윤리·도덕 내지는 좀 더 고상하게 철학적 차원 또는 감상적 차원으로 읽는 상태를 말한다.

우리들이 어릴 때 예수님의 고난절이 오면 우리들의 죄 때문에 받는 예수님의 십자가의 고통을 생각하면서 그 얼마나 울었던가! "나의 죄가 '누구' 인 줄도 모르면서……." 이 글을 읽는 자는 이 순간 똑똑히 깨달으시오. "나는 주님을 진실로 진실로 믿습니다"라고 고백하고 있는 바로 '당신' 이 '죄의 종' 이다. 그러므로 당신의 주님은 아직 십자가를 지시지도 아니했다. 당신은 지금까지도 철저히 '마귀 하나님' 께 속고 있다. 마귀는 적어도 당신에게만은 대성공한 것이다. 성경을 듣거나 읽거나 깨닫지 못하게 했기 때문이다. 그러면서 마귀는 당신에게 속삭인다. "이미 구원은 받았고, 벌써 천국 백성까지 다 되었다"라고 말이다. 이제 남은 것이 한 가지 있다면, "죽어서 천국에 가서 받을 상급만이 남아 있다. 그러니 천국 가서 받을 그 상급을 위하여 이 땅에서 열심히 헌금하고, 전도하고, 교회 일 열심히 충성 봉사하라"고 말이다.

이렇게 속고 있는 자나, 이렇게 속이고 있는 자나 둘 다 소경된 자들이다. 거짓 선지자는 자기도 속고 남도 속이느니라. 소경된 인도자여! 지옥 자식 만들지 말고 혼자 연자 맷돌을 매고 바다에 빠져버려라! 천국은 죽어서 가는 곳이 아니요, 현재에 내가 나를, 즉 겉나가 속나를 바르게 깨닫는 것이다. 내 안에 거하시는 그리스도를 영접하는 것이요, 그 그리스도 안에 계시는 하나님을 만나는 것이다. 그래서 그리스도께서는 "내 안에 아버지가 계신다"라고 말씀하신다.

'깨닫다' 는 헬라어의 "동침하다"(마1:25) 라는 말로 쓰인다. 여기서 '동침하다' 라는 뜻은 '섞다' 라는 의미요, 신학적 의미는 '신비적 연합' 이다. 이 '섞다' 라는 의미는 둘을 섞어서 하나가 된다는 것이다. 이렇게 하나가 된 상태는 분리할 수 없는, 이전의 상태로 되돌아갈 수 없는 하나 됨을 말한다. 다시 말하면, 그리스도의 영접 사건은 그리스도와 하나님의 사건을 의미한다. 그리스도와 하나님의 사건은 아버지요, 이 둘이 하나 되는 사건의 출발을 의미한다.

그러나 그리스도와 하나 되었다고 모두가 아버지와 함께 되어지는 것은 아니다. '구원'과 '큰 구원'은 엄연히 다르고, '부활'과 '첫째 부활'도 엄연히 다르다. 또한 '생명'과 '영생'도 엄연히 다르다. '아들'과 '아버지'는 엄연히 다르다. 성경을 읽는 자들은 이 말이 무슨 말인지 모른다. 그러나 성경을 읽고 깨닫는 자들은 자세히 알고 있다.

이렇게 인자가 자세히 설명해도 깨닫지 못하면 노아의 홍수가 바로 너희들에게 지금 닥치고 있다. 아직 너희들은 구약의 자식들이니 구약의 노아 홍수가 너희에게 멸망으로 닥친다는 말이다. 바로 이 말이 너희에게는 홍수라! "홍수가 나서 저희를 다 멸하기까지 깨닫지 못하더라. 인자의 임함도 이와 같으니라"(마24:39). 성경의 모든 말씀은 현재 진행형이다. 왜냐하면 하나님은 현재 산 자의 하나님이시니까. 이 말이 무슨 말인 줄 모르는 너희들에게는 생명수가 아니라 홍수이다.

사이비란?

어떤 것이 사이비인가?

"네가 만약 하나님의 아들이어거든 명하여 이 돌들이 떡 덩어리 되게 하라" (마4:3).

결론을 먼저 말하면 "무엇을 무엇 되게 한다" 아니면 "무엇을 하면 무엇으로 되게[190] 해준다", "무엇이 무엇으로 바뀌게 할 능력이 생긴다"는 등 내 안에 있는 정과 욕심을 부추기는 모든 것들은 전부 사이비이다. 겉사람, 즉 내 안에 있는 육신의 생각인 정과 욕심이 바로 내 안에서 춤추는 **미혹**이다. 내 안에서 춤추고 있는 이 미혹을 내가 모르면, 내 밖에서 춤추는 **유혹**을 만났을 때 무서운 일을 저지른다. 내 안에서 춤추고 있는 이 미혹이 바로 마귀요, 귀신이요, 사단이다. 마귀, 귀신, 사단이 나쁜 것이 아니다. 이 모든 것을 우리 하나님께서 다 지으신 것이 아닌가? 그러기에 하나님께서도 욥을 시험할 때 사단을 부리지 아니하셨는가?

예수께서 베드로에게 "사단아! 내 뒤로 물러가라. 너는 나를 넘어지게 하는 자로다. 네가 하나님의 일을 생각지 아니하고 도리어 사람의 일을 생각하는도다" (마16:23). 그렇다. 아무리 수제자라도 사람의 일을 생각하면 바로 그 상태가 '사단' 이라는 말씀이다. 여기서 사람의 생각이 바로 육신의 생각인 정과 욕심이다. 바로 기복주의 생각이다. '무엇이

---

190 • "십일조 하면 네가 원하는 축복을 흔들어 넘치게 부어준다" 는 것이 그 일례이다.

무엇으로 되면 좋겠다’는 생각이다. 바로 내 안에서 춤추고 있는 미혹이다. 이 미혹에게 “나는 네가 원하는 그 욕심을 이루어줄 능력이 있다”고 내 밖에서 말하면 바로 즉시 그 미혹은 유혹으로 끌려가게 된다. 이렇게 미혹과 유혹이 만나면 그 사람은 날로 날로 혼미해져 돌아올 수 없는 수렁으로 빠지게 된다. 그 유혹이 무당이든, 종교이든, 한 인간이든 나의 밖에서 유혹하는 “무엇을 무엇 되게 해준다”는 모든 것들은 사이비이다. 그리고 또 내가 ‘무엇과 무엇’ 때문에 그 종교를 믿는다면 그 종교 또한 사이비 종교이다.

나도 내 안에 있는 나를 모르는데 어찌 내 밖에 있는 것을 믿을 수 있겠는가? 어떤 종교든지 마찬가지로 그 종교가 참종교라면 ‘무엇을 무엇 되게 해준다’고 하지 아니할 것이다.

그러면 사이비 교회와 거짓 선지자들의 행태는 어떠한가? 성경은 “자기 십자가를 지고 나를 좇지 않는 자는 내게 합당치 아니하다”(마10:38)라고 말한다. 여기서 자기 십자가란 바로 자신의 정과 욕심을 십자가에 매달아버리는 것을 말한다. 그래서 “자기 목숨을 잃는 자는 얻으리라”(마10:38)고 말한다. 여기서의 목숨이 바로 우리들의 겉사람, 즉 육신의 생각이요, 정과 욕심이요, 사단이다. 이 사단을 우리는 깨달아야 한다. 이 사단을 깨달으려면 겉사람이 죽어야 한다. 그냥 나의 죄를 위하여 나 대신 죽으신 “예수님! 당신을 믿습니다”라고만 해서는 안 된다. 만약 그렇게 입으로 시인하여 죄 사함이 이루어진다고 말하면 그 선지자는 돌로 쳐 죽여라. 그 구절을 그렇게 해석하므로 얼마나 많은 교회들이 실족하였는가! 그래서 “그리스도 예수의 사람들은 육체와 함께 그 정과 욕심을 십자가에 못 박았느니라”(갈5:24)고 하였다. 바로 이 정과 욕심이 기독교에서 부르짖는 ‘죄’란 놈이다.

“욕심이 잉태한 즉 죄를 낳고 죄가 장성한즉 사망을 낳는”(약1:15)

'죄'의 육체를 십자가에 못 박아버린 사람이 바로 그리스도인이라고 말하고 있다. 그렇다면 이 죄의 몸을 어떻게 십자가에 못 박아 죽일 수 있는가? 오늘날 우리 교회들이 이 방법을 모른 채 헤매고 있다. 먼저 경험한 자가 없다는 사실이다. 먼저 죽어본 자가 있어야만 죽는 방법을 가르쳐줄 능력이 있지 않겠는가? 살려고 하지 말고 먼저 죽어야만 다시 살 수 있다.

오늘날 수많은 교인들이 죽지도 아니하고 모두가 부활해 부활의 그리스도인이 되어버렸다. 이렇게 죽지도 아니하고 정과 욕심을 십자가에 못 박지 아니하고 그리스도인이 되어버렸으니 무슨 '세상을 이긴 이김'이 있겠는가? 이렇게 세상을 이긴 이김이 없으니 항상 미혹이 내 안에서 춤추게 된다. 그래서 세상의 유혹을 뿌리치지 못하고 그 세상의 유혹에 백전백패를 당하여 늘 무엇인가가 부족하여 마귀 하나님께 "주시옵소서", "주실 줄 믿습니다", "해결해주시옵소서"라고 매달린다. 아니면 좀 더 고상하게 "원하오나, 내 뜻대로 마옵시고, 당신의 뜻대로 하시옵소서"라고 한다. 이렇게 능력이 없는 자들이 어찌 믿음이 있는 자들인가?

"대저 하나님께로서 난 자마다 세상을 이기느니라. 세상을 이긴 이김은 이것이니 우리의 믿음이니라"(요일5:4)고 했듯이 이렇게 세상을 이긴 자라야 자존자요, 자족자가 아니뇨! 이렇게 우리가 먼저 정과 욕심, 즉 죄를 죽이고 나의 속사람을 찾지 않으면, 영원히 육신에 져서 죄의 종노릇만 한다. 세상을 이겨볼 능력이 없다. 그리고 사이비 종교를 발견할 능력이 없다. 목숨을 먼저 구하려고 하지 말고 먼저 죽어라. 내가 먼저 세상에 대하여 한 번 죽지 아니하면 영원히 세상의 유혹을 알지 못한다.

참하나님은 '무엇을 무엇 되게 해주시는 하나님'이 아니시다. '무엇이 무엇으로 되어진' 줄 착각하면 그 순간 당신은 당신 안에 있는 미혹에 속은 줄 알아라! 이 세상에서 무엇이 무엇으로 되어지는 것은 오직 한

가지뿐이다. **겉사람을 죽이면 속사람은 산다.** 이것이 바로 진리이다.

겉사람(정과 욕심)을 죽여야 이 세상의 이치를 깨닫는 영안이 열리고 소경이 눈을 뜨게 된다. 이렇게 속사람의 눈으로 세상을 볼 때라야 비로소 사이비가 구별이 된다. 이렇게 구별할 수 있는 능력이 바로 거룩이다. 이렇게 거룩한 자가 바로 속사람과 겉사람이 온전히 하나가 된 자요, 겉사람인 온 세상과 하나가 된 일체(一體)라. 일체가 곧 여일여(如一如)라. 여일여가 또한 돈오돈수(頓悟頓修)라. 여일여 또한 무(無)가 아니던가!

미혹과 유혹

미혹은 **내 안**에서 일어나는 사건이요, **유혹**은 **내 밖**에서 일어나는 사건이다. 나의 밖에서 일어나는 모든 사건이 바로 '세상' 이다. 성경은 이 세상을 땅의 상태, 육신에 있을 때, 정과 욕심의 상태, 즉 죄의 상태에 있다고 표현한다. 나의 밖이란 내 몸뚱아리 밖이 아니라, 속나(참나, 진아)의 밖인 겉사람을 말하며, 이런 겉사람의 나를 혼적인 사람이라고도 한다. 그리고 이 겉사람은 영이 있으나 힘을 쓰지 못하고 있는 짐승과 같은 상태라고 하여 **짐승**이라고 표현한다.

엄밀히 말하면 이 세상의 모든 유혹은 이미 내 겉사람 안에 정과 욕심의 상태로 들어와 있다. 이 겉나인 정과 욕심은 우리의 본질, 즉 본토 친척 아비 집이므로 그 주체인 우리 자신이 겉나를 다스릴 수가 없다. 죄인, 즉 **죄의 종** 된 자가 어떻게 죄인의 죄를 담당할 수 있겠는가? 죄와 상관없는 어떤 존재가 다스려야만 바르게 다스릴 수 있다. 이 존재가 바로 내 안에 이미 존재하고 있었던 속사람인 '참나', '그리스도' 이시다.

우리는 이 세상의 수많은 유혹을 어떻게 할 수 없다. 세상은 본시 유혹 그 자체이다. 모든 것이 있는 것 같으나 잠시 있다가 사라지는 안개와 같고, 모든 것을 가진 것 같으나 다시 허탈해진다. 그래서 솔로몬이 그렇게 많은 것을 누려도 나의 겉사람인 정과 욕심은 채워지지 않는다는 것을 깨달았던 것이다. 이것은 수많은 역사 속에서 먼저 죽은 인물들이 증명하고 있지 않은가! 왜 재벌들이 자살을 하는가? 그 사람들이 자살할 정도라면 우리 서민들은 벌써 다 자살해버렸어야 할 것이다. 우리 서민들은 왜 자살하지 않는가? 천 원짜리 풀빵의 행복이 있기 때문이다. 솔로몬의 고백처럼 이 세상의 모든 것은 "헛되고 헛되니 모든 것이 헛되도다"이다.

짐짓 내 몸뚱아리조차 때가 오면 흙으로 돌아가야 한다. 당신이 평생 동안 가지고 있었던 그 몸뚱아리마저도 내가 얼마나 알고, 얼마나 깨닫고 벗어 던지는가? 그러므로 이 세상을 '나'로서는 알 능력이 없다. 안다고 하면 바로 그것이 나에게 속는 것이다. 헛되고 헛된 이 세상을 바로 알려면 당신 안에 있는 속사람의 눈을 뜨게 하는 방법밖에 없다.

정과 욕심의 어두운 육체의 눈으로 세상을 보면 온 세상이 유혹이다. 이런 유혹을 이기는 방법은 속사람의 눈을 뜨게 하는 것이다. 그 눈으로 세상을 보면 모든 유혹들이 적나라하게 드러나며, 그 유혹의 모든 근본을 자세히 알게 된다. 이 세상, 즉 모든 유혹의 본질을 자세히 알게 되면 이 세상의 유혹들은 나의 발등상이 되어 이제는 모든 유혹들을 즐기느니라!

이것이 바로 이 땅에서 지상 천국이 이루어지는 것이다. 그날에는 뱀과 사자[190]와 함께 뒹굴며 함께 즐기는 것이다. 이런 능력이 바로 '믿음'인 '세상을 이긴 이김'이라 했던가? 그렇다면 당신 안에 있는 속사람의 눈을 어떻게 해야 뜨게 할 수 있는가? 그것은 단 한 가지 방법밖에 없다. 당신의 겉사람을 죽여라! 너희들 속에서 춤추고 있는 육신의 예수, 맹종맹신의 예수, 기복주의 예수를 죽여라! '무엇이 무엇 되게 해준다'는 그 예수를 죽여라! '내가 주님을 진실로 믿습니다' 하는 그 믿음을 죽여라! 그 '나'를 죽여라! 이 모든 것들이 적그리스도요, 이 세상의 유혹들이다. 헛되고 헛되고 헛된 것들이다. 모두가 다 나를 속이는 것들이다.

---

190 • 옛 뱀, 용, 마귀, 사단은 정과 욕심의 주체이며, 사자는 짐승의 왕인 정과 욕심이다. 뱀과 사자의 허체를 자세히 알았다는 것이다.

깨달은 후에는 예수도 없고, 그리스도도 없고, 하나님도 없고, 귀신도 없고, 나도 없다. 그리고 처음 하늘과 처음 땅도 처음 바다도 없어지고, 새 하늘 새 땅이 도래하나니(계21:1) 이날이 주의 날이요, 인자의 임함이다. 또한 천 년이 하루 같고, 하루가 천 년 같은 그날이다. 한번 죽었으니 이제는 사망이 없는 영원한 영생이라. 이 영생이 진리라 했던가! 진리는 일체요, 일체는 만(滿)이요, 만은 공(空)이다. 이 공은 허(虛)요, 허는 무(無)요, 무는 또 생(生)이라! 생은 또한 멸(滅)이라!

내가 목숨을 버리면 생명을 얻을 것이요, 생명을 찾은 자에게는 그에게 아버지 하나님께서 영생을 주시느니라. 이 영생은 "곧 유일하신 참하나님과 그의 보내신 자 예수 그리스도를 아는 것"(요17:3)이다. 아는 것은 깨닫는 것이요, 깨닫는 것은 동침하는 것이다. 이렇게 동침하는 것은 내 안에서 나와 하나가 되는 것이요, 내 안에서 나와 하나가 되어지는 일체라! 이 일체가 그날이라 하지 않았던가?

"그날에는 내가 아버지 안에 너희가 내 안에 내가 너희 안에 있는 것을 너희가 알리라"(요14:20). 이런 그날이 바로 "천지와 만물이 다 이루니라"(창2:1)의 그날이요, 하나님께서 나를 지으실 때부터 지금까지 나를 살리기 위해서 일하시며 수고하시던 그 일을 마치시고, 안식에 드시는 거룩한 "아버지의 안식날"(창2:3)이시다. 이날이 바로 천지 만물이 하나가 되어 다 이루어지는 성경의 **일곱째 날**(창2:1)이다. 이날이 바로 첫째 날, 둘째 날, 셋째 날, 넷째 날, 다섯째 날, 여섯째 날의 마침이 되는 그날, 한 날, 하루, 즉 온전한 '날' 인 '낮' 이 되어진 것이다.

이 낮은 또 빛이 되어 창세기 1장 3절의 일을 시작한다. 태초에 하나님이 천지를 창조하시니라. 땅이 혼돈하고 공허하며, 흑암이 깊음 위에 있는(창1:1~2) 이 미혹과 유혹의 세계로……. 하나가 되기 위하여! 일체가 되어지기 위하여!

세상을 이기는 법

세상을 이기려면 세상을 다 버려라! 세상을 다 버리려면 정과 욕심에 매달아 죽어라! 세상의 유혹은 이길 수가 없다. 세상 그 자체가 유혹이니까! 세상은 유혹으로 이루어진 것이다. 이 모든 유혹은 안개와 같은 것이다. 잠시 보였다가 사라지는 그림자와 같은 것이다. 잡았다 하나 만족이 없고, 잡으면 행복할 줄 알았는데 많이 잡으면, 불행이 시작된다. 이렇게 겉나는 항상 나를 속이고 있다. 세상을 이기려면 세상에 대해 죽어버려라. 그리하면 온 세상을 모두 가질 수가 있다. 온 세상을 모두 소유할 수 있는 방법은 온 세상을 먼저 버리는 것이다. 그리하면 온 세상을 모두 이기게 될 것이다.

온 우주를 모두 가져 온전히 세상을 이기는 자가 되려면 온 세상, 온 미혹이 모두 들어와서 거하고 있는 겉나의 생각을 먼저 죽여라! 그리하면 대 자유를 얻을 것이다. 어떻게 해야 겉나를 버릴 수 있는가! 어떻게 해야 세상에 대해 죽을 수가 있는가! 죽는 방법이 문제이다. 성경적인 죽는 방법은 내 안의 두 방향성의 존재, 즉 속나와 겉나를 깨닫는 것이다. 또한 죄의 실체, 정과 욕심인 육신의 생각을 아는 것이다. 그리고 죄와 죄의 종인 겉나를 분리시키는 것, 기복의 예수를 섬기는 겉사람을 죽이는 것이다. 또한 만물 안에 있는 하나님께 순복하는 것, 자기의 의를 내려놓는 것들이다. 모든 종교는 '무엇이 무엇 되게 해결해준다' 고 거짓 말하지 말고, 먼저 **죽는 방법**을 가르쳐주면 만사형통이다.

세상 모든 종교의 지도자들이여! 너희들이 먼저 죽고, 그 길을 안내하

라. "내가 곧 길이요, 진리요, 생명이니"(요14:6)라 하신 예수님처럼. 이것이 바로 너희들이 갚아야 할 빚이라! 어떻게 해야 겉나를 죽일 능력이 있는지, 그 능력을 먼저 구하라. 죽을 수 있는 그 능력을 깨달아라! 그리하면 살리라! 이렇게 살아서 영원히 죽지 아니하는 자가 바로 세상을 이긴 자이다.

성경의 모든 말씀은 선문선답이다

"천국의 비밀을 아는 것이 너희에게는 허락되었으나 저희에게는 아니 되었나니"(마13:11).

"너희가 듣기는 들어도 깨닫지 못할 것이요, 보기는 보아도 알지 못하리라"(마13:14).

성경은 이처럼 "성경을 보고 들어도 하늘나라의 비밀을 알지 못한다"고 말한다. 왜냐하면 성경을 읽는 "백성들의 마음이 완악하여져서 그 귀는 듣기에 둔하고 눈은 감았"(마13:15)기 때문이다. 여기서도 어찌 눈을 감은 자들이 성경을 읽는다고 말하는가? 그렇다. 눈을 감은 자들도 성경을 열심히 상고하며 묵상하며 읽고 있다는 사실이다. 단지, 하늘의 비밀을 깨닫지 못할 뿐이다. 이렇게 성경을 읽고 묵상하고 설교하는 자들을 우리는 성경을 선악과의 말씀으로 먹는 자들이라고 말한다.

그리고 성경의 모든 말씀을 정욕으로 쓰려고 그리스도를 땅으로 끌어내려 땅의 차원으로 바꾸어 "썩어질 사람과 금수와 버러지 형상의 우상으로 바꾸어"(롬2:23) 섬기는 자들이라. 그러므로 "하나님께서 저희를 마음의 정욕대로 더러움에 내어 버려두사 저희 몸을 서로 욕되게 하셨"(롬2:24)다. 이렇게 성경의 모든 말씀을 땅의 차원, 선악과의 차원, 즉 기복주의 차원으로 먹는 자들은 썩어질 땅의 재물과 썩어질 육신에 관점을 두고 있다.

그러기에 하나님을 믿어서 이 땅에서도 잘 먹고 잘살고, 하나님의 능력으로 육신의 모든 병도 고치고, 더 나아가서는 죽어서도 천국을 보장

받는 그런 성경으로 보고 읽고 기도하며 섬기고 있다. 이런 자들에게는
"천국의 비밀이 허락되지 아니했다"고 성경은 말씀하신다. 이런 자들에
게는 성경의 모든 말씀이 영의 말씀이 아니라 육의 말씀으로만 보인다.
성경은 영의 말씀이다. 육의 눈으로 보면 그 뜻을 알 수가 없다. 영의 눈
으로 보아야만 그 글자 속에 담겨져 있는 참뜻을 깨달을 수가 있다. 그렇
기 때문에 성경을 '열린 비밀의 책' 이라고 말한다.

　　이렇게 육적인 차원의 눈에서 영적인 차원의 눈으로 바뀌어진 자들
에게만 성경의 비밀이 열려지기 시작한다. 즉, 깨달아지기 시작한다. 이
렇게 영안이 열려진 상태로 성경을 먹는 자들을 보고 성경의 말씀을 생
명과로 먹는 자들이라고 말한다. 땅의 차원이 아니라 하늘의 차원으로
먹는 자들이라고 말하며, 성경을 짐승 차원으로 먹는 것이 아니라 사람
차원으로 바르게 먹는 자들이라고 말한다.

　　그러나 성경의 말씀을 육신의 차원으로 먹는 자들은 똑같은 성경을
옆구리에 차고 다니지만 대화가 되지 않는다. 한 사람은 땅의 말을, 한
사람은 하늘의 말을, 이것은 바로 두 사람이 서로 방언을 하고 있는 것이
다. 서로 다른 나라의 말과 다른 세계의 말을 하고 있는 것이다. 그럼에
도 불구하고 두 사람이 말하는 그 말속의 단어는 **같은 단어**를 쓰고 있다.
'하나님', '주님', '그리스도', '성령', '기도', '구원', '거듭남', '영
접' 등 그러나 전혀 의사소통이 되지 않는다. 한 사람은 선악과의 말을,
한 사람은 생명과의 말을, 결국은 선악과의 말을 내는 자가 화를 내면서
생명과의 말을 내는 자를 쳐 죽인다.

　　"당신 혹시 이단 아니오? 어느 교회 다니시오? 어느 신학대학 출신이
오? 성경을 어찌 그렇게 영적으로만 푸시오. 알레고리로(비유적으로) 말
이오. 우리 예수님께서도 분명히 육신을 입고 오셨지 않습니까? 그래서
완전한 인성이시고 완전한 신성이지 않습니까? 어찌 그리 인성을 무시

하고 신성만 강조합니까? 예수님께서 분명히 육신을 입고 이 땅에 오셨기 때문에 우리들의 모든 육신적인 고통도 알고 계시지 않습니까?'

이렇게 흥분하면서 생명과의 말씀을 발로 밟고 찢어버린다. 그래서 "진주를 돼지 앞에 던지지 말라"(마7:6)고 했던가! 그래서 불가(佛家)에서도 대도무언(大道無言)이라 했던가!

결론적으로 말해서, 성경의 말씀은 불가의 대도무언처럼 일구의 압축된 언어, 즉 하늘의 '말 아닌 말'로 쓰여 있다. "오직 성령의 감동하심을 입은 사람들이 하나님께 받아 말한 것이다"(벧후1:21). 또한 모든 육신의 생각을 배제함으로 말미암아 깨달을 수 있는, 문(問)은 있으되 답(答)은 없는 말들로 이루어져 있다. 그러니 육신의 눈으로 어찌 깨달을 수 있으리오!

간 증

<h1>성경이 나를 쪽팔리게 한다</h1>

"태초에 말씀이 계시니라 이 말씀이 하나님과 함께 계셨으니 이 말씀이 곧 하나님이시니라"(요1:1).

교회 목사님에게 수도 없이 들은 말이 있다. "하나님께서는 우주 모든 은하계와 해와 달과 별과 지구와 하늘과 땅과 바다와 온갖 동물과 식물과 새와 물고기와 살아 숨 쉬는 모든 생물을 창조하시고, 흙을 빚어서 하나님과 같은 생김새로 모양을 만들고 생명을 불어넣어 살아 움직이는 사람을 만드셨습니다. 이 사람이 지구에서 최초로 창조된 인간이며, 이 사람을 아담이라고 불렀습니다. 사람이 먹고 살기에 부족함 하나도 없는 지상 낙원인 에덴동산에서 살게 하셨습니다. 그런데 아담이 혼자 지내는 것이 좋게 보이지 않아 배필을 만들어주고자 아담을 깊이 잠들게 한 후 아담의 갈비뼈 하나를 빼내어 흙을 빚어서 여자를 만들고 하와라 불렀습니다. 남자의 갈비뼈 하나를 빼서 여자를 만들었기 때문에 남자는 여자보다 갈비뼈 하나가 부족합니다. 그 남자는 자기의 갈비뼈를 만나 결혼을 하여야 한 몸을 이룰 수 있습니다."

그래서 하나님께서도 당연히 우리 인간들과 생김새가 똑같으리라 여겼고, 하나님의 아들이신 예수님도 사람의 모양대로 태어나셨기 때문에 다른 생각을 해본 일이 없었다.

"기도 중에 하나님을 보았다"는 교인들의 말을 들어보면 하나님은 전신이 빛으로 둘러싸여 있어서 모습을 정확하게 볼 수가 없었다고 한다. 하나님은 인간의 육안으로는 볼 수 없는 존재로 계시면서, 졸지도, 주무시지도 않으시고 내 일거수일투족을 면밀히 보고 계신다는 관념이 38년의 종교 생활 동안 나의 삶을 지배했다. 그래서 교회 일이라면 아무리 바빠도 먼저 끝내놓고 봐야지 그렇지 않고 세상일을 하고 나중에 하면, '하나님의 축복은커녕 미움만 사게 될 것이다'는 두려움이 내 곁을 떠나지 않았다. 그래서 내가 하는 일마다 만사형통하기를 간절히 바라는 마음으로 교회에 충성, 봉사를 아끼지 않았다. 교회에서 진행하는 모든 일과 목사님께서 지시하신 일들이 곧 하나님의 일이라고 생각했다. 그러니까 하나님의 자녀로서 당연히 맡은 일에 충성해야 만복을 누릴 수 있다는 것을 기정사실로 믿고 있었다. 하지만 나의 믿음도 세상에서 이리, 저리 부딪히다보니 하나님의 일에도 소홀해졌다. 교회에 나가 예배드리는 일도 그저 주일을 지키지 않으면, 하나님의 진노를 받는다는 두려움에 출석하였다. 하나님께 일주일 동안 살면서 지은 죄를 자복하고 용서를 구하고 찬송으로 영광을 드려야만 마음이 평안해짐을 느꼈다.

그러나 내가 하는 일들이 꼬이고 잘 풀리지 않으면 그 평안은 어디론가 사라져버리고 불안하고, 초조하고 두려움에 "하나님 어찌하여 저에게 시험을 주시나이까? 불쌍한 죄인을 굽어살피시어 이 시험을 이기게 해주십시오. 그러면 하나님의 눈 밖에 나지 않도록 더욱 더 열심히 하나님의 일을 하겠나이다"하며 나도 모르게 기도하곤 하였다. 그러나 이러한 신앙 생활은 항상 똑같이 반복되기만 할 뿐 별다른 변화가 없었다.

시간이 가면 갈수록 내 신앙에 의심을 품기 시작했고, "과연 나는 죽으면 천국을 들어갈 수 있을까?", "정말로 하나님은 나를 사랑하고 있는가?", "하나님은 어디에 계신가?", "다른 자매들은 하나님을 볼 수 있도록 입신의 은사를 주시는데 나에게는 왜 안 보여주시나?" 등 정말 궁금한 것들이 갑자기 너무 많이 생기게 되었다. 그러던 시기에 잘나가던 사업도 차츰 위기를 맞아 가진 것 모두 날리는 등 온갖 시련과 고통을 당하게 되었다.

그때마다 목사님과 형제, 자매들을 만나면 이구동성으로 내게 하는 말이 있었다. "하나님께서 크게 쓰시고자 하는 자에게 시련을 주시는 것이니 이 고난에 감사하십시오"라며 믿음에 믿음을 경주하라는 말이 전부였다. 그래서 '내가 믿음이 부족하여 하나님의 크신 뜻을 알지 못하는 것이 아닌가?' 하는 생각에 시간만 나면 성경을 읽고 또 읽었다. 하나님의 뜻을 빨리 알고 싶었기 때문이다. 그러나 잘 이해가 되지 않았다.

구약은 이스라엘 민족의 역사 이야기로, 하나님께서 택하신 민족과 택함을 받지 않은 민족의 전쟁 이야기가 전부다. 그리고 이스라엘 백성들이 하나님의 말씀을 잘 듣고 행하면 무슨 일이든지 만사형통하고 하나님의 말씀을 따르지 않으면 하나님의 진노를 당한다고 알고 있었다.

신약은 예수님께서 이 세상에서 보였던 기적 같은 사건들과 하나님의 아들로써 죄인들의 죄를 대속하여 십자가에 돌아가심과 그의 제자들이 예수님을 믿으라고 전도하는 내용들로, 교회 목사님들로부터 들었던 사실과 별다른 점은 없었다.

그러나 상식적으로 아무리 생각해도 이해가 되지 않은 부분이 있었다. 첫째, 아브라함의 조카 롯이 두 딸과 잠자리를 하여 낳은 자손들로 인해 두 민족이 탄생한 사실. 둘째, 야곱의 넷째 아들 유다가 죽은 아들들의 아내, 즉 며느리와 잠자리를 한 사실. 셋째, 그 음행한 유다의 후손이 바로 예수님인 것이다. 우리의 윤리 도덕적 관념으로는 도저히 납득되지 않은 사실이었다.

또한 마리아와 요셉이 잠자리를 하지 않았음에도 성령으로 잉태되어 예수를 낳은 일은 구약의 유다의 후손하고도 일치가 되지 않으니 어느 말이 맞는지 참으로 궁금하였다. 그러나 알 길은 없고 해서 성경을 열 번을 넘게 보았는데도 답답하기는 마찬가지였다. "하나님께서 정말 계신다면 한번 보여 주세요"라고 소리도 쳐보았으나 감감무소식이었다.

요한복음 1장의 '말씀'이 곧 '하나님'이시며, 이 말씀이 '만물'이고, 이 말씀으로 '천지를 창조하시고' 이 말씀 안에 '생명'이 있었고, 이 생명이, '사람들 안의 빛'이고, 이 빛이 '예수 그리스도'라고 성경은 말하고 있다는 사실을 깨닫고 놀라움을 감출 수가 없었다.

성경에서는 하나님이 우리가 알지 못하는 어떤 형상이나 인간의 형상으로 계신 분이 아니라 말씀 자체이시며, 만물에 스스로 존재하시며, 이 말씀 안에 "내가 길이요, 진리요, 생명(사람들 안의 빛이라, 요1:4)"인 예수 그리스도가 존재하고 계셔서 우리들의 죄를 대속해주심으로 말씀이신 하나님 아버지께로 인도하시고자 육신을 입고 현현하셨다는 것이다. 그러면 육신을 입고 오신 예수 그리스도는 나의 죄와 관계가 있다는 것이니, '성경에서 말하는 죄가 무엇인지 정확하게 알아야 생명이신 예수 그리스도를 만날 수 있고 그분을 통해 하나님 아버지께 나아갈 수가 있는 것이 아닌가?' 하는 의문이 들기 시작했다.

"땅에 있는 지체를 죽이라. 곧 음란과 부정과 사욕과 악한 정욕과 탐심이니 탐심은 우상숭배니라"(골3:5). 땅의 본질은 이런 '정과 욕심'에서부터 일어나는 나의 우상들임을 말하고 있다. 우리가 눈으로 보고 귀로 듣고 지식으로 인지되어온 '땅', '흙' 등의 문자적 개념이 아니며, 화풍지수로 사라질 육신의 껍데기를 두고 하는 말이 아니라 질그릇을 움직이는 육신의 생각들을 의미하고 있다는 것이다.

"욕심 잉태한즉 죄를 낳고 죄가 장성한즉 사망을 낳느니라"(약1:15).

이 말씀을 그대로 풀이하면 나의 욕구를 충족하고자 하는 마음들, 즉 육신의 생각들이 모여서 죄가 되고 곧 사망에 이른다는 것이다.

그런데 우리가 종교를 찾는 이유가 나의 부족한 것을 채우고자 하는 욕망에서부터의 출발이며, 현재 기독교에서 부르짖는 "주 예수를 믿으

라. 그리하면 너와 네 집에 구원을 얻고 세상 살 동안 잘 먹고 잘 살 것이다"라고 가르치는 것은 성경의 말씀을 전혀 알지 못하고, 믿지 않고 있다는 것이다. 수많은 사람들이 그렇게 믿고 살아가는데 성경은 이러한 정과 욕심들을 '죄' '우상숭배'라고 정의하고 있으니 도대체 어쩌란 말인가? 답답하여 가슴이 죄어옴을 느끼지 않을 수 없었다.

로마서 8장 6~7절의 "육신의 생각은 사망이요, 영의 생각은 생명과 평안이라. 육신의 생각은 하나님과 원수가 되나니"의 말씀으로 '나의 정욕과 탐심은 나를 죄로 인도하는 악한 생각으로 하나님과 원수가 되는 것들이구나'를 알게 되었다. 교회에서 말하는 율법은 세상의 법규와 윤리 도덕적인 행위의 결과를 가지고 '죄가 있다, 없다'를 구별한 것이지 하나님의 감동으로 기록된 성경은 내 안에서 일어나는 생각의 관점이 어디에 있는가를 말씀하고 있는 것인 줄 전혀 알지 못하였다.

기독교는 죄인들을 죄에서 구원시키는 죄 사함의 종교인데 죄에 대해서조차 잘못 알고 있었다. 내가 세상의 복을 원하는 마음에서 종교 행위를 한 것이 나를 망하게 하는 결과를 가져왔고, 그것은 나의 무지한 소치로 비롯된 것인 줄 알게 되었다. 결국 종교 생활을 통해 얻은 것이라고는 욕심에 욕심을 더한 결과밖에 없었다. 그러므로 내가 먼저 해야 할 일은 내 안에서 일어나는 욕심들은 실체가 없는 허망한 것들임을 하루 빨리 깨닫고 정과 욕심으로부터 벗어나는 일이다.

우상숭배의 정의는 "땅에 있는 지체를 죽이라. 곧 음란과 부정과 사욕과 악한 정욕과 탐심이니 탐심은 우상숭배니라"(골3:5)에서 탐심이 곧 우상숭배라고 말하고 있다. 속사람 너는 나, 여호와 하나님 외에 다른 신, 즉 정과 욕심의 수많은 생각들, 육신의 병을 고쳐주고 물질의 복을 주어 잘 먹고 잘살고 죽어서 천국 가게 해주는 등 나의 유익을 위해 겉나가 만든 수많은 생각들은 짐승들이 하는 짓이니 이러한 "마귀 하나님을 속사람에게 있게 하지 마라"는 것을 알게 되었다.

"보아도 보지 못하고 들어도 듣지 못하며 깨달지도 못함이니라"(마 13:13).

세상 교회 목회자들의 말을 들어도, 그 말씀이 선악과의 말인지 생명과의 말씀인지 구별할 지혜도 없고, 성경을 눈으로 보아도 그 말씀이 무엇을 의미하는지 깨닫지 못하고 무지함 속에 살았다는 사실이 나를 부끄럽게 했다.

"우주와 그 가운데 있는 만유를 지으신 신께서는 천지의 주재시니 손으로 지은 전에 계시지 아니하고"(행17:24). "너희가 하나님의 성전인 것과 하나님의 성령이 너희 안에 거하시는 것을 알지 못하느뇨"(고전3:16).

세상은 성경이 말하는 정의들을 깡그리 무시한 채 장로의 유전과 교리를 앞세워 더 크고 더 높게 건물 교회를 세우고 교회에 출석만 하면 세상만사가 형통하고, 세상 권세(마귀 권세), 즉 자신이 소유하고자 하는 온갖 것들을 다 얻을 것이라고 부추기고 있다. 그러나 성경은 건물로 지은 곳에는 하나님이 계시지 아니하고, "그리스도 예수 안에서 거룩하여지고 성도라 부르심을 입은 자들"(고전1:2) 안에 거한다고 말씀하신다. 이런 자격이 된 이들이 교회라는 것이며, 건물은 성도라 부르심을 입은 자들이 교제하는 장소로, 있으면 편리하고 없으면 불편할 뿐이지 하나님과 나의 관계성은 없다는 사실을 알았다.

"무엇이든지 기도하고 구하는 것은 받은 줄로 믿으라. 그리하면 너희에게 그대로 되리라"(막11:24).

무엇이든지 네가 소원하고 있는 것을 자세히 주께 기도하면 다 들어주신다고 세상 교회에서 가르침을 받았다. 그래서 "육신의 영달을 위한 기도를 들어주신다면 하나님의 뜻대로 살겠습니다"라고 하나님과 거래를 하였다.

그런데 "나의 구하는 것은 재물이 아니라 오직 너희니라"(고후12:14), "또 나를 위하여 구할 것은 내게 말씀을 주사 나로 입을 벌려 복음의 비밀을 담대히 알리게 하옵소서"(엡6:19), "그 나라와 그의 의" 즉, "복음의 비밀을 알게 하여 주십시오"라고 원하고 구하고 간구하는 것이 참기도인 줄 알지 못하였다. 그러니 참성도가 되지 못하고 성전 뜰 밖에서 늘 거지처럼 구걸만 하고 있었다.

"믿음은 들음에서 나며 들음은 그리스도의 말씀으로 말미암느니라"(롬10:17)에서 입으로 믿기만 하면 없던 믿음이 생기는 것이 아니었다.

우리나라의 대통령이 누구인지 국민들이라면 누구나 알고 있다고 해서 내가 대통령을 알고 있으니 "대통령도 나를 알아주겠지?" 하면 과연 대통령이 나를 알까? 하나님과 나의 관계성이 이루어지지 않았는데 내가 그저 "하나님을 믿습니다" 하면 하나님께서는 알지도 못하는데, "그래, 믿어줄게"라고 하는 줄 알았다. 최소한 정과 욕심을 십자가에 못 박는 사건이 있어야 내 안에 속사람의 소리를 들음으로 인해 나와의 관계가 성립되고, 그리스도의 말씀으로 믿음에 이르게 된다는 것을 안 것은 내가 말씀으로 고침을 받고 소경된 눈을 뜨고 난 후였다.

"믿음은 바라는 것들의 실상(실체)이요, 보지 못하는 것들의 증거(책망)니"(히11:1). "죄에 대하여라 함은 저희가 나를 믿지 아니함이요"(요16:9).

겉사람의 생각, 옛 뱀 사단 마귀의 생각, 하나님과 같이 되고자 하는 선악과의 말씀으로 내 안에서 울리는 양심의 소리, 생명과의 말씀, 그리스도의 말씀을 믿지 아니하는 것이 죄라는 것을 알지 못했다.

세상 교회에서는 윤리 도덕적인 개념으로 사람의 목숨을 헤치거나 감정적으로 타인을 미워하는 것을 죄로 알고 그 율법을 지키기를 강조하고 있다. 사람이 살 동안, 이 율법을 완벽하게 지켜 구원을 얻을 자가 있겠는가? 나는 성경의 말씀을 몰라도 한참 모르고 있었다. 정과 욕심으로 끌고 가는 겉사람의 생각들을 속사람인 생명과로 살리는 것이 원수를 사랑하는 것이며, 형제(겉사람과 속사람)를 내 몸과 같이 사랑하는 것임을 새롭게 알게 되었다.

"너는 나 외에는 다른 신들을 네게 있게 말지니라." 세상 교회에서는 전지전능하시고 유일하신 하나님을 믿는 기독교 외에 타 종교, 불교, 이슬람교, 힌두교, 무속 종교 행위를 하는 모든 이들을 우상숭배로 여기고 그들을 원수로 알고 대적하라고 가르친다. 하나님께서는 사람을 따로 구분하여두고 타 종교를 믿는 이들은 양심이 없는 짐승 상태로 살게 하셨을까? 아니다. 성경을 깨닫고 보니 세상 사람 모두에게 하나님은 언제나 함께하고 계셨다. 다만, 나 스스로가 그 사실을 깨닫지 못하고 있을 뿐이었다.

선악과를 먹고 흑암의 눈이 밝아져 생명과의 말씀을 볼 수 없는 영적인 소경이요, 생명과의 말을 못하는 벙어리요, 살과 뼈가 없는 선악과를 먹고 무릎이 약해 일어서지 못하는 앉은뱅이요, 뱀의 독을 마시고 살이 썩어 들어가는 문둥병자요, 구약(물)에도 넘어지고 신약(불)에도 넘어지는 간질병자인 영적인 환자들을 썩어서 없어질 육신의 환자로 착각하였다. 그래서 땅의 지체를 복으로 알고 성경에서의 표적과 기적을 슈퍼맨과 같이 행하는 목회자를 능력자로 알고 있었다는 것이 참으로 부끄러웠다. 영적인 환자는 흙(땅의 지체)에 생명의 말씀의 침을 뿌리고 이겨내 그 상처에 바른 후 요단강(성령세례)에서 씻어내야 치유되는 것인 줄 알지 못했다.

그래서 참생명이신 그리스도를 모르기 때문에 생긴 이 영적인 병은 의원이신 예수 그리스도를 만나 정과 욕심의 상태, 선악과의 상태, 기복주의 상태에서 병 고침을 받는 것이 내가 하나님과의 관계성을 회복하는 지름길임을 알게 되었다.

　성경의 말씀을 진리로 알지 못하고, 인간들의 생각으로부터 비롯된 유전이나 교리를 가르치는 자들을 성경에서는 적그리스도(거짓 선지자)라 한다. 이런 자들은 "먼저 산채로 유황 불붙는 못에 던진다"(계19:20)라고 하였다. 거짓 선지자들에게 속아서 그들의 행위를 유업으로 알고 행하는 자들이 결국은 적그리스도가 됨이니 세상에는 거짓 선지자들로 가득하고, "의인은 하나도 없나니"란 말이 지극히 당연한 말씀이라는 것을 실감하게 되었다.

　이러한 상태에 속한 자들을 살리고자 이스라엘의 역사를 빌어 "구원의 여정, 즉 성령의 여정"을 하나님의 감동으로 상세히 기록하셨다. 거짓 나에게 속아서 사망의 구렁텅이로 달려가는 무지하고 어리석은 자들을 생명으로 인도하고자 함이 하나님의 뜻임을 알았다.

　혼적인 차원인 육신의 생각(흙)도 영의 생각에서 나왔으므로 혼도 영에 속한 것은 사실이나 실체가 아닌 허체, 즉 창조할 수 있는 능력이 없는 피조물이므로 스스로의 힘으로는 도저히 그 정과 욕심의 유혹을 이겨낼 수 없고, 사단의 종에서 영원히 벗어날 수가 없다. 그리하여 "여호와 하나님의 저주가 뱀("용을 잡으니 옛 뱀이요, 마귀요, 사단이라"(계20:2), 육신의 생각)에게 내려 종신토록 흙(육신의 생각)을 먹고 여자와 원수가 되게 하셨다. 아담에게는 종신토록 수고하여야 그 소산을 먹을 수 있으며, 근본이 흙이니 필경 흙으로 돌아갈 것이라고 하신 말씀도 수학 공식처럼 자연히 믿어져지기 시작했다.

　구약에서 가인은 땅의 소산의 예물을 제물로 드리고, 아벨은 양의 첫새끼 그 이름으로 드렸더니 아벨의 제사는 받고 가인의 제물은 받지 않았다. 땅의 소산은 육신의 생각에서 나온 정과 욕심의 제물로 허체이므로 하나님이 받고 싶어도 받을 수 없고, 아벨의 제물은 "보라 세상 죄를 지고 가는 하나님의 어린양이로다"(요 1:29)의 어린양이신 예수 그리스도와 함께 드렸으므로 흠향하실 수 있는 것이다.

믿음의 조상 아브라함과 롯도 자신들의 본토 친척 아비 집(육신의 생각으로 살았던 차원)을 떠나 여호와 하나님의 말씀을 쫓아갔다. 아브라함은 진리의 방향성으로, 롯은 육신의 방향성으로 향하게 되었다. 롯이 선택한 소돔과 고모라는 정과 욕심의 상태로 썩어져 없어질 것들을 향했기에 결국은 멸망하게 되었다.

내 안의 두 존재가 있다는 사실을 알지 못할 때에 가인의 제물과 아벨의 제물에 대해 늘 궁금했고, 본토 친척 아비 집을 떠나야 하는 이유가 무엇인지도 알 수 없어 답답했다. 그리고 이스라엘의 역사는 무협지 같았고 그 역사가 나와 무슨 상관이 있는지, 왜 이런 피비린내 나는 전쟁의 역사를 하나님은 주관하시고 "아각 왕부터 새끼 양까지 다 죽이라"는 사랑도 없는 잔인한 하나님인지 한 치도 알 수가 없었다. 내 겉사람의 상태를 모두 죽여야만(깨달아야만) 신약으로 넘어감을 몰랐다.

세상은 이스라엘 역사를 바탕으로 기록된 성경을 문자 그대로 이스라엘 민족의 풍습을 빌어 성경을 사사로이 풀어서 알려고 하니 해괴망측한 상상을 하게 된다.

"에덴동산에 있었던 뱀은 유창한 언어로 하와를 꼬여 죄를 범하게 하였다. 유다가 며느리 다말과 간통하여 난 후손이 하나님의 아들 예수 그리스도가 되어 이스라엘의 족보를 개 족보보다 못하게 만들었다. 언약의 말씀인 피를 인간의 혈(血)로 알고 우리가 먹는 선짓국을 못 먹는가 하면, 수혈해야 될 환자가 죽어가도 피를 수혈하면 안 된다. 십자가에서 예수가 흘렸던 피로 인해 죄 사함을 받았다고 온갖 감정을 부추겨 열십자로 만든 형상 앞에서 눈물 콧물 흘려가며 기도한다."

이렇듯 성경의 말씀을 문자 그대로, 육신의 생각대로, 선악과의 말로 잘못 해석하여 상식 이하의 하나님을 만들어버렸다. 이스라엘의 역사에 등장하는 하나님이 나와 무슨 관계가 있기에 이스라엘 민족의 하나님을 믿어야 하는지를 우리는 자세히 배운 바 없이 그저 그들의 말에 유혹되어 살았던 것이다. 나 또한 그 속에서 나온 자이기에 무어라 할 말은 없으나, 우리가 얼마나 우매하고 어리석은 자였나를 이 말씀을 통하여 깨달음이 일어나기를 간구한다.

"또 십자가로 이 둘(겉나와 속나)을 한 몸으로 하나님과 화목하게 하려 하심이라. 원수 된 것을 십자가로 소멸하시고"(엡2:16).

우리의 죄를 대속하고자 나무로 엮은 열십자 모양의 형틀에 스스로 못 박혀 죽으신 예수님을 떠올려가며 그 고마움과 감사함에 눈물, 콧물 흘려가며 기도했던 우리들의 옛 모습들을 되돌아보자! '머리에는 가시면류관을 쓰시고 허리는 창으로 찔려 온몸의 있는 피는 다 흘리셔서 얼마나 아프시고 고통스러웠을까?' 이런 연민은 하지 말자. 성화에 그려진 십자가 사건은 그림자일 뿐 내 죄 사함의 사건과는 관계가 없다. 그것은 내 안의 두 존재, 즉 겉나와 속나를 생명의 말씀의 못으로 하나 되게 화합하는 영적인 십자가 사건을 말하는 것이다. 이 두 존재는 기름과 물 같아서 화합되지 않으나, 겉사람의 방향성이 허상, 망상임을 깨달은 순간부터는 두 존재는 하나가 되고 속사람이 겉사람을 인도하게 된다.

이렇게 예수와 함께 죽는 십자가 사건의 증험이 없는 자는 "양의 우리의 문으로 들어가지 아니하고 다른 데로 넘어가는 자는 절도며, 강도요"(요10:1), "내가(그리스도) 문이니 나로 말미암아 들어가면 구원을 얻고 …… 나는 선한 목자라 선한 목자는 양들을 위해 목숨을 버리거니와 삯군 목자는 …… 양을 늑탈하고 또 헤치느니라"(요10:9~12)가 된다. 그래서 "내가 길이요, 진리요, 생명이니 나로 말미암지 않고는 아버지께로 올 자가 없느니라"(요14:6)의 양의 문(생명의 말씀, 그리스도)을 "구하라. 그러

면 주실 것이요. 찾으라. 그러면 찾을 것이요. 문을 두드리라. 그러면 너
희에게 열릴 것이니"(눅11:9)라고 하셨다.

그런데 삯군 목자는 선악과의 말씀으로 염소들을 양육하면서 자칭 내
가 양들의 목자이니 하나님께서 말씀하시길 "무엇이든지 구하라", "주
실 때까지 앙탈을 부려라", "금식과 작정 기도로 믿음을 보여서 기도하
면 세상의 복을 주실 것이요, 소득이 생기면 감사 헌금과 십일조 헌금을
드려라. 그래야 복의 복을 받음이라"고 성경에 없는 말로 우리의 영혼을
미혹한다.

"예수께서 가라사대 나는 부활이요, 생명이니 나를 믿는 자는 죽어도
살겠고"(요11:25), "하나님은 죽은 자의 하나님이 아니요, 산 자의 하나님
이시라"(마22:32), "무릇 살아서 나를 믿는 자는 영원히 죽지 아니하리
니"(요11:26).

나 역시 육신의 고깃덩어리가 죽어야 부활한다고 믿었던 자다. 이제
는 더 이상 속지 말자! 몸은 살았으나 영이 죽은 상태를 말하고 있음을
기억하고 몸이 살았을 때가 내가 누릴 수 있는 최고의 기회임을 알고 생
명의 말씀을 깨달아 영원히 죽지 않은 참생명을 얻어야 한다.

"하늘나라(천국)가 여기 있다 저기 있다가 아니요, 너희 안에 있느니
라"(눅17:21). 죽어서 가는 천국은 세상 어느 누구도 모르는 일이다. 몸이
죽었다가 살아난 자가 이 세상에는 없기 때문이다.

"영생은 곧 유일하신 참하나님과 그의 보내신 자 예수 그리스도를 아
는 것이니이다"(요17:3), "죄의 삯은 사망이요, 하나님의 은사는 그리스
도 예수 우리 주 안에 있는 영생이니라"(롬6:23).

이렇게 부활의 그리스도를 영접한 자는 성경의 말씀처럼 몸이 살았
을 때 천국도 영생도 다 맛을 보았으니 몸이 죽고 나서도 살았던 영이 어
딜 가겠는가? 선악과를 먹고 재림 예수를 기다리는 나의 옛사람아! 하나

님께서 되찾아야할 나의 형제들아! 이미 내 안에 와 계신 부활의 그리스
도를 언제나 만날 수 있을까? 다시 한 번 성경을 볼 때 온갖 관념과 이상
을 내려놓고 묵상하며 귀 기울여보라! 나의 참존재를 알고 싶어 하는 마
음이 간절하면 너희 안에 있는 양심의 소리가 들릴 것이니 그때를 놓치
지 말기를 간곡히 부탁한다.

　선악과의 말씀으로 아무리 소리치고 고백하며 내가 하나님을 믿는다
고 애원하여도 너희의 소리를 들을 수가 없으니 안타까움은 이루 말할
수 없음이라. 피조물이 조물을 선택할 권리가 어디 있겠는가? 하나님의
백성은 하나님께서 지으시고 기르시고 양육하여 당신의 일군으로 쓰심
을 우리는 알아야 한다. 죽을 수밖에 없는 존재를 생명으로 살리시고, 피
조물을 조물의 아들로 만들어 생명과 진리를 창조할 능력을 주심에 감
사함으로 사는 자가 되길 학수고대한다.

　나는 은혜의 빚짐을 깨달은 자이기에 은혜를 갚는 일, 즉 죽었던 존재
를 살리는 일을 해야 한다는 것을 안다. 그에 앞서 먼저 내 안에 있는 업
보들부터 날마다 죽이면, 생명 또한 날마다 사는 것이 진리임을 알게 된
다. 이렇게 아는 산 자들의 삶은 내 눈에 있는 티부터 완전히 제거하고
난 후 남의 눈에 있는 대들보를 빼주는 것이다. 그러나 성령의 여정을 알
지 못하고 자기를 한 번도 죽여보지 못한 상태로 남을 선교한다고 하나
님께서 주신 목숨을 하찮게 여겨 목숨을 담보로 선교, 전도를 하는 자들
을 과연 하나님께서 알아주실까? 미련하고 무지한 백성들은 자신들이
출석한 교회의 교주나 그와 같은 족속들과 마귀 하나님만이 알아줄 뿐
참하나님께서는 전혀 모른다는 사실이다.

　"너희 몸을 하나님이 기뻐하시는 거룩한 산제사로 드리라. 이는 너희
의 드릴 영적 예배니라"(롬12:1), "이 산에서도 말고 예루살렘에서도 말고
너희가 아버지께 예배할 때가 이르리라 너희는 알지 못하는 것을 예배

하고 우리는 아는 것을 예배하노니 …… 하나님은 영이시니 예배하는 자가 신령(성령)과 진정(진리) 안에서 예배할지니라"(요4:21~24).

우리는 세상을 살면서 항상 무엇인가를 구하고 원하여도 늘 부족함을 느낀다. 그래서 그 부족함을 채우기 위해서 신앙을 찾게 된다. 하지만 세상의 모든 종교는 당신과 나의 원함에 있어 만족을 줄 수가 없다. 왜일까? 허상과 망상, 거짓 것들이기 때문이다. 나 또한 그 종교에서 온갖 것들을 경험하고 체험했다는 부류 중 한 사람이었으나 성경의 말씀을 참선지자로부터 들은 나는 하늘을 우러러 쳐다볼 수조차 없는 부끄러움과 쪽팔림을 경험하였다. 종교는 있어도 참다운 종교인은 드물고, 가르치는 선지자는 많으나, 참선지자는 없는 것을 개탄할 뿐이다.